십자가의 권능

THE POWER OF THE CROSS
EPICENTER OF GLORY
by Mahesh and Bonnie Chavda

Copyright ⓒ 2010 by Mahesh and Bonnie Chavda

Originally published English
under the title "Power of the cross"
Published by Destiny Image
167 Walnut Bottom Rd., Shippensburg PA 17257-0310 USA
All rights reserved.

Korean translation Copyright ⓒ 2011 by Pure Nard
2F 774-31, Yeoksam 2dong, Gangnam-gu, Seoul, Korea

The Korean edition is published by arrangement with Destiny Image.
All rights reserved.

본 저작물의 한국어판 저작권은 Destiny Image와의 독점 계약으로 한국어 판권은 '순전한 나드'가 소유합니다.
저작권자의 허락 없이 이 책의 일부 또는 전체를 무단 복제, 전재, 발췌하면 저작권법에 의해 처벌을 받습니다.

십자가의 권능

초판발행 | 2012년 3월 25일

지은이 | 마헤쉬 & 보니 차브다
옮긴이 | 조병휘

펴낸이 | 허철
편집 | 송수자
디자인 | 오순영
인쇄소 | 영진문원

펴낸곳 | 도서출판 순전한 나드
등록번호 | 제2010-000128
주소 | 서울 강남구 역삼2동 774-31 2층
도서문의 | 02) 574-6702 / 010-6214-9129
편집실 | 02) 574-9702
팩스 | 02) 574-9704
홈페이지 | www.purenard.co.kr

Printed in Korea

ISBN 978-89-6237-114-7   03230

영광의 진원지

마헤쉬 & 보니 차브다

이 글을 쓰는 지금 백세의 생일을 맞은
일리나 크루즈(Elena Cruz)에게 이 책을 헌사합니다.
그녀는 십자가의 챔피언으로
우리 모두의 얼굴에 영광스러운 그분의 빛을 비추고 있습니다.

그러나 내게는 우리 주 예수 그리스도의 십자가 외에
결코 자랑할 것이 없으니
그리스도로 말미암아 세상이 나를 대하여 십자가에 못 박히고
내가 또한 세상을 대하여 그러하니라(갈 6:14)

...... C O N T E N T S

추천사 10
서문 13

1장 어둠속에서 춤추기 23
2장 안에서 밖으로, 밖에서 안으로 51
3장 영광의 진원지 79
4장 많은 아들을 이끌어 영광으로 109
5장 보혈과 영광 143

THE POWER OF THE CROSS
EPICENTER OF GLORY

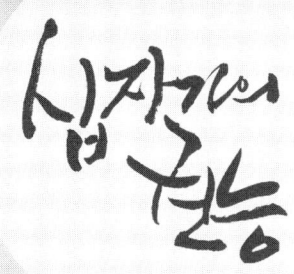

6장 전투에 임하시는 하나님의 영광 ······ 175

7장 하나님은 어디에 계신가? ······ 209

8장 영광 중에 깨어남 ······ 241

9장 이스라엘, 나의 영광 ······ 271

10장 다가올 영광 ······ 301

미주 ······ 333

추 천 사 ……

우리는 놀라운 부흥이 증가하는 시대에 살고 있다. 이 시대는 위대한 초자연적인 각성이 일어나는 때이다.

하나님이 거의 20년 전에 '토론토 블레싱'으로 잘 알려진 부흥을 우리에게 부어주셨을 때, 캐롤과 나는 역사하시는 성령님으로 인해 놀라고 압도되었다. 아버지의 사랑으로 전 세계를 만지고 교회를 일깨워 그분의 영광의 임재로 한걸음 나아가게 하였던 하나님의 놀라운 역사를 청지기로서 섬겨온 것은 우리에게 큰 특권이었다. 이러한 성령의 지속적인 운행하심을 잘 감당하도록 도와준 사람들 중에 한 사람이 마헤쉬와 보니 차브다이다. 차브다 부부는 기름 부음 있는 성경적 가르침과 믿음, 사랑을 나눠주고, 하나님을 더 갈급해 하는 그들 자신의 삶과 사역에서 나온 살아있는 간증을 엮어내는 독특한 은사를 가지고 있다.

《십자가의 권능: 영광의 진원지》(*The Power of the Cross: Epicenter of Glory*)는 매일 영광의 하나님을 실제 삶에서 만났던 경험에서 탄생하였다. 이 책은 당신에게 영감을 부어주고, 즐겁게 하고, 기름 부어서 역사상 가장 중요한 시대를 개인적으로 경험하고 참여하게 할 것이다. 하나님은 그를 믿는 모든 사람 속에 그의 집을 만드실 것을 예정하셨다. 이것이 당신이 경험할 수 있는 가장 큰 기적 중에 하나이다. 성령의 역사에 관하여 더 많이 알고 어떻게 부흥 가운데 충성스럽게 섬길 수 있을까를 추구하면서 우리가 배운 것은, 하나님의 영은 우리의 경험 중심에 십자가를 둘 때 가장 편안해 하신다는 것이다. 마헤쉬와 보니는 십자가를 가슴에 품고 아버지의 영광 안에서 크게 기뻐하도록 선택된 주님의 일꾼들이다. 《십자가의 권능: 영광의 진원지》는 우리를 십자가로 가는 여정으로 이끌고, 십자가를 통하여 부활의 영광으로 인도하고, 그리고 따라야 할 은혜를 나눠준다. 차브다 부부는 다음과 같이 말했다.

> 십자가의 진리와 효과는 아주 간단해서 심지어 어린아이조차 그 영광에 충분히 들어갈 수 있다. 하나님이 세상을 자신과 화목하게 하셨을 때 십자가에서 일어난 사건은 우리가 영원토록 발견해야 할 신비이다. 마치 작은 원자가 분열될 때 어떤 힘이 분출되는 것처럼, 갈보리의 사건은 권능 안에서 계속적으로 펼쳐지고 있다. 십자가의 영광은 폭발적이고 영원하며, 에너지를 창출하고 지속적으로 아름다운 계시를 열어준다. 십자가는 하나님 영광이다. 그 십자가에서 우리는 하나님의 있는 그대로의 모습을 본다. 갈보리는 혐오스러운 것이나 과거의 것이 되어서는 안 된다. 우리가 죽을 육체를 가지고 그의 능력을 추구한다면 우리는 그를 십자가에서 발견할 것이다.
>
> 십자가는 하나님의 압도적인 자비를 증명하는 유일한 사건이기에 그 안에 하나님의 영광을 경험하게 하는 열쇠가 담겨 있다. 십자가는 있는

그대로의 하나님을 계시하고 있다. 십자가는 완전하시고, 자신을 내어 주고, 거절할 수 없고, 겸손하시고, 능력에서 완전히 전지전능하신, 그리고 무엇보다도 우리를 지극히 사랑하시는, 하나님을 보여준다.

우리는 하나님의 임재와 기적을 사랑한다. 토론토에서 성령의 부어주심이 일어나는 동안, 성령께서 오셔서 하나님 아버지의 사랑을 계시해 주셨다. 그리스도와 그의 십자가는 개인적으로 경험하고 부어지는 하나님의 사랑과 능력으로 이르게 하는 유일하면서도 가장 좋은 문이다. 예수님의 십자가는 초자연적인 하나님과의 만남, 변화, 치유, 그리고 기쁨의 진원지이다. 십자가를 통해 그리스도의 부활에 이르고, 천국의 보좌에 이르며, 다시 거꾸로 이 땅에 오시기까지 성령이 역사한다. 실재이신 하나님을 새롭게 만나고 그리스도의 중심 되심과 그의 십자가로 돌아가는 것이 앞으로 다가올 성령의 큰 흐름으로 들어가게 하는 문이다. 우리는 당신을 끊임없이 펼쳐지는 그의 영광의 이야기 속으로 한걸음 내딛도록 초청한다. 우리 마음을 십자가와 그 영광으로 향하게 한 것처럼 당신들에게도 동일한 것을 기대하면서, 캐롤과 나는 우리의 절친한 친구들인 마헤쉬와 보니가 쓴 이 시기 적절한 책을 매우 기쁘게 추천한다.

존, 캐롤 아노트
(John And Carol Arnott)

서 문 ……

　내(마헤쉬)가 텍사스 텍(Texas Tech)에서 공부하는 가난한 대학생이었을 때, 나는 한 주간 동안 열리는 세미나에 가기 위해 달라스(Dallas)로 향했다. 내 손에 만지작거릴 만한 동전 두개도 없었기에 수많은 군중들 틈에서 안면이 있는 텍사스 루복(Rubbock)에서 온 한 가족을 우연히 만났을 때 나는 매우 기뻤다. 그들은 친구의 집에 머물 예정이었고, 친절하게도 함께 가자고 말했다. 나는 머물 곳이 있는 것에 감사하여 일주일 동안 마룻바닥 어딘가에서 잔다고 해도 마다하지 않을 생각이었다.

　첫째 날 밤, 나는 그 가족과 함께 친구 집으로 갔다. 그 집은 무척 아름다웠는데 현관문을 열자 사랑스러운 여주인이 우리를 맞이했다. 친구가 나를 소개하기를, "이 사람은 케냐에서 온 우리 친구인데 지금은 미국에서 공부하고 있어요. 이곳에는 세미나를 참석하기 위해 왔는데 세미나 기간 동안 거실 바닥이나 소파에서 잘 수 있을까요?" 그집 여주인은 나를 뚫어지게 바라보고는 말하기를 "아니요"라고 대답했다. 나는 순간 침을 삼켰다. 그러자 그녀는 "아니요, 당신은 마룻바닥이나 소파에서 자지 않고, 우리 부부의 큰 침실에서 잘 것입니다. 나와 남편은 소파에서 잘 것입니다." 나는 소파에서 잔다고 해도 기쁘다면서 거절했지만, 그녀는 말했다. "큰 침실에서 자지 않는다면 당신은 우리 집에 머물 수가 없습니다."

그녀는 문을 닫았고 나는 그녀의 큰 침실에 홀로 남았다. 거기에 서서 나는 내가 한 번도 본 적이 없는 킹사이즈의 침대를 보았다. 나는 침대에 누웠고 하나님의 공급하심에 압도된 채 잠이 들었다. 새벽 3시경, 갑작스런 무서운 소리에 잠이 깨었다. 그 소리는 텍사스 주 포트워스에 위치한 카스웰 공군기지로부터 폭탄을 실은 비행기가 발진하는 소리였다(그 당시, 미국은 베트남 전쟁 중이었다). 비행기들은 하나씩 약 한 시간 반 동안 발진하고 있었다. 집과 벽이 흔들렸고, 나의 침대도 흔들렸다. 나는 한동안 다시 잠을 잘 수가 없었다.

아침에 일어나서 집회로 향하기 전에 커피 한잔이라도 마시고 싶은 생각에 부엌에 들어갔다. 부엌 입구에 들어섰을 때 주인이 말했다. "당신을 위해서 아침을 차려 놓았습니다."

나는 "기대하지 않았는데, 정말 감사합니다"라고 대답했다. 식탁을 바라보니 온 식탁이 음식으로 가득 채워져 있었다. 튀긴 닭고기 스테이크, 오믈렛, 계란후라이, 베이컨, 육수, 햄, 소시지, 온갖 종류의 빵, 쨈, 젤리, 그리고 내가 전에 한 번도 본 적이 없는 과일들이 있었다.

그녀는 "이것은 당신만을 위한 것입니다. 우리들은 이미 다 먹었습니다"라고 말했다. 나는 어떻게 생각해야 할지 몰랐지만, 감사한 마음으로 앉아서 그날 집회에 가기 전까지 할 수 있는 한 많이 먹었다. 그날 밤 동일한 일이 다시 벌어졌다. 새벽 3시에 전투기가 이륙하는 소리에 잠이 깨었고, 굉장한 발진 소리 속에 한동안 깨어 있다가 그 소리가 멈추자 마침내 다시 잠이 들었다. 아침에 여주인은 다시 엄청난 잔칫상을 준비해 놓았다. 그녀는, "어제는 우리가 키워 과일을 다 먹어 버렸는데, 오늘은 당신을 위해 조금 남겨두었습니다"라고 말했다. 나는 그녀가 준비한 음식들을 다 먹을 수가 없었다. 이런 일이 셋째 날, 넷째 날, 다섯째 날까지 계속되었다.

마지막 날, 다시 침대에서 잠이 들었고, 한밤중에 잠에서 깨었을 때 나는 내 방에 누군가와 함께 있는 것을 깨달았다. 황금 빛깔의 빛들이 내 주위에 있었다. 나는 한 번도 그런 경이로운 빛을 본 적이 없었다. 그것은 마치 살아있는 무지개와 온 우주의 은하가 살아있는 황금빛과 함께 어우러져 방에 있는 것 같았다.

그 중앙에서 나는 예수님을 보았다. 그가 내 방으로 걸어오시자, 나는 완전히 빛과 임재로 둘러싸였다. 나는 죽었는지 살았는지 확신할 수 없었기에 숨을 크게 쉬어 보았다. 내가 살아있다고 해도, 나는 정녕 죽기를 원했다. 왜냐하면 내가 경험하고 있는 이 완전한 기쁨과 경이로움으로부터 떨어지고 싶지 않았기 때문이었다.

그의 임재는 인간의 언어로는 결코 표현할 수 없는 기쁨과 즐거움이다. 그의 모든 것이 거기에 있다. 진리가 나를 향해 오고, 생명이 내 안에 들어오고, 사랑이 내게 오고, 빛, 사랑, 그리고 진리는 바로 인격체(Person)이며, 그 이름은 예수 그리스도였다.

그때, 멀리서 한 번도 들어본 적이 없는 악기들이 연주되기 시작했다. 이 음악 소리에 내 주위의 모든 것들이 자극이 되어, 연주하고, 화음으로 화답하였다. 갑자기 나는 그 소리들이 전투기들이 발진하는 소리였음을 깨달았다. 그러나 그 소리의 운율들이 영광의 존재 앞에 이를 때에 각각의 소리는 예수 그 이름 앞에 절해야만 했고, 각각의 소리는 하나님의 어린양을 찬양하는 노래와 영광스런 심포니로 변형되었다.

우주 만물 안에 있는 모든 것들은 우리의 왕, 예수님과 조화를 이루며 자신을 일치시켜야만 한다. 당신이 주님의 임재 안에 있으면 그의 영광이 당신을 변형시킨다. 그것이 당신의 생각(정의, definition)을 바꾼다. 그날 밤 나의 생각들이 많이 바뀌었다. 내가 깨달은 것은 '모든 것이 예수님 안에 있다!' 는 것이었다. 당신이 영광의 계시 가운데 있으면, 육체의 죽음은 완전히 새롭게 해석된다. 육신의 죽음을 초월해서 주님과 함께 영원히 있는 것이다. 어떤 것도 주님의 경이로운 영광에 비견할만한 것은 없다.

5시 30분경에 아침 햇살이 새벽을 깨우기 시작할 때, 그 영광은 다시 모이기 시작했고, 주님은 그 방을 걸어서 나가기 시작했다. 나는 주님이 나를 데려가시기를 원했다. 나는 그의 존전을 떠나 다른 곳으로 가고 싶지 않았다. 그러나 주님이 막 떠나려고 하실 때, 그는 돌아서서 미소를 지으며 말씀하셨다. "내가 너를 이 집으로 데려왔다." 그의 눈은 아주 부드럽고 사랑과 자비로 가득 차 있었지만 완전한 승리를 전달해주었다. 그는 계속 말씀하시기를, "이 여인의 남편은 이혼을 요청했고, 그녀가 내게 부르짖었다. 나는 그들의 결혼 회복을 위한 말을 네 입에 두었다. 네가 말을 할 때, 그 말이 그들을 회복할 것이고, 그들의 결혼생활은 회복될 것이다. 내가 너에게 기름 부었다." 그리고 예수님은 걸어서 사라졌다.

나는 옷을 갈아입고 부엌으로 갔다. 다시 식탁에는 왕을 위한 잔치에나 어울릴듯한 진수성찬이 준비되어 있었다. 나는 그 여주인에게 말했다. "어젯밤에 주님이 저를 방문하셨습니다."

그녀가 대답했다. "알고 있습니다." 그리고 계속해서 말했다. "우리는 십오 년간 결혼생활을 했는데, 며칠 전 남편은 다른 여자를 찾았으니 나를 떠나겠다고 얘기했습니다. 나의 심장은 무너졌고 골방에 들어가서 하나님께 부르짖었습니다. 그가 말씀하시기를, '나는 나의 선지자를 너의 집에 보낼 것이고, 그가 오면 마치 나에게 하듯이 그를 대접하라. 그러면 그가 너희 집을 회복시킬 것이다'라고 했습니다."

그녀는 나를 기다리고 있었던 것이다. 그것이 그녀가 매일 아침 잔칫상을 베풀고 그녀의 안방 침실을 내게 내어 준 이유였다. 그녀는 영광의 주님이 오셔서 그녀와 그녀의 집을 만질 장소를 준비하였던 것이다. 그 일이 있고 난 이후로 나는 거의 십오 년간 그곳을 다시 가지 못했다. 그러나 십오 년 후에 내가 그곳에 다시 갔을 때, 주님이 내게 말씀을 주셨던 그날 이후로 그 부부는 여전히 행복한 결혼생활을 지속하고 있었다는 것을 확인할 수 있었다.

십자가로부터 나온 능력

하나님 임재의 증거로 나타나는 영광은 다른 모든 것들을 조화롭게 한다. 주님은 튜닝 포크(Tuning fork, 악기나 음을 조율하는데 쓰이는 기구)이고, 다른 모든 악기들은 그의 진동을 받아 어우러지면서 그의 노래에 소리를 맞춘다. 영광은 물질이 아니고, 단순히 기적이나 초월적인 능력의 나타나심도 아니다. 영광은 하나님의 권세, 엄위, 승리의 광채이고, 그리고 바로 스스로 있는 분(I Am that I Am)의 본질이다(출 3:14 참조). 영광은 인격체로 우리에게 나타나셨음을 증명하는 것이다.

창조와 인류의 역사는 역사의 한 특정한 시점을 핵심으로 삼았다. 이 역사적 순간이 진원지, 중심이 되는 장소, 그리고 모든 사람들의 진로와 모든 사건들의 방향을 결정하는 명령센터이다. 영어 '진원지(epicenter)'는 '중심에 위치한'[1]이란 뜻으로 그리스어 '에피켄트론 epikentron'으로부터 유래되었다. 창조와 앞으로 창조될 전체 역사 속에서 이 순간은 이천년 전 예루살렘 성벽 밖에서 일어났다. 이 역사적 순간은 많은 사람들에게 목격되었고, 증거되었다. 그 사건 자체는 시간이나 장소, 물리적인 차원 또는 형이상학적인 차원만을 포함하고 있는 것이 아니다. 그 사건은 모든 기본 차원에 영속적으로 영향을 주고 있다. 이 역사적 순간에 옛 시대는 끝나고 새 시대가 시작되었으며 새 인류가 창조되었다. 인류와 모든 창조물 위에 마치 커튼처럼 드리워졌던 죽음의 베일은 두 갈래로 찢어지고 영원히 사라졌다.

이 사건은 영광의 왕이신 예수님이 "다 이루었다!"라고 외쳤을 때 발생했다. 십자가는 하나님의 영광과 그의 창조물의 진원지이다. 시간과 영원의 진원지, 이미 이루어졌지만 그러나 계속 발견되어야만 하는 역사의 진원지이다.

갈보리의 비유

스코틀랜드의 둠프리샤이어(Dumfriesshire) 주의 루스웰(Ruthwell)에는 작은 교회당이 있다. 교회당 안에는 5.5미터 크기의 돌로 만든 십자가 형상이 서 있고 그 주위는 그림 조각들이 새겨져 있다. 루스웰 십자가의 형성 과정에 대한 이야기는 비밀로 가려져 있지만, 그 영향은 수도사들이 복음을 들고 문맹이며, 야만인이었던 앵글로 색슨 족들에게 갔던 십칠 세기 이후로 거슬러 올라간다.

성경의 스토리를 배경으로 조각한 이런 종류의 '설교 십자가'는 복음의 메시지들을 전달하고 보존하도록 도와주었다. 루스웰 십자가가 아일랜드, 스코틀랜드, 잉글랜드, 그리고 웨일즈에 있는 큰 십자가들과 다른 것은 이 십자가는 북유럽의 고대 글자로 새겨졌다는 것이다. 그 새겨진 글들은 '교수대의 꿈(The Dream of the Rood)'이라는 고대 시의 구절들이다. 교수대(Rood)란 단어는 사형 틀이라는 뜻으로 고문에 의해 사형시킨다는 뜻으로, 우리가 십자가로 부르는 로마의 사형도구를 의미한다.

스코틀랜드가 기독교로 개종한 이후, 스코틀랜드 국교회 의회는 가톨릭 전통 속에서 건립된 종교적인 기념비들을 모두 부서버리라는 조례를 통과시켰다. 그 루스웰 십자가도 1644년에 파괴되었고, 부서진 조각들은 교회 뜰 도처에 흩어져 밟히고 잊혀졌다. 백오십 년이 지난 후에 그곳에 임명된 한 목사가 흩어진 조각들을 이십 년이나 걸려 다시 모았다. 1818년에서야 그 '설교 십자가'는 다시 세워졌고, 1887년에 루스웰 십자가는 유적물로 선포되었고, 전시되기 위해 박물관으로 옮겨졌다. 없어진 가로대는 복제품으로 교체되었다. 새겨진 글자들은 악천후로 마모되거나 심하게 상하였지만 많은 부분들이 오늘날까지 읽을 수 있도록 남아있다.

이 고대시의 구절들은 하나님의 영광을 경험한 어느 꿈꾸는 자의 시인데, 예수님이 십자가에서 죽을 때 사용되었던 나무가 보석으로 장식되어 깨어나서 하는 말을 기록하고 있다. 그 꿈꾸는 자는 말하기를,

> 들으라! 환상 중 최고의 환상을 내가 말하겠노라.
> 그것은 한밤중에 꿈으로 온 것인데
> 나는 가장 경이로운 나무 십자가를 보았다.[2]

그 꿈꾸는 자가 묘사한 것처럼, 그리스도의 십자가는 이 세상의 모든 왕국들의 영광을 합한 것보다 더 환하게 빛나고 있다. 십자가의 이야기는 끝이 없다. 상상할 수 있는 모든 기쁨과 축복을 거기에서 얻게 되고, 그 십자가 그늘 밑에서 쉴 곳을 찾은 사람들에게는 기쁨과 축복을 소유물로 받게 된다.

잠언은 우리에게 말씀한다. "일을 숨기는 것은 하나님의 영화요 일을 살피는 것은 왕의 영화니라"(잠 25:2). 의미를 추구하는 것은 인간 본질의 핵심이다. 우리가 하나님의 영광을 만날 때 사람의 영, 혼, 육이 온전히 연합되는 것을 경험한다. 주님 다시 오시는 날 우리가 부활하여 그리스도와 영원히 함께할 때만이 우리 존재의 완성을 경험할 것이

다. 그러나 그전까지는, 하나님은 그의 영으로 역사하사 우리가 다가올 영광을 미리 맛보게 하신다. 당신이 이 책을 읽을 때 우리가 소망하는 것은, 하나님의 영광이 십자가의 영광스러운 신비 속에서 흐르는 것처럼, 당신 스스로 하나님의 영광을 발견하기 시작하라는 것이다. 그리고 그렇게 할 때 당신이 왕의 가족의 한 사람으로서 입양되어 찬란한 왕의 옷을 입게 되는 것이다. 그것은 영광의 진원지, 예수 그리스도의 십자가에서 시작된다.

십자가의 권능

THE POWER OF THE CROSS
EPICENTER OF GLORY

1장

어둠속에서 춤추기

1장_DANCING IN THE DARK

어둠속에서 춤추기

들으라! 환상 중 최고의 환상을 내가 말하겠노라.
그것은 모든 목소리의 주인들이 잠든 후에,
한밤중에 꿈으로 내게 왔다.
나는 가장 경이로운 나무, 천국에서 태어나, 빛에 의해 휘감긴,
밝고 밝은 빛으로 휘감긴, 나무 십자가를 보았다.
명패는 전부 금으로 뿌려져 있었다.
보석들이 땅 끝자락에 아름답게 붙어 있었다.
보석 다섯 개가 가로대 위에서 마찬가지로 빛나고 있었다.
만물들이, 영원 전부터 예정된 것,
하나님의 메시지를 보고 있다.
진실로, 그것은 중한 죄인의 교수대가 아니었다.
땅 위의 인간들, 모든 위대한 피조물들,
그리고 거룩한 영혼들이 거기서 그 십자가를 보았다.
승리하신 십자가의 경이로운 것을…[1]

† † †

그 젊은 설교자는 가장 깊은 감옥의 축축한 방에서 떨고 있었다. 반은 허기져서, 반은 잠을 잘 수가 없어서, 그는 축축한 그의 겉옷 속에서 떨고 있었다. 마치 옛날 그 유명한 엘리야의 옷처럼, 그 털옷도 지금은 도움이 안 되었다.

> 외치는 자의 소리여 이르되 너희는 광야에서 여호와의 길을 예비하라 사막에서 우리 하나님의 대로를 평탄하게 하라 골짜기마다 돋우어지며 산마다, 언덕마다 낮아지며 고르지 아니한 곳이 평탄하게 되며 험한 곳이 평지가 될 것이요 [그런 후에] 여호와의 영광이 나타나고…2

이 말씀이 그의 마음에서 재생되고 또 재생되었다. 이 말씀과 함께 여러 장면들이 서로 얽혔다. 그의 사촌과 함께 강둑 근처에서 놀았던 장면, 그 설교자의 강단이 되었던 강둑, 그 어린양에게 세례를 주었던 강, 지금은 돌아가신 아버지의 모습, 아버지가 여기 계신다면 아들에게 무슨 말을 하실까? 조명이라고는 오직 번제 향로만이 있는 성소의 짙은 어둠 속에서 하나님의 영광이 갑자기 나타나 의심에 가득 찬 스가랴의 목소리를 거두어 가셨던 이야기로 아들을 다시 확신시켜 줄 수 있을까?

"당신이 오실 그분이십니까?" 그 설교자는 제자들을 보내 다시 한 번 물었다. 그러나 요한의 심장은 그 안에서 불타올랐다. 그는 알고 있었다. 요한은 처음 그 분을 보았을 때 마치 다윗이 언약궤 앞에서 춤추며 뛰었던 것처럼, 엘리자베스의 뱃속에서 기뻐 뛰었다. 축축한 감옥 너머로부터 성령의 아름다운 노래가 하나님의 음성 안에 있는 영광을 전달했고, 요한의 영은 "아멘!"으로 답했다.

그의 위로, 또 다른 종류의 음악이 연주되는 것을 들을 수 있었다. 흥청망청 떠들며 놀고, 관능적이고, 휘황찬란한 잔치가 벌어졌다. 헤롯과 불법적으로 취한 그의 아내, 그리고 초대된 손님들은, 살로메가 청중들 앞에서 현란하게 춤을 출 때 마치 못 박힌 것처럼 살로메에게서 눈을 뗄 수가 없었다. 그리고 헤로디아의 요청은 날카로운 칼날처럼 왕의 귀를 찔렀다.

요한은 그의 마음을 돌려 다시 그 강둑으로 향했다. 갑자기, 그는 다른 시대로 이동된 것 같았다. 저 멀리 엘리야가 서 있고 그 주위로 먼지구름이 일어나 태풍이 되었고 하늘에서 소용돌이치는 불꽃이 번쩍이기 시작했다. 그러고는 그 옛 선지자를 천사들이 이끄는 말에 태워 데려갔다.

"나의 아버지!"

요한이 이렇게 외칠 때 그 형상은 사라졌고 그 자신만이 홀로 남았다. 그의 찢어지는 목소리는 주위에 있는 돌들 사이로 가늘게 메아리쳐 사라졌다. 이곳은 나병을 일으키는 방이었다.

그는 성령이 비둘기같이 내려오는 것을 보았고 그 음성이 말씀하시는 것을 듣지 않았는가?

"이는 내 사랑하는 아들이다… 너희는 그의 말을 들으라!"3

어둠속에서 그는 다시 제정신을 차려 재확인을 하기 위해 보낸 제자들을 기다리기로 결심했다. 그 선생님께 보낸 제자들은 지금이면 돌아왔어야 했다. 그렇지 않으면 그들에게 큰 화가 임할 것이었다.

요한은 한숨을 쉬었다. 마침내 부끄러운 눈물이 그의 눈에서 흘러 나왔다. 그 눈은 얼마 전에 군중들을 지나 세례를 받으러 나왔던 그를 보지 않았던가? 그때에 그는 사촌이 아니었다. 더 이상 그의 가까운 친척 형제가 아니었다. 더 이상 육 개월 차이 나는, 종종 요한에게 혼이 나곤 하던 유소년 동생이 아니었다. 그분은 말씀이 육신이 되어 우리 가운데 걸어 다니신 하나님이셨다.

비록 말씀이 요한의 목소리를 통하여 주어졌지만 증거하시는 이는 성령님이셨다. 그리고 그 설교자는 그것을 알았다.

"보라 세상 죄를 지고 가는 하나님의 어린양이로다."4

요한은 멀리서 돌계단을 내려오는 발소리를 들었다. 그의 심장은 소망으로 채워졌다. 그들이 마침내 선생님으로부터 받은 메시지를 가지고 돌아왔다. 그들의 눈은 불타오르고 그들의 따뜻한 손은 참을성 있게 기다리고 있던 그를 감싸 안았다. 그러나 혼란스러운 이스라엘을 다시 일으킨 엘리야를 실어 갔던 말들과 병거들처럼 또다시 요한을 데리러 올 것이라고는 확신할 수 없었다.

그는 곧게 앉아서 헝클어진 머리와 수염을 부드럽게 만지고 있었다. 간수들이 그의 동료들의 말소리를 들었다. 아마도 제자들이 그에게 담요와 빵을 가져오는 것을 기억하였을 것이다. 발걸음들이 가까워지더니 마침내 횃불이 감옥 문 밑으로 새어 들어왔고 육중한 자물쇠가 열렸다.

요한은 빛에 익숙하지 않았기에 눈을 가렸다. 간수는 기름 램프를 감옥 안으로 들이밀었다.

"걸어 나와라. 세례 요한!"

두꺼운 눈썹과 거친 손이 그의 옷자락을 잡아 당겨 비틀거리며 걸어가게 했다. 문으로 나가기 위해 숙였던 머리를 들었을 때, 그는 머리에 두건을 쓴 큰 거인 같은 사람을 보았다. 골리앗 같은 사람의 다리 뒤로 요한은 횃불에 번쩍이는 사형 집행관의 칼날을 보았다. 그들은 멀리 그를 이끌고 갔다.

요한이 어린 날에 듣곤 하였던 스가랴의 노래가 다시 들려왔다. 당시 늙은 제사장이었던 그의 아버지는, 잉태하지 못하던 엘리사벳에게 응답으로 주신, 그의 유일한 아들의 머리카락을 자주 만져주곤 하였고, 아버지의 노래 소리는 아들을 잠재우곤 하였다. 요한은 이제 그의 목소리를 다시 듣는 것 같았다.

오 이스라엘아 들으라,

우리 하나님 여호와는 오직 유일한 여호와시니라!

† † †

　우리는 그리스도의 십자가를 통해 완전하게 새롭게 되었다. 우리는 그의 부활 안에서 그의 영으로 말미암아 일으킴을 받았다. 예수 그리스도의 신성과 그의 이미지는 지금 우리 안에 거하신다. 그는 우리에게 새 정체성을 주셨다. 새롭게 영의 사람(spirit-man)이 된 우리 안에, 하나님은 그의 성전을 건축하셨다. 하나님은 지성소 안에 거하시고 우리는 그리스도의 피를 통해 매시간 그곳으로 들어간다. 영광을 입은 새사람은 이제 그의 아버지 집으로 돌아왔다. 그리고 우리는 재창조의 대리인(agent)으로서 십자가를 전하는 사람이 된 것이다.
　십자가의 효과는 단지 역사 속에서만 존재하는 것이 아니다. 그것은 있는 그대로의 하나님을 나타낸다. 십자가의 활동은 과거, 현재, 그리고 미래를 주관하시고, 공급하시고, 보호하시며, "스스로 있는 자(I AM THAT I AM)"(출 3:14 참조)의 완전한 계시를 이룬다. 십자가의 활동은 지속되며 영원토록 멈추지 않고 생명을 주는 연쇄반응을 한다. 십자가 안에서, 마지막 아담으로서 예수님은 생명을 주는 영이 되었다.
　이십 년 보다 더 오래 전에, 우리 교회는 성령의 방문을 경험했다. 성령은 주권과 권능으로 임하였고, 그리고 그의 임재를 체험한 모든 사람들의 삶을 바꾸었다. 영광으로 가득 찬 어느 날 아침에, 사람들이 갑자기 엄청나게 크고, 피가 흐르고 있는 십자가가 교회 성전 중앙에 견고하게 서 있는 것을 열린 환상으로 보았다. 그 십자가는 영광으로 초대하는 십자가였으며, 십자가는 고통의 증거인데도 불구하고 가장 바람직한 표상으로 변하여 환한 빛으로 비추고 있는 것 같았다. 그 당시 받은 영광은 이천 년 전에 예루살렘에 세워진 그리스도의 십자가로부터 흘러나오고 있음을 그날에 우리는 깨달았다! 그때 참석했던 사람들은 십자가 안에 계시된 영광 안에서 체험한 변화를 지금도 여전히 간직하고 있다. 그들은 여전히 그 영광으로 인하여 진동하고 있다.

십자가의 진리와 효과는 아주 간단해서 심지어 어린아이조차 그 영광에 충분히 들어갈 수 있다. 하나님이 세상을 자신과 화목하게 하셨을 때 십자가에서 일어난 사건은 우리가 영원토록 발견해야 할 신비이다. 마치 작은 원자가 분열될 때 어떤 힘이 분출되는 것처럼, 갈보리의 사건은 권능 안에서 계속적으로 펼쳐지고 있다. 십자가의 영광은 폭발적이고 영원하며, 에너지를 창출하고 지속적으로 아름다운 계시를 열어준다. 십자가는 하나님 영광이다. 그 십자가에서 우리는 하나님을 있는 그대로의 모습을 본다. 갈보리는 혐오스러운 것이나 과거의 것이 되어서는 안 된다. 우리가 죽을 육체를 가지고 그의 능력을 추구한다면 우리는 그를 십자가에서 발견할 것이다. 우리는 성령의 능력을 그 보혈에서 발견한다. 갈보리는 거울로 뒤를 보는 것과 같지 않다. 요한은 현재를 보았고 더 나아가 하늘의 열린 문을 통해 죽임을 당하신 어린양을 보았다. 히브리서 기자는 그의 피가 말씀하시는 것을 들었다.

예수님은 십자가로부터 내려졌으나 과거의 한 사건으로서 역사 속에 박제되어 있지 않다. 우리 역시 십자가의 사건을 역사의 한 사건으로 남겨두어서는 안 된다. 그가 거기서 죽었기 때문에 다시 살아나셨으며, 그가 거기서 죽었기에 우리에게 생명이 있는 것이다. 우리가 그 어린양 이외에 다른 것을 추구한다면 우리는 다른 예수, 즉 하나님으로서 그분이 아닌 다른 예수를 찾고 있는 것이다. 우리 안에 계신 진짜 그리스도는 고난을 통하여 영광을 가져오신 바로 그 예수님이시다. 생명을 주는 영(Life-giving Spirit)은 우리를 그 십자가로 이끌 것이다. 그를 영접하는 모든 사람은 십자가의 구속 안에 있는 그와의 교제로 나아간다. 그것이 유일한 자유이다. 그것이 유일한 승리이다. 십자가는 그가 승리하였던 것처럼 우리도 승리자가 되게 하는 곳이다.

> 기록된 바 우리가 종일 주를 위하여 죽임을 당하게 되며 도살 당할 양 같이 여김을 받았나이다 함과 같으니라 그러나 이 모든 일에 우리를 사랑하시는 이로 말미암아 우리가 넉넉히 이기느니라(롬 8:36-37)

예수님의 보혈은 영광의 영을 둘러싸서 마치 원자들이 분열되는 것처럼 구원의 역사를 창조하고 있다. 한 원자가 분열될 때, 그 물질의 핵은 에너지를 담을 수 없어 터지게 된다. 그것이 밖으로 움직여 나갈 때, 그 움직이는 입자들은 접촉하는 것들을 찌른다. 그들은 새 원자들 속으로 흡입되고 다른 폭발이 발생한다. 이것은 홍수와 같이 밖으로 분열되어 나가고 여러 영역에서 동시다발적으로 같은 활동을 반복한다. 이것이 보혈을 통해 효과적으로 역사하고, 성령에 의해 우리에게 생명을 가져다주는 십자가의 영광을 설명하는 좋은 예화이다. 십자가의 영광은 그것을 받아들이는 모든 것을 바꾸는 능력이 있다.

예수가 갈보리에서 죽었을 때, 옛 시대 또한 끝났고 새 시대가 시작되었다. 그것은 앞으로 올 시대를 앞선다. 그러나 지금은, 우리가 그를 보는 것처럼 갈보리를 통하여 그를 본다. 그리고 성령의 능력으로 우리는 그의 영광 안에서 걸을 수 있다. 우리는 다른 사람들에게 그 동일한 영광을 전하는 사람이 되자. 종국에는, 모든 창조물들이 채움을 받을 것이다. 머지않아 지구는 그의 영광으로 가득찰 것이다.

초점

인간으로서 의미를 추구할 때, 우리는 하나님의 말씀으로부터 시작해야 한다. 하나님의 인류를 향한 초자연적인 계시를 정확하게 묘사하려면, 우리는 그 판독 나침반을 성경에서 찾아야 한다. 성경은 예수 그리스도의 성육신, 십자가에서의 죽으심, 부활, 그리고 승천하심은 실체라는 것을 정확하게 증명하고 있다. 그의 죽음이 없이는 그리스도를 통한 하나님의 인류 전체를 위한 구원 계획은 아무런 의미와 효과가 없는 것처럼, 십자가가 없다면 성경은 모든 의미를 잃어버린다.

사형도구인 십자가는 그리스도인의 믿음의 상징이 되었다. 십자가는 믿는 자들에게는 영광과 승리의 상징이다. 그리스도의 속죄는 죄, 죽음 그리고 마귀에 대한 승리이다. 또한 아버지 하나님과의 화해, 그리고 개인적인 변형을 위한 힘을 공급한다. 기독교 역사에서 첫 천년 동안 십자가는 "승리"로 이해되었다. 초대 교부 이레니우스(Irenaeus)는 기록하기를, "그리스도께서 하신 처음이자 가장 중요한 일은 인류를 노예로 속박하고 있는 권세들, 즉 죄, 죽음, 그리고 마귀에 대한 승리이다."[5]

> 또 우리 형제들이 어린 양의 피와 자기들이 증언하는 말씀으로써 그를 이겼으니 그들은 죽기까지 자기들의 생명을 아끼지 아니하였도다(계 12:11)

십자가는 모든 성경에 있는 계시의 초점이 된다. 왜냐하면 성경의 목적은 하나님이 그의 형상을 따라 창조하신 인류와 맺은 영원한 언약 안에서 행하시기로 예정하신 것을 행하는 것이기 때문이다. 성경의 더 깊은 의도는 하나님의 계획의 성취를 기록하는 것이고, 한때 그리스도가 육체로 계실 때에 계시한 것에 대한 기록을 전수하는 것이다.

세상과 그 안에 있는 모든 피조물들을 만드시기 전, 삼위일체 하나님은 갈보리를 마음에 두고 계셨다. 한편으로는 그들을 하나님께로 돌아오게 하기 위한 완전한 구원계획을 고안하면서, 남자와 여자를 (그리고 나머지 모든 피조물들을) 허무한데 굴복하게 하신 목적은, 오직 한 길을 성취하기 위함이었다. 즉 세상의 기초가 세워지기 이전에 어린양의 죽음을 통해 완전한 구원을 이루는 것이다. 역사 이전부터 십자가는 세상의 역사에서 중심된 사건이었다.

영광의 충만함

그러므로 이제 우주적 의미에서 갈보리를 살펴보자. 실제로 그곳에서 무슨 일이 일어났는가? 신약성경은 갈보리에서의 성취를 세 단어, 곧 구원, 계시, 그리고 승리로 요약하고 있다. 십자가에서, 하나님의 아들은 우리를 구원하셨고, 하나님 아버지를 우리에게 온전히 계시하셨으며, 그리고 마귀를 이기셨다. 하나님 아버지는 인류를 향한 아들의 완전하고 거룩한 사랑에 감동되셨다. 그것이 십자가의 중심이며 하나님의 영광이다. 지극히 완전하신 그의 역사는 인간 삶의 모든 영역에 공급되었다. 그의 피를 통하여, 예수님은 우리 죄를 위한 화목제물이 되셨고(Propitiation), 우리를 구속하기 위한 값을 지불하셨고(Redemption), 내가 한번도 죄를 범하지 않은 것처럼 의롭게 되었고(Justification), 우리를 하나님 아버지와 화목하게 하셨다(Reconciliation).

> 사랑은 여기 있으니 우리가 하나님을 사랑한 것이 아니요 하나님이 우리를 사랑하사 우리 죄를 속하기 위하여 화목 제물(Propitiation)로 그 아들을 보내셨음이라(요일 4:10)

우리 삶은 성전에서 일어나는 삶의 모습과 동일하다. 죄를 지은 사람은 성전에서 하나님 앞에 화목제물을 드려야 한다. 화목제물은 진노를 가라앉히는데, 모세 시절에 성막(Tabernacle)에서 하타트(hattat)라는 '희생제물(blame offering)'을 드리던 것을 연상하게 한다. 오직 피만이 죄로 인해 오염된 것을 씻는 효과가 있다. 불완전한 어떤 그림자라도 있으면, 그리고 깨끗지 않은 것은 어떤 것이라도 마치 방사능과 같은 효력으로 하나님의 진노를 불러일으키고, 하나님의 임재를 회막(Tent of Meeting)으로부터 사라지게 한다.

예수님은 우리의 희생제물이시다. 십자가의 피는 우리를 깨끗하게 한다. 성전인 우리 몸을 깨끗이 하고 영광의 임재가 임하시도록 요청한다. 십자가의 영광은 빛이 어둠과 교제를 할 수 없는 것처럼, 희생제물을 요구하는 하나님 자신이 직접 그 희생제물을 공급하신다는 것을 보여준다. "인자가 온 것은 섬김을 받으려 함이 아니라 도리어 섬기려 하고 자기 목숨을 많은 사람의 대속물로 주려 함이니라"(막 10:45).

> 우리는 그리스도 안에서 그의 은혜의 풍성함을 따라 그의 피로 말미암아 속량 곧 죄 사함을 받았느니라(엡 1:7)

구속 또는 속량(Redemption)한다는 것은 시장에서 물건을 사고 물건 값을 지불하거나 몸 값을 지불하는 것을 의미한다. '속량하다'는 의미는 죄인으로 있는 우리의 상태를 말하며 이는 우리는 구원받을 필요가 있지만 우리 스스로는 구원할 수 없는 상태를 말한다. 우리는 노예상태로 있는 우리를 다시 자유롭게 하기 위해 값을 치러 줄 어떤 분을 필요로 한다. 이집트로부터 이스라엘을 해방시키는 것은 큰 능력이 필요한 값비싼 것이었다. 우리는 열 가지 심판의 재앙과 기적 속에서 하나님이 그의 백성을 구속하는 것을 본다.

구속은 사람이 이해할 수 없는 방법으로 거룩한 에너지를 확장하는 것이다. 구입가격을 완전히 지불하지 않는다면 우리를 포로에서 자유롭게 하고 어둠의 왕국에서 빛의 왕국으로 옮기는 서대는 결코 이루어질 수 없다. 그러나 실상은, 우리는 십자가를 통하여 죄와 죄의식으로부터 급진적으로 구출되었다.

> 이 예수를 하나님이 그의 피로써 믿음으로 말미암는 화목제물로 세우셨으니 이는 하나님께서 길이 참으시는 중에 전에 지은 죄를 간과하심으로 자기의 의로우심(His justice)을 나타내려 하심이니 곧 이때에 자기의 의로우심(His justice)을 나타내사 자기도 의로우시며 또한 예수 믿는 자를 의롭다(justifies) 하려 하심이라(롬 3:25-26)

의롭다 함(Justification)은 판사 앞에서 우리의 법적인 지위를 나타내준다. 한 의로운 행위로 말미암아 우리는 하늘의 법정에서 무죄 선고를 받았다. 의롭게 되었다는 것은 그리스도의 의로움이 우리의 의롭지 못함을 두르고 있는 것이 아니다. 의롭게 되었다는 것은 우리가 죄의 형벌을 받을 만한 증거들이 하나도 없다는 것을 의미하는 것이다. 우리 행위가 아무리 선하다 해도 우리 행위로는 어떤 것도 완전히 무죄하다고 할 것이 하나도 없다. 무죄 선고의 원천은 하나님의 은혜다. 그리고 하나님의 은혜의 기초는 예수님의 피이다. 하나님은 십자가에서 그의 의로운 행위로 말미암아 우리의 죄를 영원한 형벌로 처벌하셨다. 은혜로, 그리스도가 우리의 죽음을 대신하여 죽으셨다. 그가 법정에 가져온 증거는 그의 피-무고한 피, 법적으로 아주 작은 죄의 증거도 찾을 수 없는-이다. 이 의로움의 결과로 우리는 그의 언약 공동체인 교회의 구성원이 되었다.

> 모든 것이 하나님께로서 났으며 그가 그리스도로 말미암아 우리를 자기와 화목하게 하시고 또 우리에게 화목하게 하는 직분을 주셨으니 곧 하나님께서 그리스도 안에 계시사 세상을 자기와 화목하게 하시며 그들의 죄를 그들에게 돌리지 아니하시고 화목하게 하는 말씀을 우리에게 부탁하셨느니라(고후 5:18-19)

갈보리에서 우리 구원에 영향을 준 네 번째 양상은 화목(Reconciliation), 즉 우리는 하늘에 계신 하나님 아버지와 다시 연합하게 된 것이다. 이것은 극히 개인적으로 이루어진 일이며 마침내 우리는 집(본향)에 돌아온 것이다. 창세전에 우리가 죄를 짓기 이전에 하나님이 우리를 마음에 두고 있었을 때 가졌던 관계, 그러나 죄가 아담을 통하여 인류에게 들어와 깨졌던 그 관계가 회복되었다. 화목하게 되었다는 것은 우리가 피를 통하여 하나님과 화평하게 되었다는 것을 의미한다. 우리는 양자로서 입양되었고, 갈보리에서 이루어진 거룩한 교환으로 인하여 주님이 가지고 있는 모든 권세의 상속자들이 되었다. 그 의미는 그리스도가 하나님과 교통(Communion)하는 것처럼 우리도 하나님과 생생하게 교통한다는 것이다. 그리스도는 하나님을 '아바(Abba), 아빠'라고 부르셨다. 그래서 하나님은 또한 우리의 아빠가 되신다. 이제 우리는 왜 그리스도의 십자가 안에서 영광스럽게 되었는지 이해하게 되었다.

영광에 의해 가능하게 됨

아낌 없고, 끝이 없고, 요구하는 것 없고, 어떤 조건도 달지 않고 자기 자신을 내어주는 그의 참된 본질이 십자가에서 증명되었기에, 십자가는 우리가 하나님을 실제 있는 그대로의 하나님을 볼 수 있게 한다. 갈보리의 십자가는 예수 그리스도의 인류를 향한 구원계획의 최고 정점이다. 거기서 그는 하나님과 우리를 단절시켰던 우리의 죄를 짊어지셨다. 거기서 그는 우리를 하나님께로 돌아가게 했으며, 우리를 이 세상에서, 그리고 앞으로 올 세상에서 그의 형제와 자매로 만들었다. 교만과 이기심은 어둠의 왕국의 기초이다. 그 어둠을 대적하여 그리스도는 하나님을 떠난 인간을 대신하는 형벌로서 자신을 드렸다. 우리를 올라가게 하시기 위해 그는 내려오셨다. 우리가 그의 나라에서 그와 함께 있도록 그는 우리에게 오셨다.

이런 사랑을 누가 저항할 수 있겠는가? 이 사랑은 우리의 현재, 과거로부터 지금까지, 그리고 미래의 우리를 정죄하는 모든 것에서 자유롭게 한다. 십자가에서 일어난 일은 이 세상 시스템과 영적 어둠의 왕국을 완전히 뒤돌리고도 남을 충분한 능력을 가지고 있다. 동전의 두 면처럼 십자가의 어둠과 영광은 하나다. 그 둘은 함께 빛을 발하고, 그리스도의 얼굴을 우리 마음에 온전히 비추어 준다.

하나님의 영광은 그의 창조물이 욕구에 매달리도록 하는 충동적인 장난이 아니다. 하나님의 영광은 그의 창조물에 모든 것을 풀어놓으셨다. 우리가 실로암에서 고쳐진 남자, 병자들, 죽은 자들, 그리고 나사로의 부활 등에 나타난 예수님의 기적들을 살펴볼 때, 그 타이밍과 종류에 따라서 하나님의 특정한 영광을 증명할 목적으로 행해졌다는 것을 자주 발견한다. 예수님은 항상 개인이 겪고 있는 고난과 고통을 함께 말씀하시면서, 그가 행한 기적들이 "하나님의 영광을 위해서"라고 정의하셨다. 영광 하나만으로 충분하다.

몇 년 전에 우리 교회 가족들 중 한 명이 우리에게 전화를 했다. 그의 어머니가 갑자기 병에 걸려서 병원으로 실려 갔는데, 검진 결과 그녀 머리에 어떤 음영(shadow)이 발견되었다는 것이다. 그래서 그녀는 더 정확한 검진을 위해 좀 더 큰 병원으로 이송되었다. 나(마헤쉬)는 기도하는 중에 "내가 그녀를 그늘로 덮을 것이다(I will overshadow her)"라고 말씀하시는 하나님의 음성을 들었다. 나는 그 어머니를 찾아가서 "지존자의 그늘(shadow)이 당신 머리에 있는 음영(shadow)을 덮으실 것입니다"라고 말해주었다. 그것은 십자가의 능력 안에 있는 영광에서 나온 말이었다. 다음날 아침, 의사들이 다시 MRI 촬영을 하였지만, 더 이상 그림자는 없었고, 문제가 될 만한 어떤 것도 발견되지 않았다. 순식간에 음영이 사라진 것이다.

어디서 이런 권세가 왔는가? 십자가의 그늘에서 나온 것이다. 십자가는 남자나 여자나 관계없이 신체적으로, 영적으로, 감정적으로, 그리고 지적으로 필요한 모든 것을 끊임없이 그리고 영원토록 공급해 주신다. 확실히 십자가는 하나님의 영광이 시작되는 중심부이다. "하나님, 우리를 허락하사 그 십자가에 들어가게 하시고 그래서 당신의 영광 가운데 충만하게 머물게 하소서!"

십자가가 문을 연다

당신이 하나님의 영광 가운데 있을 때, 마치 당신의 피부가 웃고 있는 것처럼 느낄 것이다! 우리는 마치 어린아이가 기대하지 못했던 좋은 것, 친절, 후한 것, 또는 놀라운 선물을 받으면 깜짝 놀라고 압도되는 것처럼 하나님의 영광을 경험한다.

성령님은 하나님의 영광을 분명히 나타내시며 일하신다. 예수님의 죽음, 장사, 부활, 그리고 승천은 하나님의 영광을 온전히 계시할 수 있는 문을 열었다. 에덴동산에서 일어난 사건 이후에 형성된 하나님의 이미지가 여전히 남아있는 인류에게, 십자가는 하나님의 영광을 회복시키는 유일한 길이다. 모든 결과에는 원인이 있고 모든 원인은 결과를 가져온다. 만물이 경험하는 하나님의 영광은 갈보리에서 이루어진 순수한 결과이다. 갈보리 없이는 구원이 있을 수 없고, 부활이 없고, 영광이 없다. 이전에 죄로 더럽혀진 우주 만물의 확실한 죽음이 있어야만 새롭고 영광스러운 것이 태어날 수 있는 것이다. 십자가는 그 길을 열었다.

십자가는 과거시제의 사건이 아니다. 지금도 여전히 일어나고 있다! 십자가의 권능은 현재시제이며 지금도 역사하고 있다. 그것은 하늘과 땅에서 영광으로 들어가는 길을 온전히 열었다. 요한계시록에서 요한이 보았던 것을 생각해 보라. 영광 중에 있는 성도들은 말 그대로 완전하였다. 그들은 일찍 죽임을 당하신 어린양께 경배하고 있었다(계 5장 참조).

우리는 갈보리에서 하나님의 보혈과 영광을 함께 본다. 하나님은 동산에서 아담과 이브가 벗은 것을 보았을 때 동물의 가죽으로 옷을 만들어 주셨다. 피는 영광이 사라진 곳에 공급해 주신다. 피는 부흥으로 가는 길, 하나님과 친밀한 교제로 되돌아가는 길, 모세와 맺은 언약에서 예시된 것으로 다시 태어나는 길을 인도한다.

모세 회막의 내부 가장 깊은 곳에는 은혜보좌가 있다. 언약궤는 하나님의 증거와 임재하심을 표현하는 두 요소가 서로 어우러져 있는 장소이다. 그것은 이 땅에 계신 하나님의 보좌이다. 거기에서, 대제사장은 희생제물의 피를 뿌렸다. 그리고 거기에 하나님의 영광이 거하셨다. 살아계신 임재로 하나님은 그의 백성들에게 말씀하시곤 하셨다. 거기서, 하나님의 임재는 낮에 구름 기둥이었고 밤에는 환한 불이었다. 이스라엘의 대적들을 퇴치하는 권세와 힘은 그 영광으로부터 나왔으며 동시에 영광은 음식과 물을 공급했다. 그러나 영광에 접근하는 길은 오로지 흘린 피를 통해서 희생제물을 그 보좌에 지속적으로 드리는 것을 통해서만 접근할 수 있었다.

영광과 함께 춤추기

　영광은 사물이 아니다. 하나님의 영광은 인격체이며, 즉 영광스런 주님 자신이 임하는 것이다. 우리는 그의 영광에 들어갈 수 있고 그 영광안에서 그와 하모니를 이루게 된다. 그런 후에야 우리는 다른 것을 우리에게 가져올 수 있다. 하나님의 영광은 단순히 개인적 경험이나 계시가 아니며 공유되기 위해 의도된 것이다. 우리는 영광의 대사들이 되었으며 기적들도 그 영광 중에서 일어난다.
　사역 초기에 내(마헤쉬)가 성령의 권능을 알게 되고 그리스도의 사랑을 나누기 시작했을 때, 사람들은 나에게 그들의 절박한 기도 요청을 하기 시작했다. 내가 나의 책 《사랑만이 기적을 만든다》(*Only Love Can Make a Miracle*)에서 쓴 것처럼, 이즈음 갈렌(Galen)이라는 감리교회의 장로가 그의 교회에 다니는 어린아이인 드류(Drew)에 관하여 내게 말해 주었다. 드류는 네 살이었다. 그는 심장 개복수술을 받아야 하는 선천성 심장질환을 가지고 태어났다. 이 수술은 오늘날에는 흔한 일이지만, 그 당시에는 아주 낯설고 매우 위험하였다. 드류는 살 가망이 거의 없었다. 그의 부모들은 갈렌을 통해 나에게 아들을 위해 기도해 줄 것을 요청했다. 나는 갈렌에게 소식을 듣자마자, 그 자리에서 즉각적으로 기도했다.
　기도를 시작하자마자, 내 눈이 열려 나는 주님이 작은 아이를 그의 팔에 품고 서 있는 것을 환상으로 보았다. 내가 주님을 쳐다보았을 때, 주님은 작은 손짓을 하셨는데, 마치 누군가에게 신호를 보내는 것과 같았다. 그 환상에서, 나는 주님이 음악을 시작하도록 신호를 보내고 있다는 것으로 이해했다.

그런 후 주님은 춤추기 시작했다. 그 작은 소년을 가슴 가까이로 안으면서, 주님은 이리 저리로 매우 기쁘게 웃으시면서 춤추셨다. 나는 작은 소년 역시 소리 내어 웃고 있는 것을 보았다. 나는 음악을 들을 수는 없었으나 그들이 함께 몇 분 동안 춤추고 소리 내어 웃는 것을 보았다. 그러고는 환상이 끝났다.

나는 정말 내가 본 것이 무엇을 의미하는지 알지 못했다. 그 환상은 작은 소년이 고쳐질 것이라는 뜻인가? 아니면 예수님이 그를 영접하여 하늘로 데려가시는 모습인가? 나는 해석하지 않기로 결정했다. 나는 단지 갈렌에게 내가 본 것을 말하였고 드류의 부모에게 그 환상이 어떤 연관이 있는지 물어 보게 했다. 이 모든 일이 화요일에 일어났다.

금요일에 드류가 죽었다. 나는 그 소식에 매우 슬펐으며, 내 마음은 정말로 그의 가족들에게 달려갔다. 그의 부모는 나를 장례식에 초대했으며, 그곳에서 그들을 처음 만났다. 아들을 잃었음에도 불구하고 그들은 빛나고 있었다. 그들은 나를 안아주며 말했다. "당신의 환상이 이 장례식 내내 얼마나 우리를 붙들어 주었는지 알려주고 싶습니다." 그 다음 주에 그들은 나를 집에 초대했고 친구들을 만나게 했다. 그들은 내가 드류를 위해 기도할 때 보았던 환상을 다시 말해줄 것을 부탁했다.

그들의 집에서 나는 환상을 설명했다. 그러자 소년의 아버지가 일어나서 "나는 모두에게 이것을 나누고 싶습니다. 드류는 심장성 질환을 가지고 태어났기 때문에 다른 아이들과 같을 수가 없었습니다. 다른 아이들이 할 수 있는 것들을 할 수가 없었고, 하루 종일 침대에 누워서 아빠가 집에 돌아오기만을 기다려야 했습니다. 내가 집에 도착하면, 그가 가장 좋아하는 음악을 틀어놓고, 침대에서 들어 올려서는 그와 함께 방안에서 춤을 추곤 하였습니다. 내가 춤을 추면, 그는 웃고 또 웃었습니다. 이것이 하루 중 그가 가장 좋아하는 시간이었습니다. 나 역시도 마찬가지였습니다."

"나는 마헤쉬에게 이것에 대하여 말한 적이 없습니다. 그러나 그가 본 환상에 대해 들었을 때 나는 그것이 정확하게 무엇을 의미하는지 알았습니다. 드류가 죽었을 때, 드류가 가장 행복했던 바로 그 시점에서 예수님이 그를 데려간 것입니다. 그것이 우리에게 임한 이 극심한 시련을 통과할 수 있었던 유일한 이유입니다."

수년이 지나도록 위기의 시간에, 이 환상의 실제와 드류의 이야기, 그리고 춤추시는 예수님은 여러 번 반복적으로 내게 힘이 되었다. 우리가 예수 그리스도를 그의 영광 안에서 알기 시작하면 그는 우리의 눈물을 닦아주신다. 주님께서는 우리의 귀를 열어주셔서 우리 주위를 온통 둘러싸고 있는 영광의 리듬들을 듣게 하신다. 살아계신 그리스도의 실제는 갈보리에서 흘리신 그 피를 통하여 지금도 우리에게 유효하다. 우리는 그의 임재의 진동을 전달하는 사람이 될 수 있다. 가슴이 찢어지는 아픔 속에서도 하나님은 우리가 천국의 화음을 들을 수 있고, 그 화음을 지금 취할 수 있는 곳으로 우리를 데려가시기를 원하신다. 우리는 그를 얼굴과 얼굴을 대면하여 보게 될 것이다. 내가 예견하는 것은 그 영광스러운 어린양의 혼인 잔치에는 거룩한 춤 잔치가 있을 것이고, 그리스도가 거기에 오셔서 그의 두 팔에 신부를 취할 것이다. 그리고 우리는 함께 영원한 영광 가운데 춤을 출 것이다.

모든 것이 변형되었다

전체 성경을 통틀어 '영광'이라는 단어는 직접적으로 주님을 묘사한 단어이다. 영광은 친밀하신 하나님의 영광이며 하나님을 떠나서는 생길 수가 없다. 영광은 항상 하나님 자신 안에서만 계시된다. 영광은 앞서 나가며 하나님의 임재의 증거로서 그를 따른다. 어떤 사람이 값비싼 향수를 뿌린 후 당신을 안았을 때, 당신에게 머물러 있는 향기를 생각해 보라. 또는 카메라 플래시 빛을 본 후 당신 눈 안에 지속적으로 머물러 있는 밝은 빛을 생각해 보라. 그 경험은 이전 것의 흔적이지만, 또한 그 자체로 경험이다. 영광은 하나님 자신을 증명하고, 하나님을 대표하고, 본래의 하나님을 품고 있다. 따라서 영광은 하나님이 임재하시고 역사하시는 것을 가리키는 것으로 인식되어야만 한다.

대기권은 하나님의 영광이 임하여 지속적으로 오래 머무는 곳이다. 그곳은 모든 것이 하모니를 이루는 즐거운 '장소'이다.

> 그 때에 이리가 어린 양과 함께 살며 표범이 어린 염소와 함께 누우며 송아지와 어린 사자와 살진 짐승이 함께 있어 어린 아이에게 끌리며… 내 거룩한 산 모든 곳에서 해 됨도 없고 상함도 없을 것이니 이는 물이 바다

를 덮음 같이 여호와를 아는 지식이 세상에 충만할 것임이니라(사 11:6, 9)

영광 중에 있을 때는 빛이 어둠을 이기고, 소망이 낙심을 압도하고, 기쁨이 슬픔을 대신하며, 믿음이 불신을 축출한다. 하나님의 영은 안식 가운데 거하며 그의 영광으로 들어오도록 초청한다. 영광이 임하는 장소는 항상 예수님이 인정되고, 환영되고, 높여지고, 경배받는 장소이다. 그의 이름은 임마누엘, "하나님이 우리와 함께 계시다(마 1:23)"이다.

이사야는 계속해서 말하기를,

> 그 날에 이새의 뿌리에서 한 싹이 나서 만민의 기치로 설 것이요 열방이 그에게로 돌아오리니 그가 거한 곳이 영화로우리라…돌아오게 하실 것이라(사 11:10-11)

그리고 우리의 심장은 소리쳐 외친다. "당신의 영광을 보여주세요!" 이 영광의 비밀이 무엇인가? 그것은 우리에게 계시되고 있는 이 시대의 신비이다. 예수를 있는 그대로 알기 위해서 우리는 그를 성령에 의해, 십자가를 통해 알아야 한다. "십자가에 못 박히심을 통하여 우리는 우리가 누구이며 무엇인지를 정하게 된다."[6] 십자가에 못 박히신 아들은 우리를 개인적으로 구원하시고, 그런 후에 그를 아는 많은 사람들과 연합하게 한다. 우리는 자기 자신을 떠나 그리스도가 주는 새 본성을 입음으로 어린양의 피로 구원을 받은 사람들의 공동체가 되며, 주님이 주시는 충만함을 누릴 수 있다. 십자가를 통해 우리는 찬양의 공동체가 된다.

십자가는 압도적인 하나님의 자비를 증명하는 유일한 것이기 때문에 하나님의 영광을 경험하게 하는 열쇠를 가지고 있다. 십자가는 있는 그대로의 하나님을 계시한다. 십자가는 완전하고, 자신을 내어주며, 저항할 수 없는, 겸손한, 그리고 능력에서 완전히 전지전능하심을 보여준다. 그리고 우리를 향한 사랑으로 가득 차 있음을 보여준다.

우리는 매시간 그를 십자가에 못 박고 다시 살아나신 분으로 알아야 한다. 영광의 성령은 우리를 깨어 있는 그대로의 그를 친밀히 아는 지식으로 인도한다. 그리고 우리는 변화된다. 우리는 우리 마음의 보좌에 계신 어린양을 본다. 우리는 그가 죽임을 당하고 우리 마음의 보좌에 서 있는 것을 인정한다. 그는 천국에 계신 것처럼 우리 안에 계신다. 위엄이 가득함에도 불구하고 그는 사랑으로 우리 안에서 다스리시고 우리 안에 있는 모든 것이 '영광' 이라고 말하도록 재창조하신다.

성경에서 '영광'에 관한 참조 구절은 일 년의 날짜 수만큼 많이 찾을 수 있다. 매일 영광이 있다! 로마서에서만도 열일곱 구절이 구원의 다른 측면을 보여주는 영광의 모습을 말하고 있다. 그 구절들은 모두 함께 역동적으로 하나님의 영광을 표현하고 있다.

- 영원불멸의 방법으로서 영광이 있다: "썩어지지 아니하는 하나님의 영광을 썩어질 사람과 새와 짐승과 기어다니는 동물 모양의 우상으로 바꾸었느니라"(롬 1:23).
- 영원한 삶에 대한 영광이 있다: "참고 선을 행하여 영광과 존귀와 썩지

아니함을 구하는 자에게는 영생으로 하시고"(롬 2:7).

- 구원을 가져오는 믿음에 순종하면서 선한 일을 하는 것에 대한 영광이 있다: "선을 행하는 각 사람에게는 영광과 존귀와 평강이 있으리니 먼저는 유대인에게요 그리고 헬라인에게라"(롬 2:10).

- 하나님과 그의 약속을 믿는 믿음에 대한 영광이 있다: "믿음이 없어 하나님의 약속을 의심하지 않고 믿음으로 견고하여져서 하나님께 영광을 돌리며"(롬 4:20).

- 하나님께 소망을 두는 영광이 있다: "또한 그로 말미암아 우리가 믿음으로 서 있는 이 은혜에 들어감을 얻었으며 하나님의 영광을 바라고 즐거워하느니라"(롬 5:2).

- 그리스도를 죽음에서 일으키신 아버지의 영광이 있다: "그러므로 우리가 그의 죽으심과 합하여 세례를 받음으로 그와 함께 장사되었나니 이는 아버지의 영광으로 말미암아 그리스도를 죽은 자 가운데서 살리심과 같이 우리로 또한 새 생명 가운데서 행하게 하려 함이라"(롬 6:4).

- 우리 안에 계시될 영광이 있다: "생각하건대 현재의 고난은 장차 우리에게 나타날 영광과 비교할 수 없도다"(롬 8:18).

- 하나님의 자녀들이 누리는 자유의 영광이 있다: "그 바라는 것은 피조물도 썩어짐의 종 노릇 한 데서 해방되어 하나님의 자녀들의 영광의 자유에 이르는 것이니라"(롬 8:21).

- 마치 내가 한번도 범죄하지 않은 것처럼 의롭게 만드신, 그리스도의 교환을 통해 의롭게 된 영광이 있다: "또 미리 정하신 그들을 또한 부르시고 부르신 그들을 또한 의롭다 하시고 의롭다 하신 그들을 또한 영화롭

게 하셨느니라"(롬 8:30).

- 이스라엘에 속하는 영광이 있다: "그들은 이스라엘 사람이라 그들에게는 양자 됨과 영광과 언약들과 율법을 세우신 것과 예배와 약속들이 있고"(롬 9:4).

- 하나님의 자비를 받은 사람들을 위해 미리 예비하신 영광이 있다: "또한 영광 받기로 예비하신 바 긍휼의 그릇에 대하여 그 영광의 풍성함을 알게 하고자 하셨을지라도 무슨 말을 하리요"(롬 9:23).

- 만물이 그에게서 나오고, 그를 통해서 존재하고, 그에게 속하는 그의 영원한 영광이 있다: "이는 만물이 주에게서 나오고 주로 말미암고 주에게로 돌아감이라 그에게 영광이 세세에 있을지어다 아멘"(롬 11:36).

- 이방인들에게 비취는 하나님의 자비의 영광이 있다: "이방인들도 그 긍휼하심으로 말미암아 하나님께 영광을 돌리게 하려 하심이라 기록된 바 그러므로 내가 열방 중에서 주께 감사하고 주의 이름을 찬송하리로다 함과 같으니라"(롬 15:9).

- 예수 그리스도를 통하여 보여진 하나님의 지혜의 영광이 있다: "지혜로우신 하나님께 예수 그리스도로 말미암아 영광이 세세무궁하도록 있을지어다 아멘"(롬 16:27).

- 그리스도안에 있는 연합의 영광이 있다: "한마음과 한 입으로 하나님 곧 우리 주 예수 그리스도의 아버지께 영광을 돌리게 하려 하노라"(롬 15:6).

- 그리스도가 우리 각자를 받으신 것처럼 서로 용납하는 영광이 있다: "그러므로 그리스도께서 우리를 받아 하나님께 영광을 돌리심과 같이 너희도 서로 받으라"(롬 15:7).

이 모든 영광은 성경에서 나온 것이다. 하나님의 영광은 하나님의 영에 의해 다양하게 역사하는 모습들이 있다는 것을 이해할 수 있다. 성령님은 우리의 가장 가까운 동료이시다. 그는 하나님의 아들을 위한 완전한 신부를 찾기 위해 이 땅으로 보내졌다. 매일, 그는 우리에게 임하셔서 우리를 새롭게 하고, 인도하시고, 힘주시고 용기를 주신다. 그를 무시해서는 안 된다. 그는 당신의 예배를 받기에 합당하시다. 그는 당신 안에서 그리스도의 사역을 완성시킨다. 성령님은 그리스도의 몸인 교회를 하나님의 아들과 같이 완전한 모습으로 세우려고 일하시고 계신다. 그리고 그는 곧 오실 신랑을 위한 신부를 사랑스럽게 준비하는 일로 바쁘시다. 그는 하나님 아버지의 영광이라 불리고, 우리 안에 거하신다.

2장

안에서 밖으로,
밖에서 안으로

2장_FROM INSIDE OUT-FROM OUTSIDE IN

안에서 밖으로,
밖에서 안으로

나는 장식들로 둘러싸여 명예스럽고,

기쁨들로 밝게 빛나는,

그리고 금으로 둘러싸인 영광의 나무를 보았다.

보석들은 그 숲속의 나무를 가치 있게 둘러쌌다.

그러나 나는 그 금을 통하여

파선하고 있는 사람의 처절한 옛 싸움을 선명하게 느낄 수 있었다.

처음에는 오른편에서 피를 흘리기 시작하였고…

나는 죽음의 표식이

여러 색깔과 장식으로 변하는 것을 보았다.

때때로 물과 같이 흐르는 피로 흠뻑 젖은,

때때로 보석들로 치장된, 그 죽음의 십자가를 보았다.[1]

† † †

주님은 유다를 사랑하셨고 이해하셨다-내 생각에는 유다(Judas)는 한 번도 주님이 그를 사랑하셨다는 것을 받아들일 수 없었을지 모르지만 말이다. 나 요한은 처음부터 이 일의 증인이었다. 나는 우리의 재정을 관리하고 있는 사람이 마음으로는 항상 도적이었다는 것을 이해할 수가 없다. 그는 족적을 남기고자 하는 자신의 지속적인 야망과 씨름하면서, 그리고 앞으로 올 모든 기회를 엿볼 준비가 되어 있었다. 내 생각에 나머지 사람들도 별 다를 바가 없었다. 그러나 유다는 그 야망이 우위에 있도록 했다. 나는 그 배반자가 그날 밤까지 두 마음을 품고 있었다고는 생각지 않는다. 아마도 그는 바로 마지막까지 확신하지 못했던 것 같다.

그 열심당원은 다른 사람들보다도 어떤 면에서 정치적으로 더 열심이었다. 그는 군중들을 열심히 사로잡는 기술이 있었으며 그들을 더 잘 설득하였다. 그러나 그는 불안정하였다. 심지어 주님의 끊임없는 사랑조차도 그의 피부조직을 뚫고 들어갈 수가 없었다. 그것을 제외한다면 그는 사도들 중 가장 적격인 사람이었을 것이다. 유다는 다른 사람들의 기대만큼 자신을 신뢰할 수 없었고, 심지어 하나님에 대한 믿음도 없었으며 끝까지 자신에게 충실하지 못했다. 그는 생을 마치기까지 그 상태에 머물렀다. 그리고 결국은 우리 주님을 배반하였다.

누구도 두 사람, 예수님과 유다 외에는 앞으로 일어날 일을 알지 못했다. 되돌아보면, 나는 어떻게 모두가 그 상황을 놓칠 수 있었을까 궁금하다. 나는 때때로 유다의 존재로 인해 불편해했다. 그는 감동을 주는 말솜씨로 사람들이 예수님께 와서 이스라엘의 왕으로 기름 붓는 것을 허락해야 한다고 주님을 설득하였다.

결국 그 기름 붓는 것은 수종드는 한 여인을 통해 이루어졌다. 그날 밤은 정확히 페삭(Pesach, 유대인의 기념일로 유월절-역자 주)이 시작되기 오일 전으로 시몬의 집 식탁에서 이루어졌다.

마침내 유다의 마음에 분열이 들어갔을 때, 내 눈이 누가(Luke)의 눈과 마주쳤다. 그도 또한 보고 있었고, 우리는 이것에 대하여 후에 한번 이야기를 나눴다. 제자들의 손에는 기름이 떨어지고 그중 한 방울이 유다의 입술에 떨어질 때, 슬픈 눈으로 주님은 식탁 너머에 있는 자신의 제자를 분명하게 보았다.

"그것을 속히 행하라." 예수님은 조용히 말씀하셨다.

그리스도의 말은 마치 지시하는 것처럼 들려 불쾌하였다. 그는 한 번도 그의 친구라고 부르는 사람에게 다른 진로를 하라고 하신 적이 없었다.

"다른 길로 들어오는 사람은 도적과 강도와 같다."

그는 종종 이런 식으로 말씀하시곤 하셨다. 주님은 우리 중 누가 그를 배반할 지를 알고 있었다. 예수님이 장사된 이후 부활하여 우리에게 오실 때까지 베드로는 두려워하고 있었다. 유다가 돌이키기에는 너무 늦었다.

주님께서 영광 가운데 그를 세우지 않으신다면 우리 모두가 유다를 다시 받을 수 있을지 의문이다. 끝까지 유다와 우리는 서로 달랐다. 그러나 우리 모두는 주님의 손으로 지명하여 선택된 자들이었다. 그렇지 않은가? 주님이 유다조차도 우리와 함께 하도록 선택하지 않았는가? 우리는 모두 기적에 참여한 자들이었다.

우리가 함께 모여있던 시몬의 집에 그 여인이 갑자기 들어왔다. 그녀의 손에는 옥합 상자와 귀한 내용물(그녀의 결혼자금), 곧 그녀의 온 미래가 담겨있었다. 그 상자에는 그녀가 신부로서, 아내로서, 엄마로서, 즉 우리 시대의 한 여자로서 살아갈 수 있도록 도와주는 유일한 내용물이 담겨 있었다.

그러나 그녀는 지체 없이 그것 전부를 그에게 사용했다. 번쩍이는 눈으로 그리고 천사와 같은 얼굴로, 그녀는 예수님의 머리 위에 그것을 부었다.

그녀의 언니는 우리가 그랬던 것처럼 귀중한 것을 그렇게 허비하는 것을 꾸짖었다. 마르다(Martha)는 항상 실제적이고 친절하여서, 지칠 줄 모르게 우리의 필요를 돌봐주고 있었다. 우리가 종종 그곳에 들를 때면 베다니에 있는 그 집의 접대는 대단하였다. 그들은 기쁜 마음으로 우리 모두의 편의를 도모해주었다. 그들의 남동생이 무덤에서 살아난 난 이후 여러 날 동안은 더욱 풍성하게 접대를 받았었다. 조문하는 사람들 앞에서 나사로는 그의 수의를 여전히 단단히 감은 채로 비틀거리며 나왔었다.

참으로 우리는 배워야할 것이 많았나. 선생님의 음성은 우리에게 어떤 일을 설명하려 할 때는 의미로 가득 찼고, 기쁨으로 울려 퍼졌고, 그리고 여호와를 경외함으로 가득 찼다. 축제의 날들이 가까워 옴에 따라 나는 이상한 기분이 더욱 더 커갔다.

마리아(Mary)가 한 일을 목격했을 때 우리는 그녀가 허비한 것으로 인하여 몹시 화가 났었다. 그녀가 부은 향유의 향기는, 마치 우리가 먹은 음식으로 만족스러운 것처럼, 우리가 마신 포도주처럼 취하게 하는 것과 같이, 우리의 감각을 가득 채웠다. 이 일은 모두 빠르게 일어났다. 예수님은 웃음이 터져 나왔고 우리 모두에게 그 여인의 하는 일을 내버려 두도록 말씀하셨다.

"이것은 나의 장례를 준비하기 위함이다."2

그녀의 저녁 헌물인 향유가 그의 머리에서 똑똑 떨어지자 그는 다시 손으로 머리에 바르셨다. 온 집이 향기로 가득 찼다. 아주 귀중하고 비싼 향유였다.

그녀가 부은 기름의 향기는 심지어 우리의 믹바(mikva, 유대인 남자들이 물로 깨끗하게 하는 성결예식-역자 주) 이후에까지 여전히 주님 위에 남아있었다. 나는 주님이 말씀하시고 행하셨던 것을 다 이해하지는 못했지만, 그가 온전히 사랑하던 제자들이 곁에 있는 것이 그에게 약간의 평안을 주는 듯 했다.

그 여인은 우리 모두가 그녀를 바보라고 정죄한 이후에도 부끄러워하지 않았다. 우리 전체 의견이 옳은 것 같은 분위기였지만 이제 와서 내가 깨달은 것은 그녀가 옳았다는 것이다. 우리는 모두 유다를 지지했었고 그녀를 비웃었다. 우리는 바리새인들이 거리의 높은 곳에 서서 큰 소리로 기도하고 슬픈 얼굴로 금식하며 그들의 경건을 표현하였을 때, 그들을 향하여 머리를 흔들었던 사람들이었다.

   그날 밤 우리는 우리의 목소리들을 높이고, 마치 우리가 가난한 자들을 위하여 소리치는 것처럼, 우리의 두 손을 뻗어 그녀를 만류하였다. 실제로 우리는 우리에게 들어올 돈을 생각하고 있었다. 우리는 유다가 우리를 위해 보관하고 있는 금고 속에 들어간 것들을 의지하고 있었다.

   마리아의 옥합 상자는 그 모든 것보다도 더 귀한 것을 담고 있었다. 그녀의 선물은 우리의 돈 상자가 가지고 있던 어떤 것보다도 더 많이 주님을 위하여 쓰였다. 이전의 많은 날처럼 그날 밤에도 우리는 그의 영광을 보았다. 그리고 매번 그것은 우리를 놀라게 했다.

   그날 밤 주님은 기름 부으심을 받았다.

† † †

우리 교회에는 우리가 영적인 할머니로 생각하는 나이 드신 분이 있다. 백 살의 나이에, 그녀가 일어나면 거의 사 피트 키의 단신이지만, 영적으로 엘리나(Elena)는 골리앗보다도 더 크고 힘이 세다. 영어는 일상이로 사용하지만, 스페인어는 그녀의 출생지 언어인데, 기도할 때면 엘리나는 태어날 때부터 쓰던 언어인 스페인어를 사용하곤 한다. 누구든지 그녀 가까이 가면, 그녀의 몸은 연약했지만 그녀의 온유한 영은 하나님의 권능으로 빛나는 것을 느낄 수 있다. 당신이 지금 잠시 동안이라도 그녀의 옆에 앉아 있으면, 당신은 그녀의 피부 위에나 그녀의 옷에 작고, 때로는 밝고, 때로는 희미한, 환하고 부드러운 은색 부스러기들을 보게 될 것이다. 그것이 무엇인가? 어디서 온 것인가? 왜 거기에 있는가? 우리는 모른다. 당신이 그녀와 함께 있을 때, 주님의 임재는 손으로 만질만한 것이어서, 빛나는 하나님의 영광이 그녀의 내면 존재 안에서 머무는 것처럼, 그녀의 육체에서 빛을 발하고 머무는 것을 보게 되는 것이다.

복음서에 보면, 하나님의 영광은 가령 천사가 사람의 모습으로 나타나거나, 변화산에서 변형된 그리스도, 부활 후의 그리스도의 몸과 같이 밝은 빛으로서 묘사된다. 우리는 밝은 빛을 생각하지 않고는, 그리고 개인적으로 체험하지 않고는, 하나님의 영광을 이야기할 수 없다. 예수님은 다윗을 통하여 예언하셨다. "내가 주의 이름을 형제에게 선포하고 회중 가운데에서 주를 찬송하리이다"(시 22:22; 히 2:12 참조). 찬송에 대한 히브리어는 할랄(halal)이고 그 뜻은 '빛나게 하다, 빛을 발하다, 또는 영화롭게 하다'[3]이다. 그가 아버지 집 성전에 들어갔을 때 영광은 그의 주위로 비추었다. 영광은 천사들이 구세주의 탄생을 선포하는 노래를 불렀을 때 나타났다. 곧 성육신(Incarnation) 하셨을 때 영광이 나타난 것이다. 즉, 그가 육체를 입고 이 땅에서 보통 사람으로서, 보통의 사람들 속에서 걸으셨을 때, 그의 영광을 나타내셨다. 그의 영광은 "은혜와 진리가 충만한"(요 1:14) 것이었다.

복음서에서, 사탄은 이 세상 왕국들의 영광을 보여주면서 예수님을 시험하며 그들의 권세와 부를 예수님에게 제시했지만, 예수님은 거절하셨다. 신약은 인간의 삶에 하나님의 영광이 나타나는 것에 중심을 둔다. 첫째, 하나님의 아들 안에서 그의 성품과 순종의 본과 하늘 아버지에 대한 헌신을 통해서 영광이 나타났다. 그런 다음, 구원을 위하여 예수를 믿고 그의 피에 신뢰를 두는 사람들을 통해서 영광이 나타났다. 그리고 예수님은 아버지의 영광으로 다시 오실 것이다(눅 9:26 참조). 그것은 온 세상이 그리고 이제껏 살았던 모든 사람들이 목도해야 할 큰 권능의 날이다. 복음서는 그것을 주님의 날(the Day of the Lord)이라고 부른다(막 13:26 참조).

순교자 스데반은 영광이 아브라함에게 나타났고, 하나님이 약속하신 땅으로 여행하도록 아브라함을 인도했다고 증거한다(행 7:2 참조). 또한 영광은 스데반에게 임하여 천사의 얼굴과 같은 형상으로 변하게 하였고, 돌을 던지던 자들이 그가 죽는 것을 보았을 때 마음에 찔림을 느끼게 했다(행 7:54-60 참조). 고린도에 보낸 편지들은 여자를 남자의 영광이라고 불렀고, 하나님이 인류를 그의 아들의 협력자로서 창조한 것을 비교하면서 여자의 창조를 지적하였다(고전 11장 참조). 바울은 보혈 안에서 씻김을 받았고, 하나님의 영을 소유한 사람들에게는 부활이 영광의 완성이고 시작이라고 말한다. 그는 성령의 사역이 모세가 시내산에서 내려왔을 때 모세의 얼굴을 빛나게 했던 그 영광보다도 훨씬 더 많은 영광을 가져올 것이라고 말한다. 영광은 모세 시대에는 죽게 하였으나, 지금 우리는 영이신 주님으로부터 오는 생명의 직분을 가지고 있다고 바울은 말한다(고후 3:6-18 참조).

내(보니)가 '영광'이 임했을 때 나타나는 번쩍거리는 금 빛깔의 부스러기들을 처음으로 본 것은 십사 년 전이었다. 마헤쉬와 나는 장로직분을 받은 사역자를 공경하기 위한 작은 모임에 참석하였다. 나는 그 때 건너편에 있던 마헤쉬의 왼쪽 눈 바로 밑에 반짝이는 무엇인가가 있음을 발견했다. 그것이 내게 거슬렸고, 나는 방을 가로질러 가서는 그것을 집어내었다. 잠시 후에 나는 그 반짝이는 것을 다시 발견하였고, 내 생각에 어떤 반짝이는 조각들이 틀림없다고 생각했기에 다시 그것을 제거하였다. 그런데 이 일이 다시 일어났고, 이번에는 그것을 집어서 자세히 살펴보았다. 그것은 얇고 미세하고 반짝거렸다. 그것을 살펴보면서 나는 행복한 탄식으로 즐거웠다. 나는 이와 같은 것을 전에는 한 번도 본적도, 들어본 적도 없었다. 그러나 그것이 무엇이든지 간에, 안에 있는 어떤 영원한 본체로부터 마헤쉬 몸 밖으로 스며 나오는 것 같았다.

우리는 이러한 경험들을 점점 더 많이 하게 되었다. 가장 기억할만한 순간 중의 하나는 우리가 루스 헤플린(Ruth Heflin)과 함께 우리 집 식당에서 저녁을 먹을 때 일어났다. 그녀는 "우리가 지금 노래를 불러야만 한다고 느껴집니다"라고 말했다. 그녀는 우리 자녀들 둘의 손을 잡고는 흉내 낼 수 없는 방법으로 주님께 찬양을 드리기 시작했다. 예수님이 친밀하게 가까이 계셨고, 임재는 아주 강력하였다. 그 노래가 끝났을 때, 루스는 어떤 반짝거리는, 금 부스러기 같은 필름으로 뒤덮여 있었다. 그것은 우리가 함께 찬양으로 예배드릴 때 안으로부터 나온 것이었다.

우리에게 나타난 이 현상들이 한 번도 우리를 하나님으로부터의 초점을 멀어지게 하지 못했다. 오히려, 이런 것들은 즉각적인 주님의 임재에, 그리고 그가 그 순간에 무엇을 전달하시고자 하는지에 초점을 맞추도록 강화시켰다. 이런 것들이 우리와 함께하시는 예수님의 신성과 그의 측량할 수 없는 부와 보물들을 살짝 엿보게 하는 것이다.

영광을 구하라

약 삼십 년 전, 우리의 첫 아이가 태어난 후 며칠 뒤, 의사들은 우리 아기가 불치의 신장 질환을 가지고 있다는 것을 발견했다. 아기는 이미 죽어가고 있었고 우리가 할 수 있는 것은 아무것도 없었다. 하나님을 섬기는 우리는 하나님과 그의 백성들을 위해 우리의 삶을 완전히 헌신하였고, 반면 우리의 첫 아들은 죽어가고 있었다. 나(마헤쉬)는 사람들의 머리카락이 스트레스로 인해 하룻밤 사이에 하얗게 변한다는 사실을 읽은 적이 있었는데, 나 자신에게 일어난 극도의 고통 속에 있기 전까지는 그 사실이 실제라고는 믿지 않았다. 어느 날 아침, 샤워를

하러 갔을 때, 가슴 부위에 있는 털이 하룻밤 사이에 허옇게 변해 있는 것을 보았다. 고통의 강도가 심하여 내 몸에 화학적 반응이 일어나 나에게 영향을 준 것이다.

그러나 주님은 우리의 삶에서 가장 현저한 기적을 일으키기 위해 우리를 준비시키고 있었다. 새로 태어난 아들 벤은, 여러 번의 수술에도 불구하고 아무 진전이 없는 채로, 고문 받는 것 같은 통증 속에서 소리치면서, 중환자실에 누워 있었다. 보니와 나는 대기실에서 기도하였다. "오 주님, 당신의 보혈의 권능이 벤을 위해 말씀하게 하소서." 그렇게 기도한 뒤 잠시 후에, 간호사가 달려왔다. 나는 생각하기를, "이제 끝이구나. 우리 아들이 주님과 함께 하기 위해 천국으로 갔구나." 그러나 간호사는 말하기를, "무슨 일이 일어나고 있는지 모르겠어요." 우리를 병실로 인도할 때 그녀의 얼굴에는 눈물이 흐르고 있었다. 영광은 마치 금빛 구름처럼 우리 아들의 상한 몸 주위를 둘러싸고 있었다. 벤은 그의 팔을 뻗었고 그의 작은 얼굴은 완전한 평강의 모습이었다. 갈보리에서 흘린 그의 피는 노래를 창조하였고, 주님의 임재는 우리 아들 주위에 머물러 있으면서, 신비 속에서 벤을 이천년 전 예루살렘 성 밖에 있는 십자가에 연결하였다. 갈보리 사건 이전의 세대에게 이사야가 말한 말씀들은 우리의 눈앞에서 벤의 몸에 이루어졌다. "그는 실로 우리의 질고를 지고 우리의 슬픔을 당하였다"(사 53:4 참조). 모니터는 여전히 그의 몸이 위급한 상황이고 고통으로 경련을 일으키는 상황을 가리키지만 벤은 평화롭게 자고 있었다. 영광의 신비 속에서 보혈의 피 때문에 벤은 주님의 노래 속으로 들어갔고, 그의 몸은 하나님의 진동을 붙잡았고, 모든 고통들은 영광의 음성 앞으로 흘러 들어갔다. 그것이 벤이 완전히 치유되는 기적의 시작이었다. 그의 간증은 그후 계속적으로 하나님의 영광을 가져왔다.

그 기적은 또 다른 기적들을 위한 씨앗이 되었고 지금까지 전 세계 수백만의 사람들에게 나눠지고 있다. 한 예로, 내가 콩고의 수도인 킨샤사(Kinshasa)에 있던 어느 날 밤, 나는 하나님이 "너의 이야기를 말하라!"고 말씀하시는 것을 느꼈다. 그래서 나는 간단히 벤의 이야기를 한 후, "그리고 하나님이 오셨고 그를 고치셨습니다. 영광이 오셨고 그를 고치셨습니다"[4]라고 말했다. 나는 그들에게 계속 말하기를, 요한복음 8장 58절에서 나사렛 예수 그리스도는, '아브라함이 나기 전부터 내가 있었다'라고 말씀하셨습니다. 예수님은 당신을 고치시는 주님이시고, 그리고 오늘 당신은 구원과 치유를 위해 주님의 이름을 부를 수 있습니다.'" 그날 저녁 오만 명 이상의 사람들이(거의 사십만 명이 모인 중에서), 단순히 "예수 그리스도는 어제나 오늘이나 영원토록 동일하시니라"(히 13:8)는 말씀 때문에, 예수 그리스도께 자신을 드리기로 결정했다. 그날 밤 성령께서 내게 이렇게 물으셨다. "그것이 가치가 있었느냐?" 그렇다. 오만 명의 군중들이 한날 밤에 고치시고, 구속하신 이야기를 듣고 그리스도께로 돌아오는 것을 보는 것은 가치 있는 일이다.

시편 4편 1절은 다음과 같다. "내 의의 하나님이여 내가 부를 때에 응답하소서 곤란 중에 나를 너그럽게 하셨사오니 내게 은혜를 베푸사 나의 기도를 들으소서." 당신이 곤란(고통) 중에 있을 때 그것은 당신을 넓히기 위하여 마련된 것이다. 그러므로 고통의 시간에 당신의 초점을 넓히는 것이 중요하다. 당신의 잃어버린 것에 초점을 맞추지 말라. 당신에게 남겨진 것에 초점을 맞춰라. 무엇보다도 주님 그분에게 초점을 맞춰라. 그의 임재가 모든 것을 돌보실 것이다. 그는 우리에게 말씀하신다. "내가 결코 너희를 버리지 아니하고 너희를 떠나지 아니하리라 하셨느니라"(히 13:5; 신 31:6, 8; 수 1:5 참조).

주님이 당신과 함께 계신다. 그러나 당신은 그와 친밀한 교제가 있어야 한다. 어떻게 친밀한 교제를 가질 수 있을까? 예수님이 피를 흘리신 이후로 당신은 그와 함께 있도록 만들어졌다. 당신은 그에게 와서 그에게 들어갈 수 있다. 그러나 우리는 종종 일종의 종교적 분리 개념을 가지고 있다-하나님은 거기에 계시고, 나는 여기에 있다. 그러나 주님은 우리가 하나님과 친밀한 교제하기를 원하신다. 하나님은 예수의 피를 통하여 우리를 가까이 부르시고 아버지, 아들, 그리고 성령의 교통하심으로 들어가게 한다. 완전히 이해할 수 없지만 거기에는 강도 높은, 놀라운 주님과의 연합이 있다. 하나님은 우리를 그 친밀한 교통하심에 들어가게 하시고 삼위일체의 하나님과 영원한 협력자의 관계로 들어가게 하신다.

이곳이 우리가 주님의 영광을 찾기 시작하는 곳이다. 예수님은 제자들에게 오순절에 성령을 받고 위로부터 오는 권능을 입기까지 예루살렘에 머물도록 말씀하셨다. 그때부터 오늘날까지 우리는 성령에 참여하는 자들이 되었다. 이것은 참으로 놀랍다. 그러나 우리 대부분은 우리를 위한 이 놀라운 영광의 하나님을 0.1퍼센트만을 경험하고 있다. 그는 우리가 더 많이, 그 친밀함에 들어가기를 원하신다. 그의 얼굴을 직접 보기까지 더 많이 그 존전에 들어가기를 원하신다.

"거울을 보는 것 같이 주의 영광을 보매 그와 같은 형상으로 변화하여 영광에서 영광에 이르니 곧 주의 영으로 말미암음이니라"(고후 3:18 참조). 그의 영광이 머무는 '비밀 장소'가 있다. 당신이 지존자의 은밀한 곳에 있을 때, 어떤 재앙도 당신이 거하는 근처로 오지 못할 것이다(시 91:10 참조). 시험의 시간이 올 때, 고통의 시간이 올 때, 그것들이 당신을 밀어 더 하나님께 가까이 가도록 하라! 당신 자신을 하나님의 영광이 계시되는 그 은밀한 곳으로 깊이 빠지도록 하라.

영광의 은밀한 장소

얼마 전에 우리는 다른 주에 사는 친구 목사로부터 전화를 받았다. 그는 자기 교회 성도 중 하나가 응급실에 있다고 하면서, 전화기 건너편에서 하염없이 울고 있었다. 그 가족의 십대 딸이 간에 이상이 있어 죽어가고 있다는 것이다. 비록 간이식을 할 수 있는 소망이 있음에도 불구하고, 모든 사람들이 완전히 고통을 당하고 있었다. 그녀는 지금껏 독한 약을 너무 많이 먹어 온 것이다.

전화를 끊었을 때, 우리는 바로 기도하러 갔다. 그순간 우리는 마치 하나님의 영광의 거품(bubble of His glory)속으로 들어간 것 같았다. 우리가 거품 속에 있는 동안, 주님이 우리를 데리고 그 소녀의 간세포로 들어가는 것 같았다. 이상하게 들리지만, 그런 느낌이었다. 그리고 우리는 간이 건강하고 깨끗하게 되기까지 나오지 않았는데, 그것은 기도한지 스물여섯 시간 후였다. 그 스물여섯 시간 동안, 우리는 그 상황을 주님의 존전 앞으로 가져갔고, 영광은 그것을 둘러쌌다.

우리는 골방에서 모든 시간 동안 기도만 한 것은 아니다. 우리는 집에서 잠자는 것을 포함하여 일상 활동을 하였다. 그러면서도 그 상황을 계속 중보 기도하였다. 그러자 주님이 말씀하셨다. "이제 다 됐다. 그녀의 엄마와 목사에게 전화해라."

우리가 전화를 하였을 때, 의사들이 가족들에게 말하기를, "이 일은 우리와 상관이 하나도 없습니다. 이유는 모르지만, 간이 정상보다도 더 좋아졌습니다." 그 간은 완전히 회복이 되었다.

지존자의 은밀한 곳에서는 기적이라는 대기 속에서 숨을 쉴 수 있다. 그 장소에서, 주님은 우리를 건강하게 하고 우리 자녀들을 고치시기를 원하신다. 긴장과 도전, 그리고 고통의 시간들은 우리를 바로 그 영광 속으로 압박하여 들어가게 한다. 그때부터 당신 스스로가 아니라, 당신 더하기 주님이 된다. 우리 모두는 때때로 잿더미 속에 있게 되지만, 주님은 우리를 확장시켜 나가기를 원하신다.

무거운 영광

우리 교회 시온 대학(Zion College) 학생 중 하나가 일어나 재미있는 말을 하였다. "영광과 금은 무게로 측정이 됩니다. 그리고 성경은 이

시대의 고통들은 날개의 무게처럼 가볍다고 말합니다."

이 말은 우리로 생각하도록 만든다. 성경은 "현재의 고난은 장차 우리에게 나타날 영광과 비교할 수 없도다"(롬 8:18)고 말한다. 이 말은 매맞고, 돌에 맞고, 감옥에 갇히고, 핍박 받고, 그리고 결국에는 복음의 영광을 위하여 순교당한 사람에 의해 쓰였다.

'영광'에 해당하는 히브리말은 카보드(kabowd)이다. 그 의미는 '무겁게 하다' 또는 '무거운'이며5 금처럼 부와 명예를 의미한다. 주님의 영광이 금 막대기처럼 저울의 한쪽에 쌓여 있고 저울의 반대편에는 깃털이 놓여 있어, 균형을 잡고 있는 모습을 그려보라. 그것이 당신이 겪고 있는 삶의 도전들이 어떻게 앞으로 올 영광과 비교되는지를 보여준다. "우리가 잠시 받는 환난의 경한 것이 지극히 크고 영원한 영광의 중한 것을 우리에게 이루게 함이니"(고후 4:17).

우리의 최후의 적, 죽음은 패하였다. 그 외의 다른 모든 것들은 정복당하였다. 하나님은 그의 교회를 새롭게 하시고 회복시키신다. 서방 기독교인들은 제대로 목소리를 내지 못하고, 제멋대로 되었고, 플라스틱처럼 되어서 구원에 관한 우리의 신학과 기대는 빈혈증 상태가 되었다. 즉, 보혈의 능력을 상실했다! 우리는 벙어리와 같이 표현하지 못하도록 우리 자신을 허용하여 기꺼이 빵부스러기만 먹고 살도록 했다. '권리 세대'(entitlement generation, 1979년과 1994년 사이에 태어난 그룹으로 합리적인 근거 없이 자신들이 어떤 권리와 이득을 가지고 있다고 믿는 세대를 일컬음-역자 주)가 주장하는 것은 다음과 같다.

하나님이 우리와 함께하시는 증거는 (1) 내가 부유하게 되고, (2) 내게 어떤 대적도 없을 것이며, (3) 나는 고난을 당하지 않을 것이다. 그러나 그런 삶은 성경 어디에도 묘사되어 있지 않다. 예수님도 그런 모델을 믿들지 않았다. 십자가의 영광은 문제를 직면하여, 그 문제를 딛고 일어서게 하는 능력이다. 당신은 십자가의 영광과 연결되어 권능으로 영광의 그늘 안에서 살기를 원한다. 당신이 어려움에 처한 순간이 하나님이 기쁨 가운데 돌파하게 하시는 중심이 된다. 거기에서 종종 하나님은 당신에게 그의 영광을 보여주신다. 그리고 하나님이 당신에게 그렇게 하실 때 당신은 영원히 변하게 될 것이다. 당신은 안으로부터 밖으로 변형이 된다!

하나님은 당신만이 채울 수 있는 공간을 만들었으며, 당신을 임명하여 그의 영광과 당신 주위의 세상에 연결점이 되게 하였다. 어느 누구도 당신을 대신할 수 없다.

> 여호와의 눈은 온 땅을 두루 감찰하사 전심으로 자기에게 향하는 자들을 위하여 능력을 베푸시나니(대하 16:9)

하나님은 당신에게서 믿음으로 반응하기를 요구하신다. 그는 자연 세계와 육체 가운데 살면서도 초월적인 인식을 할 수 있는 사람들을 찾고 있다. 그의 진동(vibration)을 취하고 어디에 가든지 그의 임재를 전달하는 사람을 찾고 있다. 승리는 이미 여기에 있다. 실제적으로 일이 되어지며, 무질서 가운데 질서를 가져오되 지구상에 천국을 풀어놓는 것이 우리의 일이다. 그것이 하나님 왕국의 영광이다.

우리 각자 안에 살아계신 하나님의 영은 우리의 매일의 삶에서 어떤 모습이든지 예수님이 유용하도록 만드셨다. 사도바울과 함께 우리는 다음과 같이 말할 수 있다.

> 나는 이제 너희를 위하여 받는 괴로움을 기뻐하고 그리스도의 남은 고난을 그의 몸된 교회를 위하여 내 육체에 채우노라 내가 교회의 일꾼 된 것은 하나님이 너희를 위하여 내게 주신 직분을 따라 하나님의 말씀을 이루려 함이니라 이 비밀은 만세와 만대로부터 감추어졌던 것인데 이제는 그의 성도들에게 나타났고 하나님이 그들로 하여금 이 비밀의 영광이 이방인 가운데 얼마나 풍성한지를 알게 하려 하심이라 이 비밀은 너희 안에 계신 그리스도시니 곧 영광의 소망이니라(골 1:24-27)

비춰 나오는 빛

예수님은 하나님의 영광은 성령의 사역과 관련이 있다고 말씀하고 있다. 이 계시는 인격체로 임하신다. 그가 영광에 대하여 언급할 때, 하나님 자신의 친밀한 행위와 직접적으로 연관이 되는 것으로서, 영광을 언급하셨다. 영광은 주님의 광채(effulgence)로서 임재하시고, 활동하시고, 그분 자신을 알린다. 1913년에 발간된 웹스터 사전 개정판이 성경에서 emanant로 사용된 것과 같은 의미로 '영광'을 가장 잘 정의 내리고 있다. 그 뜻은 '발산하거나 흘러 나가게 하는, 행동으로 나아가게 하는, 또는 특별히 청중의 참여를 통해 즉각적이고 순간적인 장면을 연출하는 것처럼, 다른 효과를 통해 자체를 명확하게 만드는'6 것을 의미한다. 이것이 예수님으로부터 비춰 나오는 밝은 광채를 설명하는 완전한 말이다.

예수님은 하나님의 영광을 기적 속에 나타나는 증거로서, 그리고 인간의 일에 하나님이 개입하시는 거룩한 간섭으로 언급하셨다. 그는 영광을 그의 십자가에서의 죽음과 부활 때 그 정점에 이르는 개인적인 구속 사명을 설명하는데 사용하셨다. 그는 그것을 '영광의 때'라고 불렀다. 영광은 하나님을 대신하는 인격체로서 밝게 빛난다. 영광은 하나님의 본질이다. 십자가는 그의 본질을 증명하는 것이다. 십자가로부터, 자기를 희생적으로 주시는 하나님의 완전함이 우리에게로 비춰진다. 계시록에서, 요한은 어린양이 영화로운 무지개에 둘러싸인 보좌의 중앙에 계신 것을 보았다. 에메랄드 무지개는 세상을 비추시는 주님의 빛을 의미한다. 그리고 영광의 무지개는 보좌에 앉아 다스리는 분으로부터 나오는 것이다.

> 앉으신 이의 모양이 벽옥과 홍보석 같고 또 무지개가 있어 보좌에 둘렸는데 그 모양이 녹보석 같더라(계 4:3)

예수 그리스도는 "보이지 아니하는 하나님의 형상이다"(골 1:15). 예수 그리스도는 "하나님의 영광의 광채시요 그 본체의 형상이시라"(히 1:3). 우리가 그의 영광을 경험할 때, 그것이 불기둥이든지 또는 하나님이 직접 자연세계에 개입하시는 활동을 통해 나타나는 기적들과 표징, 그리고 놀라운 일이든지간에, 우리는 기적을 숭배하는 것이 아니라 기적들을 만드신 분을 경배해야 하는 것이다. 우리는 그의 임재로 인해 나타나는 현상을 기뻐한다. 예수님은 기적들의 관점에서 그리고 십자가와 부활을 통한 구속사역의 관점에서 하나님의 영광을 '보는 것'에 대해 언급하셨다. 그는 이 땅에 다시 오실 것과 대적들에게는 정의로 심판하시되 친구들에게는 상을 주실 이 세대의 끝이라는 관점에서 하나님의 영광을 말씀하셨다. 그는 그를 험담하는 자들의 행동과 생각들을 묘사하는데 영광을 사용하였다. 예수님은 그 자신 안에 세상에게 비추는 영광이 있다고 말했다. 당신이 예수님을 더 선명하게 볼수록 그의 영광을 더 잘 볼 것이다.

　야곱은 베개 삼을 돌 이외에는 아무것도 없는 어두운 밤에, 사막에 홀로 누웠을 때, 가장 놀라운 꿈을 꾸었다. 사다리가 하늘까지 닿았고 천사들이 그 위에서 하나님께 오르고 야곱에게로 내려왔다(창 28장 참조). 그날 밤 야곱은 하나님의 영광을 보았다. 영광은 그에게 머물러 그를 변형시키고, 하나님의 성품을 닮아가게 하고, 안에서 밖으로 변화가 주도되었다. 영광은 도망가는 모든 길과, 고향으로 돌아오는 모든 길들에서 야곱을 따랐다. 영광은 야곱이 주님의 천사와 씨름하는 그날 밤에도 임하였다. 참으로 큰 씨름이었다. 야곱이 자리에서 일어났을 때, 그는 절뚝거렸다. 그러나 그는 큰 축복을 가지고 걸어갔다. 그의 정체성과 그를 향한 하나님의 뜻은 바뀌었다! 그러나 야곱에게 임한 영광은 거기에서 끝나지 않았다. 야곱에게 임한 영광은 그보다 앞서 달려가서 형의 마음을 만지고 형제가 서로 화해하게 만들었다.

하나님의 영광은 이와 같다. 영광은 하나님에게서 흘러나온다. 우리가 하나님을 담을 수 없는 것처럼 그의 영광 또한 담을 수 없다. 성경의 모든 저자들은 하나님의 영광이 모든 만물에 가득하고 궁극적으로 그것이 완성될 것이라고 주장한다. 하나님의 존전에 상주하는 천사, 세라핌(Seraphim)은 끊임없이 외치고 있다. "그의 영광이 온 땅에 충만하도다!"(사 6:3). 시편에서 다윗은 "하늘이 하나님의 영광을 선포하고"(시 19:1)라고 썼다. 예언자 하박국은, "물이 바다를 덮음 같이 여호와의 영광을 인정하는 것이 세상에 가득할 것"(합 2:14)이라고 말하였다. 하나님은 시간과 물질을 초월한다. 초월적인 그의 임재 안에서 기적들을 일으키기 위해, 그의 영광은 물질 공간에 들어가고, 자연창조 질서를 재배열한다.

중앙 무대

골고다는 모든 시대에 걸쳐 사람들과 천사들, 악마들, 그리고 정사와 권세들의 중앙 무대에 서 있다. 이천 년 전에 예루살렘 성문 밖에서 일어났던 일은 여전히 펼쳐지고 있다. 십자가의 영적인 사명은 자연세계의 역사 속에서 인간들이 초자연적으로 성취하며 놀라운 장관을 창조하게 하는 것이다. 예수님의 완전한 구속 역사는 타협의 여지없는 하나님의 의를 따라서 수행된 것으로, 우리 각자를 개인적으로 초청하고 실제적인 적용을 할 수 있게 한다.

우리가 앞서 이야기 했던 주권적인 영광이 방문하는 동안, 우리 교회는 이십 일 금식기도에 들어갔고 성령은 권능으로 임하셨다. 나(보니)는 그 날들 중 하루를 기도하고 있었고, 깊은 기도 속으로 들어갔을 때 내 앞에는 넓은 왕의 계단이 펼쳐지고, 그 꼭대기에 하나님 아버지가 보좌에 앉아계신 것을 알았다. 나는 간구하면서, 말씀들을 인용하였고, 그리고 경의를 표하면서, 바닥에 겸손하게 숙여 절하였다. 내가 인용하였던 구절은 "긍휼하심을 받고 때를 따라 돕는 은혜를 얻기 위하여 은혜의 보좌 앞에 담대히 나아갈 것이니라"(히 4:16)였다. 내 오른편에는 불의 제단이 있었고, 그것을 보았을 때, 나는 아들과 성령이 또한 거기에 계심을 알았다. 그러나 하나님 앞에 선 하잘것없는 나의 '담대함'에 비해, 그들은 나보다도 더 하나님께 경의를 표하고 있었다. 나는 재빨리 움직여서는 그들이 나와 하나님의 보좌 사이에 있는 것을 확인할 때까지 뒤로 물러갔다.

나는 기도로 하나님 아버지께 나아가는 방법을 알고 있다고 생각했었다. 그러나 하나님이 나에게 부드럽게 이렇게 말씀하시는 것 같았다, "너는 잘못된 방법으로 올라왔다." 나는 대답했다. "주님, 내가 이해할 수 있도록 도와주세요." 그때 갑자가 장면이 바뀌었다. 나는 고대 예루살렘 성의 서로 밀치는 군중 틈에 있었다. 군중 틈에서 위를 보았을 때 십자가의 끝 부분이 길을 지나가고 있었다! 나는 소리쳤다. "주님, 내가 무엇을 할까요? 무엇을 할까요?" 나는 그의 십자가를 지고 가거나, 짊어지고 가는 그를 돕겠다고 했다. 그는 이미 심하게 매 맞은

상태였다. 그는 사랑의 눈으로 나를 쳐다보았고, 나를 한동안 뚫어지게 보았다. 그리고 다시 눈을 돌려 계속 올라가기 시작했다. 몇 걸음을 더 걸어갔고 희미하게 보이는 장벽 너머로 지나갔다. 니는 그 장벽을 뚫고 나갈 수 있을 거라 생각하면서 그를 잡기 위해 달려갔다. 그러나 그 장벽이 완전히 막아섰다. 나는 뚫고 나갈 수가 없었다. 나는 단지 십자가에 못 박히기 위해 언덕을 오르는 그를 보아야만 했다.

나는 다시 주님께 외쳤다, "주님, 무엇을 할까요? 무엇을 할까요?" 응답으로 즉시 지존하신 곳으로부터 하나님 아버지의 음성을 들었다. "보니, 너를 구원한 그 피를 알아야 한다." 갑자기 나는 갈보리에 대하여 정말로 모르는 것이 많이 있다는 것을 알았다. 갈보리를 믿음으로 받아들이는 것은 완전히 나를 구원하기에 충분한 반면, 그 진리의 깊이는 내 개인 지식 중에서 빠져 있었다. 하나님은 그때 나의 이해를 뛰어넘어 십자가와 개인적인 친밀한 관계로 나를 부르신 것이다. 나는 그것이 하나님과 매일의 관계에 중요한 영향을 줄 것을 알았다.

우리 모두는 우리를 구속하신 그 보혈의 영광과 권능을 알아야 한다. 우리는 유리를 통해 보는 것처럼 희미하게 보나, 영의 세계는 무슨 일이 일어나는지 정확하게 안다. 영의 세계는 영광의 왕이신 하나님께 복종하고, 십자가 그늘 아래서 그의 이름을 품고 있는 사람들의 지시를 받는다. 아담의 때부터 지금에 이르기까지, 그 피는 모든 논쟁을 잠잠케 하고 모든 반대 세력을 물리치는 목소리다. 십자가는 승리이다. 부활은 그 승리를 뒷받침하고, 주장하고, 증명한다. 그래서 우리는 십자가와 영광 사이에 변함없는 끈이 있음을 본다.

> 보라 내 종이 형통하리니 받들어 높이 들려서 지극히 존귀하게 되리라 전에는 그의 모양이 타인보다 상하였고 그의 모습이 사람들보다 상하였으므로 많은 사람이 그에 대하여 놀랐거니와 그가 나라들을 놀라게 할 것이며 왕들은 그로 말미암아 그들의 입을 봉하리니 이는 그들이 아직 그들에게 전파되지 아니한 것을 볼 것이요 아직 듣지 못한 것을 깨달을 것임이라(사 52:13-15)

피해자처럼 보이는 고통을 통하여 그리스도는 승리자가 되었다. 이것이 십자가의 위대한 신비이다. 십자가는 우리 삶의 관점과 죽음에 대한 우리의 두려움에 도전한다. 십자가는 이 세상에서 어떻게 삶을 살아갈 지, 그리고 앞으로 올 세상에서 어떤 삶을 기대할 지, 다시 점검해 보게 한다. 이것이 십자가의 영광이다. 우리는 지금도 그리고 영원토록 그 영광을 발견해 나간다.

안에서 빛을 발하다

그리스도가 다시 오시는 그날에는, 우리는 그의 영광 안에서 그와 온전히 연합하게 될 것이다. 실제로 모든 일에 우리 모두는 완전히 그와 같이 될 것이다. 우리가 경험하게 될 천국에서의 황홀경은, 마치 사라지는 먼지처럼 세상의 모든 그림자를 우리 뒤로 떠나가게 하여 기억됨이 없게 할 것이다.

십자가는 우리를 이끌어 영광에 들어가게 한다. 십자가의 권능은 항상 있으며 시간마다 우리의 삶에 역사한다. 십자가에서 흘린 피는 교제를 제공하고, 지속적으로 우리를 이끌어 하나님과 개인적인 친밀함으로 이끈다. 그의 피는 권세 있는 음성으로 말한다. 그것은 영화로운 분의 피이다. 십자가는 모든 다른 음성들을 잠재운다. 그리스도는 그의 영광을 그의 피로 깨끗하게 한 자들에게 주었다. 이 영광을 위해 많은 비용이 지불돼야 한다. 그것은 갈보리에서 지불되었다.

하나님의 영광을 비인격적인 현상 또는 인격체가 아닌 물질로 인식하면 우리는 그것을 지나치기 쉽다. "주님, 우리는 당신의 영광을 보기 원합니다"라고 부르짖을 때, 우리는 그분 자신을 맞을 준비가 되는 것이다. 요한이 말했다. "말씀이 육신이 되어 우리 가운데 거하시매 우리가 그의 영광을 보니 아버지의 독생자의 영광이요 은혜와 진리가 충만하더라"(요 1:14). 아버지, 아들, 성령의 본질은 서로 섬기는 것이다. 그리고 심지어 그의 사랑의 대상인, 교회를 섬기는 것이다. 예수님이 죽은 그날이 새로운 시작이었다. 십자가는 하늘과 땅이 서로 만나는 교차로이다. 십자가 그림자 밑에서 양들이 모이고 그의 영광은 양들에게 환하게 사랑의 빛을 비춘다. 그는 우리의 구원을 위해 도장을 찍었고, 우리 안에서 그 자신을 불러일으키려고 그의 영화로운 영을 보낸다. 우리가 믿음과 자유 안에서 성장함에 따라, 그는 우리 안에서 밖으로 비추기 시작한다. 이 모든 권능을 통하여, 그는 우리가 아는 가장 친절한 사람이 된다. 그는 우리의 마음을 확신으로 젖어들게 하며 우리는 진실로 모든 것이 평안하다는 것을 깨닫고 아는 사람이 된다.

엘리야는 우리와 똑같은 사람이었다. 그는 권능 가운데 역사하는 하나님의 임재를 경험하였다. 그러나 엘리야의 가장 어두운 시간에, 주님은 낙담으로부터 엘리야를, 그의 부르심 안에서 온전히 서게 하기 위해 세미한 음성(a still small voice)으로 오셨다. 엘리야는 광야로 달려갔었고 동굴에 있었다. 거기서 주님의 말씀이 임하여 말하기를, "엘리야, 여기서 무엇을 하느냐?"

엘리야가 대답했다. "오 주님, 나는 당신을 위하여 열심이었으나 모든 사람들은 철저히 당신을 버렸습니다. 심지어 그들이 나의 생명까지 찾고 있습니다. 어떻게 보복해 줄까요?"

그러나 주님은 대답했다. "이리로 와라. 내가 너에게 무엇인가를 보여주겠다." 그리고 그는 엘리야를 데리고 갔다.

그들이 동굴의 입구에 섰을 때, 주님이 지나갔다. 바람이 일어나 산을 부수었다. 돌들이 여기저기로 날아갔다. 그러나 그의 임재는 바람 속에 있지 않았다. 다음은 지진이 일어났다. 땅이 엘리야의 다리 밑에서 움직였으나, 주님은 그 지진 속에 있지 않았다. 그런 다음 사나운 불이 일어났으나 주님은 그 무서운 불꽃들 속에도 있지 않았다. 이 모든 것 뒤에, 엘리야는 부드럽고, 작게 속삭이는 소리를 들었다. 그는 그의 얼굴을 옷깃으로 여미고 그 빛으로 나아갔다. 그러자 한 음성이 그에게 분명하게 말했다. "나의 미션을 시작할 시간이다"(왕상 19:9-13 참조).

성령은 새롭게 그 종 엘리야에게 기름 부었다. 그리고 그가 중요한 부분을 감당하도록 영광의 이야기를 보여주었다. 엘리야에게 임하였던 성령이 동일하게 당신 안에 있는 주님의 영이다. 당신에게도 기름 부음이 있다. 당신의 동굴로부터 나와서 그 기름 부음을 사용하라. 당신 안에 있는 기름 부음은 이스라엘의 언약궤 위에 기하였던 동일한 불기둥이고 동일한 영광의 구름이다. 이스라엘 백성들은 주님을 선명하게 매일 보았다. 영광은 주님을 아는 우리 안에서 역사하고 있다. 우리는 이제 주님과 함께 참여하는 자들이 되었다.

수천 개의 태양이 가지고 있는 사랑, 소망, 그리고 치유가 예수의 몸에 있던 모든 상처를 뚫고 들어갔고, 우리 몸이 부활의 영광으로 일어나기 전까지는 그의 고통에 참여하기 위해 우리를 그의 교제로 초대한다. 주님은 안에서 밖으로 그의 영광을 계시하고, 우리는 이렇게 노래한다. "거룩, 거룩, 거룩하다!" 그의 임재로 가득 차서 우리가 사랑으로 빛을 비추는 그의 성전이 되기까지, 우리의 마음과 매일의 삶이 좀 더 충만하게 그에게 가까이 나아가자.

3장

영광의 진원지

3장_EPICENTER OF GLORY

영광의 진원지

나는 잡목 숲의 끝자락에서, 밑동부터 잘려나갔다.
강인하고 잔인한 자들이 구경거리가 되도록 나를 만들었다.
저주받는 자들은 나를 들었다.
사람들이 어깨 위에 나를 짊어지고,
그리고 언덕 위에 고정시켰다.
잔인할 정도로 나를 단단히 고정시켰다.
그때 나는 인류의 주가 위대한 용기를 가지고 오는 것을 보았다.
그러고는 땅이 흔들리는 것을 볼 때에도,
나는 감히 주님의 말을 거스려 굽히거나 부러지지 않았다.
잔인한 자들이 모두 넘어질 때에도 나는 꼿꼿이 서 있었다.[1]

† † †

나의 오빠와 게바(Cepha)가 달려왔다. 게바와 나는 곧 약혼할 것을 기대하고 있는 사이였다. 당시 그는 내게 둘째 오빠와 같았다. 부모님이 계시지 않을 때는 나의 오빠 요한(John)과 게바는 나를 놀리곤 하였다. 그 두 사람이 놀라고 흥분된 얼굴로 출입문에 나타났다.

"왕!, 왕이 오고 있어요!" 요한이 숨을 헐떡이며 말했다.

"나귀를 타고 오고 있어요!" 게바가 덧붙였다. 그러고는 둘 다 순식간에 사라졌다.

내일 먹을 빵을 반죽하시던 어머니가 이쪽을 쳐다보셨다. 며칠 동안은 우리 집에 빵과 누룩이 없을 것이다. 유월절이 다가오고 있었고, 여관들은 이미 꽉 찼다. 이웃집들도 절기를 지키려고 주변에서 방문한 가족들로 넘쳐났다. 축제 준비가 각 가정마다 한창이었다.

우리도 대제사장이 성전 쪽으로 유월절 희생양을 끌고 가는 행렬을 보기 위해, 제 시간에 이웃들과 합류하려면 일을 서둘러 끝내야 했다.

앞치마에 손을 닦고 있는 어머니가 무슨 말을 하기도 전에, 나는 오빠들을 쫓아 나갔다.

"그 사람이 누구야?" 나는 소리쳤다.

곳곳에 흔들리는 종려가지와 노래하는 사람들로 가득했다.

우리나라의 첫 탄생을 기념하던 그 밤, 파라오에게서 처음으로 해방되었던 그 감동이 하늘을 채웠다. 온 땅이 로마군의 속박에서 벗어나기를 간절히 원했다. 우리는 행렬에서 대제사장 뒤에 끌려오는 그 순결한 희생양에게 우리의 소망을 실었다.

"호산나! 찬송하리로다, 주의 이름으로 오시는 이여!"

내가 사람들의 머리 위로 겨우 볼 수 있었던 것은, 지나가는 제사장이 쓴 관의 꼭대기가 전부였다. 행렬을 따라 선 군중들이 그를 높이는 함성으로 환영하고 있었다. 비록 그의 모습을 볼 수 없었지만 온 도시가 그를 맞이하기 위해 나온 것으로 보아 그는 대단한 사람임에 틀림없었다.

"오 주여, 구원하소서! 오 주여, 번영을 주소서!"

페삭(Pesach, 유대인의 유월절-역자 주) 행렬이 올리브 산에서 내려와서 동문 쪽으로 향했다. 나는 구경꾼들의 다리 사이로 비집고 기어들어가 사람들의 발목 뒤로 대제사장 뒤를 따라 빠르게 걷고 있는 희생양의 발을 보았다. 그는 끌려가는 양과 함께 지나갔다. 그 양은 모세가 명한대로 도살 전까지 사람들에게 보여질 것이다. 점도, 흠도 없는 완전한 양으로서 말이다.

"찬송하리로다, 주의 이름으로 오시는 이여!"

제사장과 희생양이 성전 산 입구 아치 밑을 지나갈 무렵, 군중들이 다른 곳으로 주의를 돌렸다. 이제 모든 사람들은 행렬이 이미 지나간 길을 따라 오고 있는 그를 보기 위해 애쓰고 있었다. 지금까지 주변 시골 지역을 휩쓴 그 나사렛 사람의 소문들과 심지어 폐삭 때에도 사람들이 그가 나타날 것인지 궁금해 하는 것을 제사장들도 알고 있을 거라고 나는 생각했다. 그는 요한과 게바가 말했던 것처럼 나귀를 타고 오고 있었다. 더 많은 사람들이 호기심 어리고 미심쩍은 얼굴로 그를 보기 위해 집에서 나왔다. 어린아이들이 가장 열렬했다.

"아야! 그만 밀어!"

"네가 내 발을 밟았잖아!"

저마다 제일 첫 줄을 차지하기 위해 서로 밀고 몸싸움을 했다.

"어디에서 그가 오는 거요?" 누군가 물었다.

"이 사람이… 오시기로 예언된 바로 그 사람인가요?"

흥분의 강은 둑을 넘쳐 곳곳에 흐르고 있었다. 군중들은 계속 불어나고, 사방에서 큰소리가 나는가 하면, 흥분한 사람들이 길에 넘어지기도 했다. 그를 추종하는 무리들에게 둘러싸여 마을 입구 쪽으로 그가 오고 있었다.

"모양새로 보아 갈릴리 사람들이군!" 누군가가 중얼거렸다.

"저기요! 저기에 그 사람이 있어요!" 다른 사람이 저쪽을 가리키며 말했다.

"호산나!" 또 다른 이가 외쳤다. 그후로 삽시간에 대혼란이 일어났다.

"주여, 우리를 구원하소서, 호산나!"

사람들은 겉옷을 벗어 길에 던지기 시작했다. 일단의 무리가 아래쪽으로 내려가자, 나는 겨우 설 수 있었고 그 다음에 드디어 그를 보았다. 저쪽에, 무리들 가운데, 오빠가 말했던 그 왕이 서 있었다. 그는 아주 보통 사람처럼 보였다. 사실상 그것이 나를 가장 놀라게 했다. 우리가 무엇을 기대했는지 나도 잘 모르겠다.

"나사렛 사람이다."

"시온의 딸들이여 말하라. 너희의 왕이 나귀를 타고 오신다."

내 귀에 들리는 숨차고 경이로움과 찬양으로 가득한 목소리, 바로 그 주인공은 우리 어머니였다.

어머니의 손이 내 허리를 따뜻하게 감싸고 있었다. 온몸이 떨려 왔다. 두려움이나 걱정 때문이 아니었다. 가장 거룩한 날의 시작을 알리는, 멀리 성전 산에서 부는 쇼파(shofar, 양 뿔로 만든 이스라엘 전통적인 나팔-역자 주) 소리를 들을 때마다 보이지 않는 천사들과 영광의 확신으로 신비한 무엇이 나를 이끌고 있음을 항상 감지했던 바로 그 느낌이었다.

나는 그녀의 열정 뒤로 숨었다. 눈부시고 뜨거운 태양 아래 예루살렘으로 가는 길 위에서 그 순간 우리 둘은 마치 하나가 된 것 같았다.

어머니는 나사렛 사람이 행한 신기한 일들에 대한 소문들을 아버지가 질릴 때까지 이야기하곤 했다. 그 소문은 마실 물을 길으러 우물가에 갈 때마다 들었던 이웃 여인들의 흥미로운 이야깃거리였다. 그러나 모든 사람이 그를 믿는 것은 아니었다.

결국 아버지는 그에 대한 이야기들을 더 이상 하지 못하게 했다.

"나사렛에서 무슨 선한 것이 나올 수 있겠소?"라고 아버지가 말하곤 했다.

나는 어머니를 올려다보았다.

"호산나" 군중들은 모두 하나가 되어 외쳤다.

희망의 눈물이 그녀의 얼굴을 타고 내렸다.

"어머니, 그 사람이 이제 우리나라를 회복시킬까요?" 나는 속삭였다.

"호산나! 주의 이름으로 오시는 이를 찬송하리로다!" 많은 사람들이 외쳤다.

그녀는 나에게 대답하지는 않았지만 군중들과 함께 소리 높여 환호했다. 어떤 좋은 것이 그녀를 관통한 것 같았다. 보이지 않던 게바가 흥분된, 그리고 환한 얼굴로 갑자기 나타나 나에게 기습키스를 했다.

"나는 너와 결혼할 거야!" 그는 공포하듯 말했다.

"신랑 그리고 신부!" 그러고는 소리 내어 깔깔 웃었다. 내 손에 무엇인가 쥐어주고 그는 무리 속으로 다시 사라졌다. 나는 누가 보았을까봐 얼굴이 빨개졌다. 고개를 숙여 손을 펴보니 게바답게 솜씨 좋게 조각한 작은 목재 어린양이 내 손바닥 위에 편안하게 누워 있었다.

'나는 점도 없고 흠도 없는 완전한 신부가 될 거야' 라고 나는 생각했다.

나귀를 탄 그가 점점 가까이 오고 있었다. 내 주위의 모든 사람들이 온통 호산나 외침들로 입을 모았다.

"오시는 이여, 찬송을 받으소서!" 군중들은 외치고 또 외쳤다. 모든 사람이 마치 들뜬 아이 같았다. 이번에는 어머니와 다른 사람들과 함께 나도 어느 새 목소리를 드높였다.

어머니와 나는 서로 단단히 껴안았다. 거룩한 도시, 예루살렘으로 오고 있는 그를 다윗의 자손으로 인정하며, 서로의 허리를 팔로 감싼 어머니와 나는 우리 전체 기업과 가문의 이름을 대표하는 것 같았다. 나의 손은 게바의 약속을 꼭 붙들었고, 그 어린 양을 나의 가슴에 올려놓았다.

† † †

영광은 그 원천에서 구별된다. 영광에는 서로 다른 종류들이 있다. 하나님의 영광도 그중 하나이다. 이 세상에 속한 나라들의 영광은 그들 자신의 소유를 표현하고 있다. 하나님 나라의 영광은 하나님 자신의 영광과 연관되어 있으며 그곳이 발원지이다. 하나님은 자신의 영광을 그의 백성과 교회, 이스라엘에게 주실 때 그것은 결코 작은 것이 아니다.

그분이 말씀하셨다. "나는 내 영광을 다른 자에게 주지 아니하리라" (사 42:8 참조).

하나님은 자신의 형상과 모습이 그대로 나타난 그의 영광을 기꺼이 나누어 주신다. 성령을 통하여 영광을 하나님 안에 거하는 자에게 부어 주시며, 또한 그들을 영광의 통로가 되게 하신다. 예수님은 하나님의 영광을 우리에게 주시기 위하여 십자가를 지셨다.

아버지 하나님은 먼저 이 영광을 삼위일체의 연합 안에 있는 사랑 때문에 그의 아들에게 명확하고 충분하게 주셨다. 그분의 영광을 예수님께 나누어 주심으로 이 세상을 위한 특별한 계획을 성취하게 하셨다. 예수님은 이렇게 기도하셨다. "아버지여 때가 이르렀사오니 아들을 영화롭게 하사 아들로 아버지를 영화롭게 하게 하옵소서"(요 17:1). 예수님은 미리 계획된 일을 이 땅에서 몸으로 수행하셨다. 그는 이때를 위해서 왔다고 하셨으며, 바로 그때에 성부, 성자, 하나님의 영광이 나타났다. 예수님의 대제사장적 기도에서 보여주듯이, 그때는 하나님의 영광이 여러 방면에서 눈부시게 드러나는 때였다.

영광의 기본적인 단면은 하나님 권위의 영광이다.

> 아버지께서 아들에게 주신 모든 사람에게 영생을 주게 하시려고 만민을 다스리는 권세를 아들에게 주셨음 이로소이다 영생은 곧 유일하신 참 하나님과 그가 보내신 자 예수 그리스도를 아는 것이니이다(요 17:2-3)

영광은 하나님 자신을 계시하는 것이며 그분 그대로를 명확하게 우리에게 보이는 것이다.

다음 절을 읽어보자. "아버지께서 내게 하라고 주신 일을 내가 이루어 아버지를 이 세상에서 영화롭게 하였사오니"(요 17:4).

영광은 삼위 하나님의 교통하심이다.

> 아버지여 창세 전에 내가 아버지와 함께 가졌던 영화로써 지금도 아버지와 함께 나를 영화롭게 하옵소서 세상 중에서 내게 주신 사람들에게 내가 아버지의 이름을 나타내었나이다 그들은 아버지의 것이었는데 내게 주셨으며 그들은 아버지의 말씀을 지키었나이다 지금 그들은 아버지께서 내게 주신 것이 다 아버지로부터 온 것인 줄 알았나이다(요 17:5-7)

영광은 내부에서 밖으로 비추는 것으로 이해된다. 그것은 능력과 존귀와 부이다(계 5:11-12 참조).

영광은 그의 말씀과 조화를 이루며 피조물과 연합된다. 그리고 그로부터 순종하는 자들에게 전달이 된다.

> 나는 아버지께서 내게 주신 말씀들을 그들에게 주었사오며 그들은 이것을 받고 내가 아버지께로부터 나온 줄을 참으로 아오며 아버지께서 나를 보내신 줄도 믿었사옵나이다 내가 그들을 위하여 비옵나니 내가 비옵는 것은 세상을 위함이 아니요 내게 주신 자들을 위함이니이다 그들은 아버지의 것이로소이다 내 것은 다 아버지의 것이요 아버지의 것은 내 것이 온데 내가 그들로 말미암아 영광을 받았나이다(요 17:8-10)

하나님의 영광은 이 땅의 교회 안에 거한다. 교회는 신랑 되신 예수님의 신실한 신부이며, 다른 어떤 것에도 마음을 빼앗기지 않는다.

> 나는 세상에 더 있지 아니하오나 그들은 세상에 있사옵고 나는 아버지께로 가옵나니 거룩하신 아버지여 내게 주신 아버지의 이름으로 그들을 보전하사 우리와 같이 그들도 하나가 되게 하옵소서(요 17:11)

영광은 순결한 교제 안에 있다.

> 내가 그들과 함께 있을 때에 내게 주신 아버지의 이름으로 그들을 보전하고 지키었나이다 그 중의 하나도 멸망하지 않고 다만 멸망의 자식뿐이오니 이는 성경을 응하게 함이니이다(요 17:12)

영광은 말씀 안에 있으며, 제자들을 성결케 한다.

> 지금 내가 아버지께로 가오니 내가 세상에서 이 말을 하옵는 것은 그들로 내 기쁨을 그들 안에 충만히 가지게 하려 함이니이다 내가 아버지의 말씀을 그들에게 주었사오매 세상이 그들을 미워하였사오니 이는 내가 세상에 속하지 아니함 같이 그들도 세상에 속하지 아니함으로 인함이니이다 내가 비옵는 것은 그들을 세상에서 데려가시기를 위함이 아니요 다만 악에 빠지지 않게 보전하시기를 위함이니이다 내가 세상에 속하지 아니함 같이 그들도 세상에 속하지 아니하였사옵나이다 그들을

> 진리로 거룩하게 하옵소서 아버지의 말씀은 진리니이다 아버지께서 나를 세상에 보내신 것 같이 나도 그들을 세상에 보내었고 또 그들을 위하여 내가 나를 거룩하게 하오니 이는 그들도 진리로 거룩함을 얻게 하려 함이니이다 내가 비옵는 것은 이 사람들만 위함이 아니요 또 그들의 말로 말미암아 나를 믿는 사람들도 위함이니(요 17:13-20)

영광은 그의 몸인 교회를 그 자신과 하나가 되게 한다.

> 아버지여, 아버지께서 내 안에, 내가 아버지 안에 있는 것 같이 그들도 다 하나가 되어 우리 안에 있게 하사 세상으로 아버지께서 나를 보내신 것을 믿게 하옵소서(요 17:21)

이러한 하나 됨은 결혼한 남자가 육체의 연합을 통해 그의 아내를 아는 것과 같은 친밀하게 '앎'을 의미한다. 그 둘은 서로 높여주고, 조화를 이루고, 만족시키며, 하나가 된다. 마찬가지로 하나님의 영광과 그의 교회도 이와 같다.

영광은 하나님을 사랑하고, 순종하며, 그의 뜻 안에 거하는 자들에게 나누어진다.

> 내게 주신 영광을 내가 그들에게 주었사오니 이는 우리가 하나가 된 것 같이 그들도 하나가 되게 하려 함이니이다 곧 내가 그들 안에 있고 아버지께서 내 안에 계시어 그들로 온전함을 이루어 하나가 되게 하려 함은

> 아버지께서 나를 보내신 것과 또 나를 사랑하심 같이 그들도 사랑하신 것을 세상으로 알게 하려 함이로소이다(요 17:22-23)

영광은 눈에 보이는 것이다. 이어지는 윗 구절의 하반절을 보자. "…아버지께서 나를 보내신 것과 또 나를 사랑하심 같이 그들도 사랑하신 것을 세상으로 알게 하려 함이로소이다"(요 17:23). 영광의 지식은 궁극적으로 복음의 계시이다.

하나님의 영광은 역사하고 있는 그분의 신성이 지각할 수 있는 것으로 드러난 것이다. 복음서와 사도들의 서신들은 영광을 영원한 보상으로서, 그리고 자신을 계시하시는 하나님께 대한 두려운 경외감으로 취급했다. 인간의 영광, 이 세상 나라들의 영광, 창조된 것들의 영광은 일시적이며 하나님의 영광과 상반된다. 하나님 나라의 영광은 영원토록 실재하며 역사한다.

하나님의 영광은 계시된다. 그의 영광은 또한 거룩하고, 은밀하며, 친밀하고, 영원하다. 그분의 영광은 하나님을 아는 모든 이들에게 침투되며 나누어진다. 예수님은 우리가 그분의 영광을 보고 경험하며, 그것에 참예할 것이라고 말씀하셨다. 영광은 연합을 창출한다. 영광은 우리를 아버지 하나님과 그리스도 자신과 연합되게 한다. 영광 때문에 하나님 보좌 앞에서 섬기는 위대한 천사들이 "거룩하다"고 끊임없이 외치는 것이다. 매번 몸을 돌릴 때마다 그들은 새로운 양상으로 나타나는 왕의 위엄을 본다. 그의 영광이 오고 있다.

아버지여 내게 주신 자도 나 있는 곳에 나와 함께 있어 아버지께서 창세 전부터 나를 사랑하시므로 내게 주신 나의 영광을 그들로 보게 하시기를 원하옵나이다 의로우신 아버지여 세상이 아버지를 알지 못하여도 나는 아버지를 알았사옵고 그들도 아버지께서 나를 보내신 줄 알았사옵나이다(요 17:24-25)

영광은 확증하여 주신 사랑의 총합이다.

내가 아버지의 이름을 그들에게 알게 하였고 또 알게 하리니 이는 나를 사랑하신 사랑이 그들 안에 있고 나도 그들 안에 있게 하려 함이니이다 (요 17:26)

풀기 위하여 묶임

광야에서 쓴 물을 다루기 위해 모세가 던졌던 그 나무처럼, 십자가의 영광은 치유하는 능력이다. 기적들은 그리스도의 왕국이 흘러넘쳐서 증명되는 것으로 이해한다. 기적들과 눈부신 하나님의 임재는 십자가에서 잉태되며, 그의 보좌로부터 나오고, 희생양으로서 계시되었다.

어거스틴(Augustine)은 그의 나라에서 '고위 지위'에 있었던 이너센티아(Innocentia)라는 여인에 대해서 간증한 적이 있다. 어느 날 그녀는 유방암에 걸렸는데, 의사로부터 치료가 불가능하다고 들었다. 그녀는 하나님께 온전히 자신을 맡기며 기도하고 있었다. 부활절을 앞두고 이너센티아는 꿈을 꾸었다. 그 꿈에서 한 음성을 들었는데, 세례장소에서 세례를 받고 나오는 첫 번째 여인을 기다렸다가 그 여인에게 그녀의 암이 걸린 부위에 십자가를 그려달라고 요청하라는 것이었다. 이너센티아는 꿈에서 들은 대로 행하였더니, 유방암은 완전히 치료되었다. 어거스틴은 이렇게 적고 있다.

> 나는 이 중요한 도시에서 무명인도 아닌 이 사람에게 일어난 놀라운 기적이 이처럼 비밀에 부쳐져야만 했던 것에 대해 매우 분노했다. 나는 이 일에 대해 그녀를 권면하는 것이 옳고 날카롭게 꾸짖는 것이 좋다고 생각했다. 이런 기적들이 증명하고 있는 것이 무엇인가? 오직 그리스도가 육체로 부활하심과 육체로 하늘로 승천하셨음을 주장하는 믿음이 아니겠는가? 하나님은 영원히 존재하시며, 유한한 이 땅에 역사하고 계시기 때문에, 하나님 스스로 그의 놀라운 능력을 통하여 기적들을 행하시거나 또는 그의 종들을 통하여 기적을 행하게 하신다. 어떤 것이든, 이 기적들은 모두 부활하여 영원한 생명으로 들어갈 것을 선포하는 믿음을 증거한다.[2]

영광은 하나님이 행하신 간증에 머문다. 각 간증마다 셀 수 없는 다른 기적들을 위한 생명을 잉태한다. 오래전에 나의 친구 짐 크로프트(Jim Croft)와 나(마헤쉬)는 미주리 주에서 함께 사역하고 있었다. 우리는 젊은 목사들로서 우리의 멘토인 데릭 프린스(Deric Prince)를 도우며 배우고 있었고, 하나님은 우리에게 축사사역을 경험하게 하셨다. 우리는 매우 열정적이었으며 하나님으로부터 지혜를 배웠다.

어느 날 저녁, 우리는 약물중독으로 황폐해진 아름다운 젊은 여인에게 사역했다. 약물중독으로 그녀는 악령의 압제에 문을 열었으며, 그녀는 악령을 쫓아내기 위해 온 것이었다. 악령이 표면에 나타났을 때, 그 여인은 난폭해지기 시작했는데, 여섯 명의 남자로도 그녀를 억제할 수 없었다. 이 젊은 숙녀는 말그대로 남자들을 교회 안을 가로질러 집어던졌다. 우리가 기도하면서부터 그녀는 고양이처럼 야옹거리기 시작했다. 섬뜩하고 온몸에 털끝이 바짝 서는 것 같았다. 짐과 나는 몇 시간 동안 보이지 않는 어둠의 세력과 씨름했다. 악령의 나타남은 진정되었다가 다시 파도처럼 일어났다. 늦은 밤, 우리는 결론 없이 그녀를 위한 기도를 마쳤다.

다음날 아침, 우리는 다른 모임을 가졌다. 예배 중에 모든 회중이 깊이 찬양으로 들어가자 부드럽게 성령님이 임하셔서 그의 임재 안에서 우리 모두를 감쌌다. 그때 갑자기 교회 뒷좌석에서 너무나 아름다운 찬양이 들려왔다. 돌아보니 어젯밤 고통 받던 그 젊은 숙녀였다. 놀라운 예배 가운데 영광이 위로부터 임하였다. 그 젊은 숙녀는 마치 거대한 거품방울(bubble)에 둘러싸인 것 같은 그분의 임재 속으로 한걸음 나아갔다. 그 순간, 단지 예배를 드리는 중에 그녀는 악령으로부터 해방되었고, 어린양의 피가 즉시 그녀를 깨끗케 하였다.

무슨 일이 일어난 것인가? 십자가의 능력은 살아 역사하고 영광 안에서 나타났다. 십자가와 영광은 풀리지 않는 매듭처럼 서로 결합되어 있다. 구약과 신약 성경을 통틀어 우리는 그것을 볼 수 있다. 시내산의 영광은 유월절 양이 죽임을 당한 후에 나타난 것이며, 유월절 양이 죽었기 때문에 그 영광이 나타날 수 있었다. 이 피와 그의 영광은 서로 동행한다. 어린양의 피가 뿌려지는 곳마다 그 영광이 나타날 것이다. 하나님의 영광이 있는 곳에 어린양의 피가 증거될 것이다. 우리는 "하나님의 영광을 보여 주세요"라고 기도한다. 우리가 죽임 당하신 예수님의 형상을 닮을 때, 또한 그분의 영광이 우리를 통하여 나타날 것이다. 성막과 성전의 역사를 통틀어서 영광과 희생양의 피는 함께 있었다. 희생제물들이 종교적 관례로서 의미가 축소될 때에도 영광은 나타났다. 놀라운 예수님의 보혈과 그의 영광은 그와 자신을 분리할 수 없듯이 더 이상 떼어 놓을 수 없는 것이다.

세례요한은 성령이 예수님 위에 임하는 것을 보았다. "요한이 또 증언하여 이르되 내가 보매 성령이 비둘기같이 하늘로부터 내려와서 그의 위에 머물렀더라"(요 1:32).

예수님을 보며 요한은 바로 어린양으로 오신 하나님의 아들이심을 알았다. 그는 "죽임을 당한 어린양…"(계 13:2) 이시다. 하나님은 교제를 위해 인간을 창조하시기 이전에 그분과의 영적 교제를 위한 안전한 통로를 이미 계획하셨다. 그의 피가 그 길을 열었다.

인간 육체의 한계 속에서 그리스도는 십자가를 지고 골고다를 오르셨다. 그곳에서 그는 그의 영광을 나타내셨고, 그의 주되심에 복종하는 모든 자들을 자신과 맞바꾸어 능력으로 자유하게 하셨다. 완전히 자신을 내어주는 희생으로, 예수님은 보좌에서 십자가로 내려오셨고,

십자가에서 다시 보좌로 오르셨고, 그 보좌로부터 생명을 주시는 영을 부어주시고 있다.

완성된 일

십자가에서 완성하신 일은 일곱 번 흘리신 예수님의 피를 통하여 완전한 구속을 이루었다. 대제사장은 일 년에 한번 그 지성소에서 일곱 번 피를 뿌림으로 속죄를 하곤 했다. 예수님은 겟세마네 동산에서 고뇌의 기도 중에, 그들이 그의 수염을 뽑을 때 그의 얼굴에서, 작은 가지로 내리칠 때 그의 등에서, 머리에 가시면류관을 눌러 씌웠을 때 그의 이마에서, 채찍으로 때렸을 때 그의 등에서, 십자가에 못 박혔을 때 그의 손과 발에서, 군인이 창으로 찔렀을 때 그의 허리에서 각각 그의 피를 뿌렸다. 그의 피는 믿는 자들에게 효과적으로 역사한다. 그의 피는 매 순간마다 '말한다'(히 12:24 참조).

마지막 한 숨과 마지막 한 방울의 피와 함께 예수님은 일곱 번 외치셨다. 첫 번째는 그의 원수들을 용서하는 말씀이다. "…아버지 저들을 사하여 주옵소서 자기들이 하는 것을 알지 못함이니이다…"(눅 24:34). 예수님은 그를 욕하고 그의 옷을 갖기 위해 다투는 자들을 위해 중보하신 것이다.

두 번째 말씀은 그의 생명을 바꾸어 당신과 나를 위해 주시는 영생의 약속이다. "예수께서 이르시되 내가 진실로 네게 이르노니 오늘 네가 나와 함께 낙원에 있으리라 하시니라"(눅 23:43).

세 번째 말씀은 그의 가족들에게 하신 것이다.

> 예수의 십자가 곁에는 그 어머니와 이모와 글로바의 아내 마리아와 막달라 마리아가 섰는지라 예수께서 자기의 어머니와 사랑하시는 제자가 곁에 서 있는 것을 보시고 자기 어머니께 말씀하시되 여자여 보소서 아들이니이다 하시고 또 그 제자에게 이르시되 보라 네 어머니라 하신대 그 때부터 그 제자가 자기 집에 모시니라(요 19:25-27)

그의 가장 심한 고통의 시간에, 그는 사랑하는 어머니와 요한을 먼저 생각하셨다.

네 번째 말씀은 죄로 버림받은 인간의 모습으로 하나님께 말씀하시는 것이다. "…나의 하나님 나의 하나님, 어찌하여 나를 버리셨나이까…"(마 27:46, 막 15:34). 우리는 하나님이 우리의 상황과 멀리 떨어져 있는 것처럼 느껴질 때마다 이 말씀들을 기억한다.

다섯 번째 말씀은 다음과 같다. "…성경을 응하게 하려 하사 이르시되 내가 목마르다 하시니"(요 19:28). 그는 물이 변하여 포도주가 되게 하셨고 천국의 주인으로 통치권을 가지셨다. 그러나 그는 자신의 피로 구원의 잔을 채우시고는 말씀하셨다. "…누구든지 목마르거든 내게로 와서 마시라"(요 7:37 참조).

여섯 번째 말씀이다. "…다 이루었다…"(요 19:30). 이것은 정복당한 패배자의 울부짖음이 아니다. 그것은 이 땅에 오셔서 이루고자 하신 일을 다 성취하신 승리자의 선언이다. 그는 그의 아주 특별한 임무를 다 이루신 것이다.

십자가상의 일곱 번째 말씀은 기도이다. "…아버지 내 영혼을 아버지 손에 부탁하나이다…"(눅 23:46). 이 기도는 경건한 유대인들이 매일 밤 잠들기 전에 드리는 마지막 기도문이다. 이 모습은 '아침에' 그를 일으키시고 무덤에서 구원하실 아버지에 대한 예수님의 완전한 신뢰를 보여준다.

십자가 상의 이 일곱 말씀들 안에서 예수님은 인간의 모든 심각한 문제들을 다루고 있다. 그는 사람들에게 말씀하시며, 사랑의 품으로 그들을 이끄신다.

> 그러나 내게는 우리 주 예수 그리스도의 십자가 외에 결코 자랑할 것이 없으니 그리스도로 말미암아 세상이 나를 대하여 십자가에 못 박히고 내가 또한 세상을 대하여 그러하니라(갈 6:14)

우주적 장관

자연 세계를 깜짝 놀라게 하고, 영의 세계로 귀를 기울이게 하는 우주의 장관 속에서, 예수님은 역사상 사람의 영혼을 흑암에서 구속하는 전투 중 가장 크고 치열한 전투에서 승리하셨다. 십자가 그늘에서 우리는 충만한 빛을 본다. 십자가에서 우리는 영광 중에 계신 하나님을 발견한다. 그러나 어떻게 그렇게 될 수 있다는 말인가? 십자가 상의 죽음은 가장 잔인한 형태의 사형집행이었다. 그것은 최하층의 범죄자들, 반역자들, 살인자들과 같은 이들에게 사용된 것이었다. 그럼에도 불구하고, 그것은 전무후무한 온 세상의 죄를 짊어진 종으로서의 죽음이었고, 최고의 영광을 나타내었다. 예수께서 말씀하셨다.

> 예수께서 대답하여 이르시되 인자가 영광을 얻을 때가 왔도다 내가 진실로 진실로 너희에게 이르노니 한 알의 밀이 땅에 떨어져 죽지 아니하면 한 알 그대로 있고 죽으면 많은 열매를 맺느니라 자기의 생명을 사랑하는 자는 잃어버릴 것이요 이 세상에서 자기의 생명을 미워하는 자는 영생하도록 보전하리라 사람이 나를 섬기려면 나를 따르라 나 있는 곳에 나를 섬기는 자도 거기 있으리니 사람이 나를 섬기면 내 아버지께서 그를 귀히 여기시리라 지금 내 마음이 괴로우니 무슨 말을 하리요 아버지여 나를 구원하여 이 때를 면하게 하여 주옵소서 그러나 내가 이를 위하여 이 때에 왔나이다(요 12:23-27)

인간적으로 말하자면, 고난과 죽음에 관한 생각은 일단 거부감을 일으킨다. 예수님은 겟세마네에서 괴롭고 고통스런 기도의 시간을 가졌고 십자가의 죽음을 스스로 받아들이셨다. 이 세상을 위한 생명이 그의 고난을 통하여 탄생한 것이다. 그리스도의 고난은 동정녀 마리아의 뱃속에서부터 시작되었다. 그는 영광의 옷을 벗어버리고 보통 사람의 약함의 옷을 스스로 입었다. 그는 의심과 비난과 학대를 받았으며, 그의 고향에서 거절당했다. 그는 인간이 가진 한계 속에서 하나님과의 거리감을 경험하였고, 그것이 그를 날마다 슬프게 했다. 그는 배고프고 목말랐으며 지쳤다. 그리고 들어가 쉴 수 있는 자신의 집도 없었다. 그러나 그의 고난은 영광을 위한 길을 내었다. 십자가는 이 세상의 지혜로는 이해할 수 없는 철저히 숨겨진 영광을 보게 해준다.

영광의 때

당신이 하나님 앞에 드렸던 첫 기도, 불공평한 처사에 터졌던 울음, 처음으로 느꼈던 하나님을 갈망함, 절망 가운데 내쉬었던 첫 한숨 이전에 그분은 벌써 응답하셨다. 하나님은 갈보리에서 들으셨고 그곳에서 당신에게 완전하게 응답하셨다. 당신이 잃은 모든 것이 그곳에서 보상되었다. 몸과 마음의 상처에 대한 모든 위로도 바로 예수님 안에 있다. 모든 잃어버린 것들에 대한 공급과 모든 질병을 위한 치유도 나무에 달리신 그의 몸 안에서 풀어졌다. 그곳에 정의가 있고, 해방이 있고, 극한 고통으로부터 구원이 있다. 그의 보혈 안에 놀라운 기적의 능력이 있다. 그가 그의 성령으로 사역하기 위해 우리 안에 거하실 때, 우리 안에 나타나는 능력은 아버지의 영광을 나타낸다.

위로자가 오셨다. 그는 어린양 위에 오셨으며 빈 공간을 채우신다. "그들이 부르기 전에 내가 응답하겠고 그들이 말을 마치기 전에 내가 들을 것이며"(사 65:24).

인간의 부정과 부패, 고난과 압제, 그리고 질병 모두는 우리가 불완전한 세상 속에 살고 있다는 증거들이다.

> 피조물이 허무한 데 굴복하는 것은 자기 뜻이 아니요 오직 굴복하게 하시는 이로 말미암음이라 그 바라는 것은 피조물도 썩어짐의 종노릇 한 데서 해방되어 하나님의 자녀들의 영광의 자유에 이르는 것이니라(롬 8:20-21)

그러나 이제 하나님은 그 피에 응답하여 모든 것들을 새롭게 창조하신다. 우리의 완전하신 하나님은 그의 영광이 돌아오기 위한 길을 내셨다. 그의 영은 이 땅을 새롭게 하시려고 오셨다. 그리스도의 보혈은 신선하고 살아있다. 그것은 이 세상의 불완전함과 천국의 완전함 사이에 다리를 놓는다. 그 피가 말한다. 그것은 당신의 영혼 깊은 곳으로부터 나오는 울부짖음에 응답하며 당신을 그의 영광스런 자유에 이르게 한다. 부활의 능력은 풀어졌고 우리는 무덤에서 나왔다. 그 피가 우리 앞서 행하고, 우리를 사랑하여 자신을 주사 십자가에 못 박히신 그분의 발자취를 따라, 우리는 그 피 묻은 길을 따라가고 있다. 그래서 마침내 우리는 예수님이 계신 곳으로 가는 길을 찾게 될 것이다.

그 피는 우리 뒤에 있는 얼룩들을 흔적도 없이 깨끗이 하며, 오직 영광의 흔적만이 남게 한다. 신비한 기적들은 보혈과 성령에 의해 이중으로 싸여 있다. 이것이 하나님의 자녀들이 받는 선물이다. 그분과 함께라면 아무것도 어려울 것이 없다. 그분에게 너무 어두운 미래란 있을 수 없고, 일어설 수 없는 실패도 존재하지 않는다. 강한 복수도 힘을 잃고, 견딜 수 없는 심한 고난도, 너무 무자비한 폭력도 있을 수 없다. 이러한 것들로부터 당신을 보호하시고, 당신을 위해 그분이 친히 행하신다. 지금은 영광의 때이다.

한 어머니가 딸을 데리고 우리에게 왔다. 과거에 그 딸은 신체적으로, 성적으로 잔인하게 폭행을 당하고 거의 죽기 직전까지 가는 경험을 했다. 이러한 지독한 폭행으로 그 젊은 여인은 몸과 마음이 돌이킬 수 없을 정도로 상하게 되었다. 그녀가 집회 중에 기도를 받기 위해 나왔을 때, 우리는 말할 수 없는 강한 연민을 느꼈다. 고통을 견뎌내는 그녀의 용기는 우리를 겸허하게 했다. 나(마헤쉬)는 즉시 그녀에게 사역하지 않고 치유자이신 하나님의 영광을 감지하기 전까지 기다리고 있었다. 예수님은 새롭게 창조하시는 분이시다. 그분이 일을 하실 때는 한순간에 끝내신다.

그분이 치료하기 위해 일하심을 감지했을 때, 나는 그 젊은 여인을 불렀다. 우리가 기도하자, 나는 마음을 치유하시는 자가 일어서심을 알았다. 중재자 예수님이 우리 사이에 서 계셨다. 그는 그녀와 모든 것 사이에 서셨다. 그녀에게 무서운 폭력을 행한 그 남자를 포함해서 말이다. 그리스도가 그녀와 그녀의 고통 사이에, 그녀와 폭력 사이에, 그녀와 그녀의 상처받은 기억 사이에, 그녀와 일어났던 모든 일 사이에, 그녀의 지나간 과거와 산산이 부서진 미래 사이에 계셨다. 그리스도는 부서진 곳에 서서 그녀의 무너진 벽 사이를 다시 채우기 시작하셨다. 그녀의 표정이 변하였다. 어두운 그림자는 그녀의 마음에서 사라졌다.

그분의 빛이 안에서 밖으로 비추기 시작하자, 잠시 후에 기쁨이 그녀의 마음을 가득 채웠다.

일주일 내에 그녀는 우리와 다시 만났다. "이번 주는 내 삶에 가장 최고의 한 주였어요." 그녀의 기쁨에 찬 간증을 들으며 우리는 참 기쁨을 느꼈다. 그 여인이 부르기 전에, 그리스도는 갈보리에서 이미 응답하셨다. "다 이루었다!" 예수님은 그녀에게 말씀하셨다. 이것이 상한 곳에 치유의 영을 풀어 놓으시고, 죽은 자를 소생시키시는 십자가의 능력의 간증이다. 이것이 그의 신부에게만 보여주는 왕의 위엄이다. 우리가 부르기 전에 하나님은 그의 아들 안에서 응답하신다. 오늘 하나님께 더욱 전심으로 나아가자. 그의 공급하심은 귀한 만큼 영광스럽다. 그리고 그것은 그의 피로 새롭게 된 것이기에 우리에게 귀중한 가치가 있다. 예수님은 우리를 참여자들로 만드신다. 그는 우리를 온전하게 하시며, 그의 치유자들로 세우신다.

본성적 기피

우리 각자는 갈보리에서 십자가에 달리신 장면이 우리 앞에 펼쳐질 때 본성적으로 기피하게 된다. 엠마오로 가던 두 제자와 같이, 우리는 온통 질문들로 가득 차서 승리의 결과를 더디 믿는다. 그러나 그가 우리의 눈을 열어 주실 때에는 그를 알아보고 우리는 순식간에 '승리를 얻게 된다.'

> 이르시되 미련하고 선지자들이 말한 모든 것을 마음에 더디 믿는 자들이여 그리스도가 이런 고난을 받고 자기의 영광에 들어가야 할 것이 아니냐 하시고 이에 모세와 모든 선지자의 글로 시작하여 모든 성경에 쓴 바 자기에 관한 것을 자세히 설명하시니라(눅 24:25-27)

에베소서 2장에는 그 아들의 십자가가 성령님에 의해 우리를 아버지께로 인도한다고 기록되어 있다. 아들이신 예수님 한 분만이 십자가에 계신 것이 아니었다. 아버지 하나님이 온전한 약속 가운데, 사랑으로 자신의 모든 것을 내어주심으로 거기 계셨다. 그 아들 예수님은 성령님을 통하여 자신을 온전히, 기꺼이 바치셨다. 히브리서 9장 14절에는 예수님께서 "영원하신 성령으로 말미암아 흠없는 자기를 하나님께 드리셨다"고 말씀하셨다. 우리는 갈보리를 떠올릴 때에 세상 죄를 위하여 고통 당하신 분이 예수님 한 분이라고 생각하기 쉽다. 그러나 아버지 하나님과 성령 하나님도 완전한 참여, 전적인 내어주심, 우리 모두를 용서하심으로 거기 계셨다.

성령 하나님은 제 삼위 하나님으로서 강렬한 감정을 분명하게 보여주셨다. 비인격적인 힘과는 달리, 그는 능력이시며 인격체이시다. 그는 고린도전서 13장에서 서술하듯이 사랑을 구체적으로 나타내신다. 그는 모든 것을 참으며, 모든 것을 바라며, 모든 것을 믿으며, 모든 것을 견디시는 사랑이시다. 그는 결코 실패하시는 법이 없다.

우리가 새로운 부흥이 진행하는 것을 경험할 때 열정, 댓가를 지불함, 그리고 하나님의 사랑의 깊이를 재발견할 것이다. 사랑은 그의 영원한 성품을 지배한다. 사랑은 진정한 자유에 이르게 하는 유일한 원천이다. 진정한 사랑은 사람들을 자유롭게 한다. 수치심으로부터, 두려움으로부터 자유롭게 한다. "내가 온 것은 양으로 생명을 얻게 하고 더 풍성히 얻게 하려는 것이다"(요 10:10).

1410년에 안드레이 루블브(Andrei Rublev)는 삼위일체를 묘사한 걸작을 그렸다. 그림에는 아버지, 아들, 성령 하나님께서 피로 채워진 잔이 놓여있는 탁자에 둘러앉아 계신다. 각자는 진지하게 참여하고 있으며 서로에게 경의를 표하고 있음을 알 수 있다. 그들은 인간을 회복하기 위한 전체 계획을 세우고 있다. 아버지와 성령님 사이에 아들이 앉았으며, 탁자 위의 잔 가까이에 그의 두 손가락이 놓여 있다. 그는 아버지를 사랑의 눈으로 바라보며 "내가 내려가서 그 일을 하겠습니다"라고 말씀하는 듯하다. 성령님이 아들을 바라보며 "내가 당신과 함께 가겠습니다"라고 말씀하는 듯하다. 그리스도의 수난은 미리 계획된 것이었다. 아버지는 그의 아들을 완전히 내어 주셨다. 아들은 전적으로 자신을 제물로 드리셨다. 그리고 성령님은 아들 안에 온전히 내주하셨고 아버지의 뜻이 아들을 통하여 이루어지도록 하셨다. 천국이 이 땅 백성에게 열렸다.

우리는 아들을 통하여 아버지와 교통할 수 있다. 이것은 정말 살아있는 교제이다. 우리가 교통한다는 것은 얼굴과 얼굴을 대면하는 곳, 하나님의 영광의 나라로 초대되어, 삼위의 하나님이 앉아계신 탁자에서 함께 대화하며, 영적교감을 나누고, 친밀한 교제와 전능하신 하나님의 지혜를 받는 것을 의미한다. 십자가가 그 문을 열었다. 성령님이 그 관계를 묶는다. 보혈과 영광의 임재는 하나이다.

예수님의 죽음은 그의 생애를 방해한 것이 아니라 오히려 궁극적인 목적이었다. 초대 교회 저자들은 예수님의 생애의 목적이 죽음을 위한 것임을 깨달았기 때문에, 단숨에 그의 출생에서 죽음으로 시선을 옮겼다. 이것이 우리 주님이, 비록 그들이 이해하기 어려웠지만, 따르는 자들에게 정확하게 반복적으로 말했던 '시간'이었다. 십자가에 대한 인간의 무딘 마음은 우리의 사고방식을 계속적으로 지배하고 있다.

그러나 우리가 그의 십자가를 껴안을 때 우리는 그의 영광스러운 승리를 경험한다.

> 생각하건대 현재의 고난은 장차 우리에게 나타날 영광과 비교할 수 없도다 피조물이 고대하는 바는 하나님의 아들들이 나타나는 것이니 피조물이 허무한 데 굴복하는 것은 자기 뜻이 아니요 오직 굴복하게 하시는 이로 말미암음이라 그 바라는 것은 피조물도 썩어짐의 종 노릇 한 데서 해방되어 하나님의 자녀들의 영광의 자유에 이르는 것이니라 피조물이 다 이제까지 함께 탄식하며 함께 고통을 겪고 있는 것을 우리가 아느니라(롬 8:18-22)

모든 피조물들이 무엇인가를 기다리고 있다. 그것은 바로 하나님의 아들들의 나타나심이다. 우리는 기도한다.

내가 그리스도와 그 부활의 권능과 그 고난에 참여함을 알고자 하여 그

의 죽으심을 본받아 어떻게 해서든지 죽은 자 가운데서 부활에 이르려 하노니(빌 3:10-11)

영원한 신앙고백

마헤쉬와 나 보니는 캘리포니아에서 사역하고 있었다. 그 당시 마헤쉬는 안구진탕증(nystagmus)으로 고생하는 한 아이를 위한 지식의 말씀을 받았다. 그 가족 중 두 아이가 무의식적으로 안구가 움직이는 선천적 결함을 갖고 태어났다. 그래서 마헤쉬가 이 말씀을 할 때에 나는 이 가족에 대하여 깊은 공감과 연민을 느꼈다. 나는 나도 모르게 서서 많은 사람들 중에 누가 반응하는지 살펴보았다. 어린 딸을 팔로 감싼 한 어머니가 즉시 일어났다. 마헤쉬는 치유의 말씀을 전한 다음, 사역을 계속하였다. 우리는 나중에 그 어린 소녀의 시력이 너무 안 좋아서 겨우 볼 수 있을 정도였음을 알게 되었다 그러나 마헤쉬가 기도한 후에 그 어머니가 우리에게 전하기를 그녀의 어린 딸이 나를 가리키며 이렇게 말했다고 한다. "엄마, 저기 피로 온통 덮인 채, 서 있는 저 여자는 누구야?" 나는 단지 예수님의 보혈의 능력으로 사역하고 있었다. 그 아이는 무서워하지 않았다. 다만 새로운 사실을 발견한 것이다. 그녀의 자연적인 눈이 만져짐으로 영적인 실제를 보고 있었던 것이다. 갈보리에서 흘리신 보혈을 통하여 살아 계신 그리스도가 우리에게 역사하는 것을 본 것이다.

> 그는 실로 우리의 질고를 지고 우리의 슬픔을 당하였거늘 우리는 생각하기를 그는 징벌을 받아 하나님께 맞으며 고난을 당한다 하였노라 그가 찔림은 우리의 허물 때문이요 그가 상함은 우리의 죄악 때문이라 그가 징계를 받으므로 우리는 평화를 누리고 그가 채찍에 맞으므로 우리는 나음을 받았도다(사 53:4-5)

어린양이 단번에 죽임을 당하신 그 사건이 우리의 영원한 신앙고백이 되었다. 그것이 우리를 은혜에서 은혜로, 영광에서 영광으로 나아가게 한다. 영광이 우리의 삶에 왔다. 이 신비가 당신을 감동시키며, 사로잡으며, 예수 그리스도와 함께 동반자로 영원토록 살도록 만들 것이다. 하나님이 우리를 깨우신다. 우리는 영광의 진원지로 들어간다. 갈보리에서 우리는 생명을 대신하는 그의 피를 옮겨 받았다. 갈보리로부터 오순절까지 아버지의 성령은 약속이었다. 이제 그분이 오셨다. 그분이 당신 안에 계신다. 갈보리의 외침이 성령의 날개 위로 메아리친다. 지금도 "영광!"이라고 외친다. "하나님이여 일어나소서, 대적을 흩으소서"(시 68:1).

4장

많은 아들을 이끌어 영광으로

4장_BRINGING MANY SONS TO GLORY

많은 아들을 이끌어
영광으로

나의 사랑하는 자여,
악한 자들의 작품인 내가
쓰라린 슬픔들을 견디어 온 것을 이제는 알 것이다.
이제 때가 차매 멀리 사방에서 그들이 나를 존경할 것이다.
온 땅의 사람들이 그리고 모든 위대한 창조물들이
이 표식을 향해 자신들을 위해 기도할 것이다.
내 위에서 잠깐 동안 하나님의 아들이 고통을 당하였다.
그러므로 나는 지금 영예롭게 천국 아래에 선다.
그리고 나를 존경하는 어떤 사람이든지 치유할 것이다.[1]

† † †

　그들이 망대에 이르기 전에 그들의 목소리들을 들을 수 있었다. 망대에 있는 소년은 언제나처럼 졸고 있었다. 친구들 사이에 주고 받는 말과 웃음소리의 오르내림이 밤공기에 부드러웠다. 그들이 유대에 있을 때는 종종 왔었기 때문에 그 목소리들은 나에게 익숙했다. 그들은 나의 나뭇가지 아래 모여앉아 이야기를 나눈 후에는 기도하러 산으로 올라가곤 했다.

　그분의 말씀들은 대다수의 사람들과는 달랐다. 그는 하나님을 "나의 아버지"라고 불렀는데, 나는 그것이 진실이라고 믿었다. 그가 말했던 아버지가 비록 한 번도 스스로의 모습을 나타내지는 않았지만, 나는 그날 밤 무성한 잎들 아래로 달빛이 어두운 그림자를 드리운 바로 그곳 어딘가에 그가 있음을 확신했다.

　나사렛 사람에 대한 소동이 일어났다. 겟세마네 동산의 정원, 기름 짜는 곳에서 우리들 사이에서 자주 밤새 깨어 기도하며 하나님과 시간을 가지곤 했던 바로 그 사람이었다. 때때로 그가 나의 그늘아래서 두 다리를 뻗으며 등을 내 옆구리에 기댈 때면 한숨이 새어나왔다. 온 세상의 짐을 지고 가나 아무도 그를 지지하지 않는 것 같았다. 나는 내가 할 수 있는 한 큰 힘을 그에게 주고 싶었다. 그러나 그가 왔던 그 마지막 밤의 그의 모습은 내가 전에도, 후에도 본적이 없었던 그러한 모습이었다.

그는 천천히 걸었다. 망설이며 부대끼고 있는 것 같았다. 때때로 그는 그의 손을 꼭 쥐었다. 단 한 번이었지만 그는 심지어 그와 함께 온 친구들을 꾸짖었다.

"너희들은 단 한 시간도 나와 함께 깨어 기도할 수 없단 말이냐?"

그들은 부끄러워하는 것 같았다. 그들 모두는 유월절 축제를 보냈었다. 와인과 저녁만찬의 효과가 나타나기 전까지는 그래도 잠시 동안 깨어 기도에 집중했지만, 곧 또다시 잠에 빠져들었다. 그들의 무거운 호흡이 밤공기와 섞였다.

그 밤은 페삭, 곧 유월절, 어린양의 밤이었다. 멀리서 먹이를 찾아 어둠이 깔린 오솔길 사이로 방황하는 들개의 울부짖는 소리가 길게 들려왔다. 도시의 나머지는 축제의 소리로 가득 채워졌다. 회상의 분위기가 공기 중에 짙게 드리워졌다. 예루살렘은 그녀의 반짝반짝 빛나는 치마를 살짝 들어 올리고 경쾌한 스텝으로 시간을 거슬러 올라갔다. 그녀는 암탉이 자기 병아리들을 모으듯이 그녀의 자녀들을 모았다. 그리고 그 자녀들을 과거로 데리고 가서 위대한 구원의 날을 다시 이야기 하였다. 그 밤을 그들은 모두 기억하였다. 모두가 페삭 음식 주위에 둘러앉았고, 그들은 이집트의 나일강둑을 따라서 그 당시를 재현하고, 어른이신 할아버지들이 하나님이 행하셨던 위대한 일을 자녀들에게 반복해서 말했다. 그들은 고센 땅에 있었다. 이집트 사람들이 어둠 가운데서 더듬거리는 동안, 이스라엘 사람들은 빛 가운데 있었다.

어린양의 피가 신선하게 기둥과 문설주에 발라져 있었고, 자정이 다가왔을 때 야곱의 자손들은 출애굽을 준비하였다. 벗어날 시간이 왔다. 이집트의 모든 첫 소생의 울음소리가 하늘로 울려 퍼졌고 이스라엘 사람들은 마침내 노예의 속박으로부터 벗어났다.

그 사람은 엎드렸고 그의 얼굴이 나의 발에 닿았다. 그가 팔을 뻗어 나의 뿌리를 단단히 붙들자마자 동산의 땅바닥은 거대한 폭풍 속에 있는 배처럼 오르는 것 같았고 나는 그가 떨어지지 않도록 지켜야만 할 것 같았다.

만일 내가 그에게 뻗칠 수 있는 팔들을 가졌다면 그를 단단히 잡았을 것이다. 그의 친구들은 잠들었다. 그는 울부짖었다. 그의 머리는 격정과 눈물로 젖었다. 그리고 한 번, 그가 고뇌에 찬 이마를 들었을 때 나는 붉은 빛을 보았다. 땀방울이 핏방울이 되어 그의 은혜로운 얼굴을 덮었다. 그 핏방울들이 나의 뿌리에 떨어져 내가 심겨진 땅속으로 스며들었다.

"나의 아버지!"

그 밤 이전에도 그가 여기에 자기 사람들과 함께 왔을 때 그의 말씀들을 여러 번 들었다. 그것은 의로운 말씀, 생명의 말씀, 약속의 말씀, 하나님의 말씀이었다.

그는 심한 고통 중에 울부짖었다. 왜 그는 그렇게 고뇌했을까?

"할 수만 있으면 이 잔을 내게서 지나가게 하옵소서!"

그는 내 정원에서 우리들 주위를 돌고 있는 권세들, 사악한 영들에 대항하여 싸우고 있었다. 그것들이 그의 힘을 빼고 있었다. 나는 자고 있는 친구들이 그를 도울 수 있을까 궁금했다. 그들이 깨어 마음을 같이 하여 그의 옆에 앉아 있었다면 아마도 조금의 도움을 얻었을지도 모른다.

전에, 그가 친구들과 이곳에 오곤 했을 때 그는 오직 시종 온화하고 신념을 주는 사람이었다. 그리고 나는 그가 가진 지혜를 보았고 그의 즐거움을 보았다. 그러나 그 밤에는, 그 즐거움을 찾을 수 없었다. 그의 피가 이마에 방울방울 가득 맺힐 때, 나는 나의 가지들을 내려 그를 들어 올리고 싶었다. 할 수만 있다면 자연법칙을 거스르고 나를 굽혀 비축해둔 힘을 그에게 주고 싶었다. 그가 겪고 있는 압박을 부드럽게 할 기름을 그에게 주고 싶었다. 그의 심장은 올리브 열매 같았다. 그의 피와 땀이 맷돌 아래로 짜내어져 흘렀다. 그는 압착되고 있었다. 그 시간 나도 또한 그와 같이 신음하고 있었다.

나는 다른 이들을 깨워 그들을 그의 옆으로 데려오기를 간절히 원했다. 그러나 그때에 천사가 와서 그에게 힘을 주었다. 그것은 놀랄만한 광경이었다. 강하고 위대한, 그 빛나는 피조물이 천국으로부터 직접 내려왔다. 그러나 그것은 정중하고, 부드럽게 자신을 굽혀, 마치 어머니가 그 자녀를 돌보는 것같이 그리고 이 세상의 것과는 다른 음식과 포도주 같은 것을 깊이 주입하는 것 같이 그에게 속삭였다. 그러고 나서 이 땅의 전사는 다시 눈이 밝아졌다. 그는 깊은 숨을 내쉬었다. 그리고 낮은 목소리로 그의 아버지에게 다시 이야기 하는 것을 나는 들었다.

"아버지의 원대로 되기를 원하나이다. 내가 이것을 위하여 왔으니 나에게 행하소서."

일단의 군인들이 횃불을 들고, 마치 그가 무서운 적인 것처럼 위협적으로 왔다. 그들은 마치 도둑이나 살인자를 잡으러 온 것처럼 검과 몽치로 무장하였다. 그들은 두려워 떨었다.

망대에서 잠자던 그 소년이 깨어 옷도 벗어던지고 달아났.

그들은 누가 자신들이 찾는 사람인지 몰랐다. 그때, 그의 사람 중, 그와 함께 이곳에 오곤 했던 한 친구가 무장한 사람들 사이에서 걸어 나왔다. 그의 예전 친구가 그를 향하여 오자 그 피땀 흘리며 기도하던 사람은 기도하던 곳에서 일어났다. 밤새 기도하던 그 사람은 분명하게 그를 알아보았다.

"선생님!" 그 배신자는 큰 소리로 부르며 잠시 동안 그를 보지 못했던 것처럼 그에게 팔을 뻗어 안았다. 그러고는 그에게 키스로 인사했다.

피와 땀으로 젖은 그 사람은 내가 잘 알아듣지 못한 어떤 말로 그에게 답했다. 그리고 몸을 돌려 군인들에게 말했다.

"내가 그니라. 내가 그 사람이다."

만약 내가 그들처럼 목소리가 있었다면 아마 나는 큰 소리로 웃었을 것이다. 그들은 살인자들이요, 그를 먹이로 삼은 짐승들이었다. 그들은 그의 손을 묶고 동산에서 그를 끌고 갔다. 그러나 그는 조금도 저항하지 않았다.

그가 잡혀간 뒤에 농산에는 이상한 침묵이 흘렀다. 그의 친구들은 모두 도망갔다. 그 노란 횃불들이 기드론을 건너 천천히 춤추며 대제사장 저택으로 가는 언덕을 오르고 있었다.

그들이 가진 횃불들이 그의 머리와 넓은 어깨의 윤곽을 드러내었다. 폭도들이 그를 죄수로 취급하며 끌고 올라가고 있었다.

나는 그를 그 이후로 다시 보지 못했다. 그는 늘상 깨어 기도하기 위해 더 이상 나에게 오지 않았다. 얼마 지난 후에, 그를 아는 것처럼 보이는 다른 사람들이 왔다. 그들은 나의 발에 웅크리고 앉아 일어났던 일들에 대해서 속삭였다. 그의 최후는 성문 밖에서 나무에 매달린 것이었다. 그들이 서로 말하기를, 그는 거기서 반역자로 십자가에 달렸고, 결국 죽었다고 말했다.

그날은 하늘이 울고, 동산 주위의 땅이 열리고, 무덤들이 있는 골짜기가 아래 위로 흔들리던 그 밤이었다. 그들은 성전 휘장이 위에서 아래로 두 쪽으로 찢어졌다고 했다. 그리고 그에게 와서 키스하던 그 친구는 피밭이라고 불리는 토기장이의 밭 근처 나무에서 스스로 목 매달았다고 했다.

우리들 중 몇은 지금도 동산 안 이곳에 아직도 남아 있다. 오랜 세월동안, 단지 그가 승리의 함성 가운데 나귀를 타고 왔던 그 성문을 가로질러 위치한 고대의 도시를 우리는 아직도 깨어 지키고 있다. 그 성문은 지금 닫혀있다. 그러나 사람들은 그가 왕과 같이 다시 올 때 그 성문을 지나갈 것이라고 말했다.

우리는 아직도 기름을 위한 올리브 열매들을 맺고 있다. 그리고 우리의 기름은 여전히 어둠을 밝히는 빛을 주고 있다.

나는 아직도 그 마지막 밤, 그의 모습을 기억하고 있다. 아직도 나를 꼭 붙잡고 밤새 깨어서 기도하던 그의 기도소리가 들리는 듯하다.

그 밤 그는 울부짖었다. "나의 아버지!"

그 밤 그의 피가 나의 뿌리 위로 뿌려졌다.

† † †

당신은 하나님이 정원에 몇 번 나타났는지 발견한 적이 있는가? 에덴 동산, 이스라엘 땅, 겟세마네 동산, 예수님의 무덤이 있는 정원.

하나님의 첫 번째 약속은 아담과 이브가 그들의 경계를 넘어서 즐거운 하나님의 정원에서 영원히 쫓겨난 그날에 주어졌다. "내가 너로 여자와 원수가 되게 하고 네 후손도 여자의 후손과 원수가 되게 하리니 여자의 후손은 네 머리를 상하게 할 것이요 너는 그의 발꿈치를 상하게 할 것이니라"(창 3:15). 그들이 하나님으로부터 분리되었을 때 후손을 통해 올 승리의 약속이 주어졌다.

아담에게 주어진 하나님의 첫 번째 명령은 하나님의 정원을 가꾸고 보호하는 것이었다. 타락한 이후, 비록 씨를 뿌리고 거두는 일은 수고와 고통을 동반해야 하지만 그 사명은 변하지 않았다. 궁극적으로 하나님은 그의 아들, 그 씨(the Seed-창세기 3:15 참조-역자 주)를 세상의 단단한 돌 같은 토양 속에 심었다. 그 심겨진 씨는 많은 형제들 중에서 첫째이고, 많은 아들들의 맏아들이다. 우리가 말씀을 듣고 믿으면, 우리는 변형되고, 그리고 우리의 속사람은 그의 이미지 안에서 창조된다. 더 이상 죄와 죽음의 권세에 의해 타락하지 않고, 우리는 생명을 부어주시는 그의 영에 참예하는 자가 된다.

> 하나님이 그들로 하여금 이 비밀의 영광이 이방인 가운데 얼마나 풍성한지를 알게 하려 하심이라 이 비밀은 너희 안에 계신 그리스도시니 곧 영광의 소망이니라(골 1:27)

이것이 우리의 새 정체성이다. 우리는 새 인류가 되었고 예수의 죽음, 장사, 그리고 부활을 통하여 재창조되었다. 하나님의 영광의 부요함을 통해서 우리의 속사람이 강해진다(엡 3:16 참조). 그리스도를 통해서 우리 안에 맺게 되는 의의 열매는 하나님께 찬양과 영광을 올려 드린다(빌 1:11 참조).

하나님은 인류를 구원할 뿐만 아니라, 재창조 하고 생명을 다시 부어주는 사명을 수행하고 있다. 구약의 계시-아브라함에게 주신 약속, 율법서들과 예언서들, 이 모든 것들은 성육신하신 예수님 안에서 증명되고 확정되는 새로운 것을 가리키고 있다. 예수의 사명은 철학적인 또는 신학적인 표상이 되는 것이 아니었다. 더욱이 그는 좋은 모본을 세우기 위해 온 것이 아니었다. 그의 사명은 죽음의 저주와 함께 아담으로부터 온 인류를 종결하고 새 인류를 시작하는 것이었다.

그의 이야기는 새 창세기이다. 첫 여자는 첫 남자의 옆구리에서 취해졌다. 마지막 아담인 그리스도는 영원히 그에게 어울리는 동반자를 만들 본질을 가지고 있었다. 그의 교회가 그의 동반자이다. 우리는 두 번째 남자 즉, 예수님과 약혼했다. 그리스도는 새 피조물의 머리이며 모든 만물이 그를 신뢰한다.

그의 이야기는 우리의 이야기

그의 이야기에서 당신을 발견하면, 그 통로는 당신을 갈보리로 바로 안내한다. 십자가는 영광에 이르는 문이다. 죄는 만물을 허무한데 굴복하게 했으며, 지속되는 사이클로 이 세상이 마치 옷과 같이 해어지도록 했다(사 51:6 참조). 그러나 그리스도는 죽은 자 가운데서 태어난 첫 아들이 되었고, 그 안에 있는 당신은 이제 영광을 위하여 부르심을 받았다!

이것이 모든 만물이 고대하는 것이며, 이기는 것이다. 이것이 승리다. 이것이 당신 안에 있는, 영광의 소망이신, 그리스도다! 우리는 우리 자신의 의지에 굴복하는 그 첫 번째 낙원인 에덴으로 돌아가는 것이 아니라, 구원의 소망 안에서 우리의 의지가 굴복해야 할 그분에게 돌아가는 것이다(롬 8:20 참조). 망가진 정원으로 돌아가는 길은 영원히 잠겼다. 첫 번째 창조된 만물은 십자가로 감싸졌고, 그때 마지막 아담은 "다 끝났다!"고 선포되었다. 우리는 정원에 있는 그의 무덤에서 나오는, 생명을 주는 영이신 두 번째 사람을 만난다. 마리아는 그가 정원사라고 생각했다. 그러나 그 순간 주님은 그녀의 이름을 불렀고 그녀는 영광 중에 있는 주님을 보았다.

그는 변함없는 우리의 정원사이다. 에덴으로부터 이스라엘의 약속된 땅에서, 겟세마네 동산에서, 그리고 무덤이 있던 정원으로부터 하나님의 낙원에 이르기까지. 이 모든 곳들은 그의 정원이었다. 우리는 뒤돌아가는 것이 아니라 계속 앞으로 가고 있다. 그는 그의 승리 안에서 그 뒤를 따르도록 이끌고 있다. 그는 그의 신부로서 '돕는 배필'이 되도록 우리를 창조하셨다(창 2:18).

마침내 우리가 그를 볼 때 그리스도는 우리에게 말할 것이다. "됐다! 마침내, 나와 같은 사람, 나를 위할 사람, 나와 함께 하기 위해 그리고 내 곁에 있을 사람, 마침내 나의 영광을 나눌 사람이다!" 그러고는 주께서 우리를 잘 아는 것처럼 우리도 그를 잘 알게 될 것이다(고전 13:12 참조).

첫 번째 정원이 아담을 위하여 창조되었던 것처럼, 하나님은 새롭게 창조하신 기쁨의 새 정원에 우리의 거처를 정하게 할 것이다. 우리는 거기에 노동과, 수고, 그리고 눈썹의 땀방울을 흘리는 곳으로 들어가는 것이 아니라, 하나님의 영원한 안식으로 들어간다. 그곳이 영원한 우리의 종착역이며 우리는 마침내 우리의 본향 집에 있게 될 것이다.

성령의 권능

고대 기독교 신학은 세 가지로 그리스도가 이 땅에 나타나심(parousia)에 대해 말하고 있다. 그리스도는 육체로 오셨고, 영으로 오셨고, 영광으로 오실 것이다. 하나는 과거이고, 하나는 현재이고, 그리고 하나는 앞으로 올 미래의 것이다. 처음에 그는 세상의 죄를 짊어지신 어린양으로 오셨다. 그리스도의 이 땅에서의 사역은 영적인 그리고 육적인 질병과 죽음의 권세들에 대항하는 싸움이었다. 현시대에 그는 하늘에 있는 그의 보좌에서 다스린다. 거기에서 그는 구하는 모든 자에게 채우시고 만족시키는 그의 영을 부어준다. 그는 이 세상에서 몸과, 혼, 영을 공격하는 권세들과 전쟁을 한다. 마지막 때에는, 그의 보좌를 세우고, 세상을 파멸시킨 자연 군대들과 영적인 대적들을 정복할 천사들과 함께 구름 속에서 다시 오실 것이다. 지금까지, 만물은 그의 능력으로 옷 입혀지고 독생자의 영광을 증명하며 살아갈 하나님의 아들들의 나타나심을 고대하며 신음하고 있다.

십자가는 그리스도와 우리의 연합을 상징한다. 십자가는 모든 인간사와 자연사의 교차로이다. 그리스도 안에서 만물이 신음하였고 죽었다. 그리스도 안에서, 만물이 그 종살이에서 자유하게 되었다. 십자가는 복음의 요약이다. 십자가는 우리 구원의 즐거운 선포이다.

> 형제들아 내가 너희에게 나아가 하나님의 증거를 전할 때에 말과 지혜의 아름다운 것으로 아니하였나니 내가 너희 중에서 예수 그리스도와

그가 십자가에 못 박히신 것 외에는 아무 것도 알지 아니하기로 작정하였음이라 내가 너희 가운데 거할 때에 약하고 두려워하고 심히 떨었노라 내 말과 내 전도함이 설득력 있는 지혜의 말로 하지 아니하고 다만 성령의 나타나심과 능력으로 하여 너희 믿음이 사람의 지혜에 있지 아니하고 다만 하나님의 능력에 있게 하려 하였노라(고전 2:1-5)

하나님은 자신을 구원자와 고치는 자로서 계시하셨으며, 세상의 타락한 상태에 대하여 심판을 선언하셨다. 그렇지만 그는 회개하고 그리스도를 영접하는 모든 사람들에게 그의 자비를 부어주셨다.

그는 실로 우리의 질고를 지고 우리의 슬픔을 당하였거늘 우리는 생각하기를 그는 징벌을 받아 하나님께 맞으며 고난을 당한다 하였노라 그가 찔림은 우리의 허물 때문이요 그가 상함은 우리의 죄악 때문이라 그가 징계를 받으므로 우리는 평화를 누리고 그가 채찍에 맞으므로 우리는 나음을 받았도다 우리는 다 양 같아서 그릇 행하여 각기 제 길로 갔거늘 여호와께서는 우리 모두의 죄악을 그에게 담당시키셨도다(사 53:4-6)

어린양은 하나님 아버지 앞에서 의로움을 탄원하시는 우리의 변호자이다. 예수는 대제사장 직분을 수행하고 있다. 성령은 그 피로 말미암아 우리에게 온전히 들어온다. 그리고 우리는 우리 안에 있는 그의 영으로 말미암아 아버지와 아들에게 온전히 들어간다. 당신의 영, 혼,

그리고 육이 그와 개인적인 관계로 들어갔다. 우리가 그의 다시 오심을 기다리는 동안, 우리는 육체에 거한다. 이 지구상에서의 삶은 십자가의 승리와 그리스도가 오실 때 우리 몸의 구원 사이에 있는 그림자 나라에서 사는 것이다. 우리는 '이미 이루어진 것(already)'과 '아직 이루어지지 않은 것(not yet)' 사이에 있다. 지금의 어둠에 비추는 영광은 그를 통하여 우리 안에 있는 성령의 권능이다. 그리스도는 우리를 대신하여 자신을 주셨다. 그가 승천하신 후에, 그는 우리 안에 그리고 우리와 함께 계실 그의 영을 부어주셨다.

> 내가 아버지께 구하겠으니 그가 또 다른 보혜사를 너희에게 주사 영원토록 너희와 함께 있게 하리니… 내가 너희를 고아와 같이 버려두지 아니하고 너희에게로 오리라(요 14:16, 18)

거기에서 아들과 성령의 신성한 교환(divine exchange, 즉 아들이신 예수님은 하늘로 올라가시고 약속하신 성령은 이 땅에 오셔서 성도에게 거하시는 것을 신성한 교환으로 표현함-역자 주)이 있었다.

우리는 광야에서 이리 저리 떠돌아다니는 방랑자들이지만 우리는 홀로 있는 것이 아니다. 그의 피는 끊임없이 우리의 영, 혼, 육에 들어올 수 있는 성령을 보내주신다. 그는 가장 높은 곳에서 오는 권능을 부여하시면서 우리 안에 거하신다. 우리가 그를 얼굴과 얼굴로 마주할 때 보게 될 것을 미리 보게 한다. 우리가 보는 그러한 영광은 우리가 기도할 때 나타나는 그분의 임재이다. 우리가 아픈 사람들에게 손을 얹어 기도하고 그래서 그들이 고쳐질 때 그의 영광을 본다. 우리가 성도들과 함께 서서, 목소리 높여 찬양하며 함께 하모니를 이룰 때 그의 영광을 본다. 능력은 어린양이 계신 보좌로부터 흐른다. 성령의 은사들과 기적들은 하늘의 왕국이 이 땅 위에 표현된 것이다.

믿는 각 사람은 믿음의 분량대로 하나님으로부터 오는 은사를 받는다. 예수가 오실 때, 그는 그의 초기 예치금(down-payment)의 수익을 기대하신다. 그가 말씀하셨다. "내가 진실로 진실로 너희에게 이르노니 나를 믿는 자는 내가 하는 일을 그도 할 것이요 또한 그보다 큰 일도 하리니 이는 내가 아버지께로 감이라"(요 14:12). 이제 우리의 날이 왔다. 예수님이 심판하실 그날이 가까워짐에 따라, 예수님의 이름 안에서 기적을 위한 기름 부음이 더욱 증가하고 있다. 우리는 오실 성령의 권능 안에서 살고 있다. 나라들은 드러나는 밝은 그의 빛으로 나아오게 될 것이다(사 60:3 참조). 그리고 온 땅이 주님의 영광으로 가득하게 될 것이다(사 6:3, 합 2:14 참조).

새로운 것

예수님의 제자들은 주님에게 "주님, 우리에게 기도하는 법을 가르쳐 주옵소서"라고 요청했다(눅 11:1). 그들은 "우리가 누구에게 기도할지, 그리고 어떻게 표현해야 할지 깨닫도록 도와주소서." 교회사에서 처음으로, 예수는 하나님과 관계하는 기초방법을 계시하였다. "우리의 아버지." 그는 "우주를 창조하셨던 하나님"이라고 말하지 않았다. "전능하신 군대의 장관"이라고 말씀하지 않았다. "위대한 여호와 라파, 우리의 의사"라고 말씀하지 않았다. 그가 말씀하신 것은 "우리의 아버지"였다.

세상 종교에는 온갖 종류의 신에게 나아가는, 신에게 표현하는, 신을 이해하는 방법이 있다. 그러나 유일하신 하나님만이 그의 독생자를 통해 알려졌다. 그는 우리의 아버지시다. 당신은 아들을 아는 정도까지만 아버지를 알 수 있다. 아들과 아버지의 관계는 지속적이고, 계속 열려있는 친밀한 관계이다. 예수는 마리아의 뱃속에서 아들이 된 것이 아니다. 그는 영원히 아버지의 아들이다. 그것은 전능하신 하나님의 아름다운 모습을 우리에게 보여주고 있다. 이 상호 보완적인 아버지, 아들, 그리고 성령의 교통하시는 모습이 그 안에 있는 하나님을 사랑으로 보도록 도와준다.

이것이 패러다임 전환과 같은 교회의 생각구조의 전환을 가져온다. 하나님은 그의 이미지 안에서, 그의 관계 안에서, 상호 의존하는 가운데, 그리고 완전히 교통하는 가운데, 아들들을 만들어가고 있다. 그리스도를 통하여 그의 나라의 아들들과 상속자들로서 그와 관계를 가질 때만 우리는 그의 영광을 반영한다(우리가 말하는 '아들들'이란 상속자들을 의미한다-모두 하나님으로부터 태어난 자들로서). 예수님은 당신의 맏형이다. 그의 성령은 그의 형상을 닮아가도록 당신 안에서 일하고 있다. 당신이 그를 품으면 당신은 세상을 이기게 될 것이다.

하나님은 세상이 만들어지기 전 아들을 낳은 아버지이다. 그는 첫째 아버지이다. 우리가 먼저 그리고 무엇보다도 창조주로서 하나님을 생각한다면, 우리의 기대는 기본적으로 그를 우리의 공급자로서 여길 것이다. 그러나 자연세계는 우리를 위하여 창조되었고 하나님의 영광을 위하여 창조되었다. 그는 자연세계를 관리할 책임을 우리에게 주셨다. 우리는 예수님이 제공하는 정체성을 통해서만 아버지 하나님을 알 수 있다.

하나님은 우리가 하나님을 아버지로서 인식하고 품기를 원하신다. 히브리서의 저자는 만물이 그를 위하고 또한 그로 말미암은 이가 많은 아들들을 이끌어 영광에 들어가게 하는 일에 그가 합당하다고 하였다(히 2:10 참조). 돌들과 나무들을 만드신 하나님은 무엇보다도 우리 아버지이다. 그는 하나님이나 우리가 먼저 우리의 아버지로서 하나님을 생각할 때는 모든 것이 변한다. 그것은 우리를 가까이 나아가게 한다. 우리 삶의 모든 행사는 새로운 의미를 가진다. 우리의 성공들은 그의 영광을 위한 것이고, 우리 자신의 영광을 위한 것이 아니다. 마찬가지로 우리가 겪는 시험은 우리의 아들 됨을 증명하는 것이다. 우리의 고통은 영원한 목적을 위한 것이다. 우리의 삶은 새로운 가치를 가진다.

> 이러므로 우리에게 구름 같이 둘러싼 허다한 증인들이 있으니 모든 무거운 것과 얽매이기 쉬운 죄를 벗어 버리고 인내로써 우리 앞에 당한 경주를 하며 믿음의 주요 또 온전하게 하시는 이인 예수를 바라보자 그는 그 앞에 있는 기쁨을 위하여 십자가를 참으사 부끄러움을 개의치 아니하시더니 하나님 보좌 우편에 앉으셨느니라(히 12:1-2)

십자가는 하나님의 보좌로 가는 통로이다. 우리가 십자가를 제거하면 에덴으로부터 계시록에 이르기까지의 모든 성경의 계시는 의미가 없게 된다. 그가 우리에게 인사를 할 때 우리는 그의 손과 옆구리의 흔적을 보게 될 것이다. 그리고 많은 사람들이 주님을 위하여 당한 그들 자신의 고통의 흔적들을 보이고, 그들을 위하여 또한 고통당하신 사랑하는 분에게 흔적들을 드릴 것이다.

하나님은 우주를 창조하시기 이전에 이미 당신을 마음에 두고 있었다. 당신은 당신의 삶에 하나님의 의도로서, 특별한 부르심으로 창조되었다. 당신은 하나님께 영광을 돌리기 위한 목적으로 어떤 특정한 시간에 특정한 장소에서 특정한 가계의 계보 안에서 살고 있다. 그 영광을 발견하는 길은 하늘에 계신 아버지에게 당신이 아들이라는 정체성을 품는 것이다.

상속자가 되는 것

성령님은 '사랑의 줄'[2]로 불린다. 그가 말씀하시기를, "나는 나의 형상과 이미지로 너를 만들 것이다. 그리고 나는 너에게 결정할 자유의지를 줌으로써 너를 존귀하게 할 것이다." 선택할 수 있는 능력은 당신을 향한 하나님의 확신, 사랑 그리고 당신 안에 심어준 자유를 인증하는 것이다. 모든 옳은 선택은 당신이 하나님에게 소속되어 있다는 것을 말해준다. 이것을 염두에 둔다면, 당신의 매일의 결정은 아버지의 아들로서 당신을 존엄하게 하는 결정이어야 한다. 그렇지 않으면 당신이 아버지의 아들로 되었다는 것을 부인하는 결과를 가져온다.

그의 영원한 나라의 상속자들로서, 우리는 우리가 있는 곳에서 청지기로서의 책임이 있다. 그는 당신이 지금 있는 곳에서 바르게 살 것을 기대하셨다. 그는 당신이 태어난 가족 계보를 선택하셨다. 그는 가족, 몸, 국가, 그리고 지구상에 사는 시간 모두를 결정하셨다.

> 인류의 모든 족속을 한 혈통으로 만드사 온 땅에 살게 하시고 그들의 연대를 정하시며 거주의 경계를 한정하셨으니(행 17:26)

당신 삶의 모든 세부 사항은 당신의 어머니 뱃속에서 창조되기 이전에 이미 알려졌다. 하나님은 당신을 아들로 만들려고 하신다. 그는 당신을 속박에서 자유로, 노예에서 아들의 신분으로 이끌려고, 당신 삶의 환경들을 정하셨다.

유업을 이을 자는 어린아이로 있는 동안은 노예이다(갈 4:1 참조). 새로 태어난 아기는 완전히 의존할 수밖에 없다. 당신은 항상 아기를 데리고 가야 한다. 당신은 아기를 먹여야만 한다. 당신은 아기가 울면 달려가서 업고 달래주어야 한다. 당신은 심지어 아기의 더러운 기저귀를 갈아주어야 한다. 한밤중에도 당신은 아기를 안고 걸으면서 달래 주어야 한다. 그리고 아기가 커감에 따라, 당신은 무조건적인 사랑을 충분히 주는 것과 병행하여 아기를 훈계하고 훈련시킨다. 그 결과로, 그 아기가 삼십이 되면, 더 이상 아기가 아니고 성숙한 아들과 딸이 된다.

당신은 상속자가 평생 동안 가정교사들 밑에서 훈련을 받을 거라고 생각하는가? 전혀 그렇지 않다. 유업을 이을 자는 자기 자신의 욕망에 사로잡힌 노예로 있는 어린아이 상태에 머물러 있지만, 꾸준한 가르침을 통하여 그는 성숙하게 된다. 일단 상속자가 성숙하면, 상속자는 기다려왔던 모든 유산을 물려받을 절차를 밟는다. 그는 아버지의 재산을 책임 있게 관리할 준비가 된 것이다.

아들들은 번성할 것이다

성경에 의하면, 잇사갈의 아들들은 독보적으로 '이 세대를 아는' 자들이었다(대상 12:32 참조). 그들은 이 세대를 분별할 수 있었고, 그들 자신이 어떻게 행동해야 하는지 알고 있었다. 즉 어느 방향으로 가고, 어떻게 다른 사람들에게 방향을 제시하는가 등등. 하나님은 우리 각 사람들이 잇사갈의 아들들과 같은 영을 가지기를 원하신다. 방향과 분별이 부족한, 종교적인 것을 단순히 행하는 사람들과 같지 않고, 하나님은 우리에게 분별력과 은총을 주고 싶어 한다. 그는 우리가 아들들이 되기를 원하신다.

아들들이 훈련이 되었을 때, 그들은 아버지의 사업을 물려받을 수 있다. 이와 같이, 하늘 아버지의 아들들과 딸들은 주님의 마음에 있는 짐들의 일부를 짊어질 수 있다. 예수는 하늘에 계신 그의 아버지의 짐을 짊어지셨다. 예수는 아버지가 그에게 하라고 하신 것만을 하고, 그래서 그 자신이 진짜 아들임을 증명하시면서, 하나님 아버지를 우리에게 계시하러 오셨다.

당신이 하나님의 자녀로서 위치를 견고히 하고, 당신의 마음이 하늘 아버지의 목적들을 수행하면, 당신에게 축복을 주시는 것은 그에게 큰 기쁨이 된다. 그것이 "너희 아버지께서 그 나라를 너희에게 주시기를 기뻐하시느니라"고 하신 이유다(눅 12:32).

하나님은 당신이 그의 축복들을 관리할 능력 있는 사람으로 성숙하기를 원하신다. 하나님은 당신에게 그의 방향, 그의 명확성, 그의 축복, 그의 은총을 주기를 원하신다. 이러한 것들과 함께 또한 하나님 나라의 책임들을 나눌 것을 당신에게 원하신다. 그러나 무엇보다도 먼저, 당신이 성숙할 필요가 있다.

나(마헤쉬)는 오리와 기러기 사냥꾼이다. 나는 또한 사슴도 사냥한다. 그러므로 나는 총들을 어떻게 다루는지 잘 안다. 그러나 나의 아들들이 아주 많이 자랐을 때만 나는 그들을 사냥터로 데려가서는, "자 이제, 이것이 총을 다루는 방법이다"라고 말할 것이다. 나는 나의 네 살짜리 아들이 총을 쏘게 하지는 않는다. 그는 먼저 성숙하여 자라야만 한다.

하나님은 견고한 진을 무너뜨리게 할 강한 무기들을 주시기 원한다. 그러나 당신이 성숙하고 책임감 있음을 증명할 때만 주실 것이다. 어떤 사람들은 '기름 부음'을 즉각적으로 원하지만, 하나님은 그것은 십이 구경 장총을 아이에게 주는 것과 같음을 아신다. 네 살 아이 수준의 영적 이해력과 영적 강인함을 가진 사람은 견고한 진을 부수는 무기를 다룰 수가 없다.

하나님은 기꺼이 당신이 간절히 가지고자 하는 것 보다 더 많은 기름 부으심과 권능을 주실 것이고, 참 아버지와 같이 당신을 성장시킬 것이다. 그는 당신의 영적 감각들을 훈련시킬 것이고 당신을 영광에서 영광으로, 기름 부으심에서 기름 부으심으로 이끌 것이다. 당신이 그의 짐을 충분히 나눌만하게 성장하면, 당신은 하나님의 길들을 이해하는 사람, 즉 잇사갈의 아들과 딸이 된다.

책임을 지기

히브리서 2장의 '시험받다(tested)'에 해당하는 그리스어는 죄에 대한 유혹을 의미하지 않는다. 시험은 금속을 정련하는 것과 연관되어 있다. 그것은 판독관이 그 가치를 결정하기 위해 자세히 검사하는 것을 의미한다. 즉, '입증하는 것(to prove)'이다. 시험은 아들들에게 사용되는 말이지, 노예들에게 사용되는 말이 아니다. 시험이 없이는 우리는 하나님 나라에서 우리의 유업을 받을 만큼 성장하지 못할 것이다. 성경은 그것을 '고통'이라고 부른다. 그리고 그가 시험의 고통을 당하셨으므로, 우리의 맏형인 예수는 우리가 시험을 받을 때에 또한 도우신다.

하나님의 나라는 아버지의 집이다. 주님은 우리 각자에게 그의 자녀들로서 감독과 책임의 영역을 주신다. 예수는 순종의 연단을 통해 그의 아들이심을 증명하였다.

> 그러므로 그가 범사에 형제들과 같이 되심이 마땅하도다 이는 하나님의 일에 자비하고 신실한 대제사장이 되어 백성의 죄를 속량하려 하심이라 그가 시험을 받아 고난을 당하셨은즉 시험 받는 자들을 능히 도우실 수 있느니라(히 2:17-18)

우리는 아버지가 주시는 시험을 통해 훈련을 받는다. 예수는 세례를 받은 후, 시험을 받기 위해 광야로 이끌림을 받았다(마 4장 참조). 예수는 언제든지 그 자신의 기적 사역을 시작할 수도 있었지만 아버지를 마음에 품고 그 시간을 기다렸다. 아버지는 예수가 시험을 받은 후 그를 높이실 시간을 설정해 놓았다. 정해진 시간에 그는 아들 됨을 확증하셨고, 마찬가지로 우리도 그리로 들어가도록 부르신다.

기독교인으로서 당신은 하나님의 아들의 형상으로 재창조되었다. 당신은 영원한 아들의 존재가 되었다. 이것은 아버지의 독생자가 당신을 위해 그의 피를 흘리지 않고는 불가능한 일이다. 그 아들이 우리를 위해 그의 생명을 드리지 않고는 우리를 그의 나라로 이끌고 아들들로서 하나님 아버지와 화목하게 되는 것은 불가능했을 것이다.

그러나 그의 죽음은 그의 이야기와 우리 이야기의 끝이 아니다. 십자가는 시작이고, 오순절은 중간, 하나님의 나라를 받는 것은 우리의 부르심, 그리고 부활은 정점이다. 그는 시련과 시험을 어떻게 다루는지 본을 남겼다. 이제, 우리는 육신 가운데 사는 동안, 우리는 그와 함께 지속적으로 십자가에 못 박힌다. 하나님의 간섭하심에 순복하고 우리의 도움이신 성령의 은혜에 반응할 때, 우리의 자아는 (우리의 '나' 부분, 즉 "나는 원한다. 나는 소망한다. 나는 느낀다" 등) 죽임을 당한다. 십자가는 모든 것을 변화시킨다. 십자가는 우리 자신에 대해 균형 있는 이해를 갖게 한다. 우리가 죄에 빠지게 될까 피하기보다는 우리 개인의 자아들을 죽인다.

아들들로서, 우리의 뜻은 아버지의 뜻을 행하는 것이 우선이다. 아들은 아버지의 즐거움을 위하여 보내졌고 그와 서로 교통한다. 아버지는 아들과 독립적이지 않고 아들은 아버지로부터 독립적이지 않다. 이러한 상호교류가 없으면, 하나님 나라는 전진하지 못한다. 하나님은 또한 그 자신을 당신과 상호 신뢰하기로 결정하셨다. 아들이 되는 것은 의존하는 것을 의미하는 것은 아니며, 그렇다고 서로 독립적인 것을 의미하는 것 또한 아니다. 그것은 각자가 끊임없이 세워주고, 견고하게 하고, 덕을 세우고, 그리고 영화롭게 하는 것에 의해 이루어지는 지속적인 관계이다.

입증된 그릇

예수님은 완벽해질 필요가 없었다. 그는 죄가 없었지만 아들로서 시험을 받았다. 아들로서 그는 세상에게 아버지가 가지고 있는 모든 것을 주는 자(Giver)가 되기 위하여 받는 자(Receiver)가 되었다.

고난의 시기에 아들들은 종이었다. 아들로서의 권리를 포기함으로써 사람들을 죄의 권세 아래로 불러오며, 그것이 종의 생각구조였다. 이스라엘의 자녀들처럼, 우리는 이집트에서 구조되었고 노예의 속박으로부터 나오도록 부르심을 받았다. 우리는 약속의 유업을 받은 자들로 부르심을 받았다. 그러나 많은 사람들이 자신을 죽이는 것을 거절하였기 때문에 광야에서 죽었다. 우리의 영은 자유하게 되었으나, 우리의 혼은 여전히 노예로 남아있다. 노예의 사슬로부터 자유롭게 되었고 천사들의 음식을 먹었음에도 불구하고, 첫 번째 시험에서 히브리 노예들은 이집트의 양파와 부추를 먹고 싶어 이집트로 간절히 돌아가기를 원했다.

예수는 시험 받기 위해 광야에 있었다. 그는 우주에 있는 모든 권세를 받을 자격이 있다는 것을 충분히 알고 있었다. 마귀는 그에게 세상의 모든 나라들을 제시하였다. 그러나 아들은 그의 아버지를 기쁘게 하기 위해 거절했다. 예수는 그가 시험받는 고통을 통하여 그 자신을 증명하였다.

우리는 다음과 같은 증상에 쉽게 빠진다. "나는 여기서 죽고 있습니다. 하나님, 나는 말씀이 필요합니다. 하나님, 나는 예언이 필요합니다. 하나님, 나는 만나가 조금 필요합니다. 하나님 오셔서 기적을 베풀어 주세요." 이런 생각들은 노예들의 사고방식이다. 누가 그 입에 주님의 말씀을 가지고 있는 주의 종인가? 그런 사람은 바로 아들이다. 그런 사람이 바로 당신이다. 예수님은 처음에는 요단에서 세례를 받으시고, 성령의 권능으로 시험에서 빠져 나왔다. 그런 다음 무덤에서 장사되셨는데, 그 이후에 하늘의 권세를 그에게 위임하셨다.

많은 아들들을 이끌어 영광에 들어가게 함

예수님이 "다 이루었다"라고 부르짖었을 때, 그는 우리가 그의 영광의 나라에 들어가는 문을 열었다. 이 영광은 십자가에서 시작했으나 거기에서 끝나지 않았다. 우리가 그의 초대에 응할 때, 하나님은 우리를 기뻐하시며 무덤에서 아들을 일으켰던 동일한 성령의 능력으로 채워주시며 마침내, 우리는 영광의 아들이 되어간다. 우리는 그와 함께 십자가에 못 박혔고 장사되었고 그와 함께 살아나서 하늘의 처소로 들어갔다.

> 그는 허물과 죄로 죽었던 너희를 살리셨도다 그 때에 너희는 그 가운데서 행하여 이 세상 풍조를 따르고 공중의 권세 잡은 자를 따랐으니 곧 지금 불순종의 아들들 가운데서 역사하는 영이라 전에는 우리도 다 그 가운데서 우리 육체의 욕심을 따라 지내며 육체와 마음의 원하는 것을 하여 다른 이들과 같이 본질상 진노의 자녀이었더니 긍휼이 풍성하신 하나님이 우리를 사랑하신 그 큰 사랑을 인하여 허물로 죽은 우리를 그리스도와 함께 살리셨고 (너희는 은혜로 구원을 받은 것이라) 또 함께 일으키사 그리스도 예수 안에서 함께 하늘에 앉히시니(엡 2:1-6)

우리는 거기서 그와 함께 죽기 위해 십자가로 들어갔다. 우리가 살아나고 은혜에 들어가는 것은 그의 죽음을 통해서만 가능하다.

> 그러므로 우리가 믿음으로 의롭다 하심을 받았으니 우리 주 예수 그리스도로 말미암아 하나님과 화평을 누리자 또한 그로 말미암아 우리가 믿음으로 서 있는 이 은혜에 들어감을 얻었으며 하나님의 영광을 바라고 즐거워하느니라(롬 5:1-2)

죽을 육체에 사는 동안, 우리는 갈보리의 완성된 일에 거한다. 이것이 예수가 의도하였던 것이다. "누구든지 나를 따라오려거든 자기를 부인하고 자기 십자가를 지고 나를 따를 것이니라"(마 16:24).

그리스도는 "하나님의 영광의 광채시요 그 본체의 형상이시라 그의 능력의 말씀으로 만물을 붙드시며 죄를 정결하게 하는 일을 하시고 높은 곳에 계신 지극히 크신 이의 우편에 앉으셨느니라"(히 1:3). 마치 두 번째 언약이 첫 번째 언약보다 더 영광스러운 것처럼, 예수님은 영광의 측면에서 모세보다 더 위대하다. 왜냐하면 소와 염소의 피는 인간을 죄로부터 구원할 수 없고, 죄의식에서 새롭게 태어나게 할 수 없기 때문이다. 그는 예루살렘에 있는 그 산에서 승천하실 때 영광으로 들어가셨다(딤전 3:16 참조). 장차 그는 많은 아들들을 이끌어 영광으로 들어가게 하신다(히 2:10 참조). 만물이 그들을 볼 것을 고대하고 있다.

올라가는 것이 내려가는 것이다

예수님의 미션은 하늘의 영광을 버리고 우리 중 하나와 같이 되시기 위해 내려오신 것이었다. 영광의 왕이 아주 평범한 사람으로 오셨다. 그는 그가 창조한 천사들보다도 더 낮아지셨다. 그는 종의 신발을 신으시고 우리 중에서 걸으셨다.

> 그는 근본 하나님의 본체시나 하나님과 동등됨을 취할 것으로 여기지 아니하시고 오히려 자기를 비워 종의 형체를 가지사 사람들과 같이 되셨고 사람의 모양으로 나타나사 자기를 낮추시고 죽기까지 복종하셨으니 곧 십자가에 죽으심이라 이러므로 하나님이 그를 지극히 높여 모든 이름 위에 뛰어난 이름을 주사 하늘에 있는 자들과 땅에 있는 자들과 땅 아래에 있는 자들로 모든 무릎을 예수의 이름에 꿇게 하시고 모든 입으로 예수 그리스도를 주라 시인하여 하나님 아버지께 영광을 돌리게 하셨느니라(빌 2:6-9)

하나님 나라의 비즈니스에서, 올라가는 것은 내려가는 것이다. 영광으로 가는 길은 흙으로 내려가는 것이다. 나(마헤쉬)는 처음으로 성령에 충만하게 되었던 때를 기억한다. 나는 불로 타올랐다. 그때 하나님은 나에게 말씀하셨다. "내가 사명을 위해 너를 보낼 것이다. 너는 나의 사랑의 대사가 될 것이다." 나는 그 음성을 좋아했다. 나는 성령충만을 받기 전에는 중증 장애인들을 위한 주립 요양소에서 사역하고 있었다.

그때 나는 나이는 서른이지만, 정신연령으로는 두 살도 안 되는 '아이들'과 함께 하였다. 많은 이들이 스스로 용변을 볼 줄 몰랐으므로 나는 그들의 뒤를 깨끗이 씻어주는 일도 하였다.

자기 스스로를 아기로 여기는 서른 살 어른들의 뒤를 닦아주는 일을 해 본 적이 있는가? 그들은 자신들의 배설물을 나에게 칠하는 것을 아무렇지 않게 생각했다. 오히려 그들에게는 그것이 즐거운 놀이시간이었다.

"주님, 당신은 내가 얼마나 나쁜 냄새에 민감한지 알고 있습니다."

"그들을 사랑하라. 나는 아버지 없는 사람들의 아버지다. 나는 너에게 기름 부을 것이다. 너는 무조건 그들을 사랑하라."

내가 거기서 섬길 때, 나는 그들의 부모들이 그들과 함께 하고 싶어 하지 않는다는 것을 알았고 이들은 그런 의미에서 고아들이라는 것을 알았다. 부모들은 주정부의 보호관리에 그들을 넘긴 것이다. 이 아이들 중 몇은 부모를 다시는 못 보았다. 그러나 주님은 말씀하셨다. "그들을 사랑하라." 그것이 내가 한 것이었다. 그리고 심지어 그 나쁜 냄새도 내가 그 일을 그만두도록 영향을 주지 못했다.

성령님은 교만과 경쟁, 부러워함과 질시, 자기충족과 자기과시를 아주 싫어하신다. 그는 땅 위에 있는 육체에게 거하기를 원하신다. 그러나 그는 자기 자신으로 가득한 사람에게는 거할 수 없다. 그러므로 우리 안에 그의 내주하심을 준비하기 위해, 그는 우리를 비우고 그의 영광을 위한 방을 만들기 위해 우리를 낮추신다. 우리의 일은 종이 되는 것이다. 그의 일은 우리를 아들로 만드는 것이다. 그가 나를 고통 받는 작은 자들에게 그의 대사로 보내시는데, 왜 나는 그가 나를 고통 속에 보내시지 않을 거라 기대하는가? 많은 교회처럼 나는 빌립보서 3장 20-21절의 후반절 말씀처럼 살기를 원했었다. "우리의 시민권은 하늘에 있는지라." 그곳에서 "우리의 낮은 몸을 자기 영광의 몸의 형체와 같이 변하게 하신다." 그러나 거기에 이르기 위해서는, 나는 예수님이 하신 것처럼 동일하게 겸손함의 훈련을 통과해야 한다. 그곳에서 나는 하나님이 놀라운 기적들을 행하시는 것을 보았다. 그곳이 내가 그의 권능을 가지고 사역하도록 하나님이 기름 부으시기 시작한 바로 그 장소였다.

십자가 안에서

기독교인의 믿음은 소위 '종교'라 불리는 것과 달리 초자연적인 영역에서의 관계에 기초한다. 우리의 육신을 십자가에 못 박는 것은 단순히 죄를 짓지 않기 위해 우리 자신을 쳐서 훈련하는 것만을 의미하지 않는다. 그것은 우리 자신을 대신할 다른 사람의 생명을 받는 것을 의미한다. 이 대체를 통하여 우리는 하나님의 아들의 고통을 채우므로 완성된 것이 된다. 우리가 이전에 거하였던 곳에 그가 대신 우리 안에 사는 것이다.

그리스도를 죽은 자 가운데서 살리신 성령님이 아들들을 변형시키고 있다. 성령이 예수의 형상을 닮게 하고, 예수의 이미지로 옷 입히고, 우리 주위 세상에 표적과 기사를 통하여 그의 나라를 증거하는 권능을 나눠주신다. 기적들은 그들에게 "표적이 따른다"(막 16:20)는 말씀을 꼭 붙잡은 결과로 생기는 것이 아니다. 기적들은 하나님 나라가 임하기 시작했다는 사실을 증명하고 증거하는 것이다! 이 사실이, 단지 십자가를 보는 것에 머무는 것이 아니라, 우리를 십자가 안에 거하도록 한다.

피조물 중 어떤 것도, 천사들조차도, 갈보리가 주는 것처럼 그 뛰어난 위엄을 보여주지 못한다. 세상 어느 것도 예수님이 죽은 십자가보다 더 위대한 사랑, 완전한 계시, 권능의 승리는 없다. 십자가는 만물의 기준점(benchmark)이 되었다.

고대의 측량 기사들은 어떤 것을 고정시키는 기준점을 정으로 만들어 측량에 사용되는 수준척(leveling rod, 측량 시 사용하는 눈금 새겨진 막대기-역자 주)을 항상 동일한 장소에 정확히 위치하게 했다. 우리의 기준점인 십자가를 통하여, 우리는 선명하게 무엇이 굽었고 무엇이 곧은지를 안다. 십자가는 모든 잘못되었던 것의 끝이고, 바르게 만들어진 모든 것들의 시작이다. 19세기 찬송가 작사자인 패니 크로스비(Fanny Crosby)는 이 모든 것을 한 노래에 담았다.

> 예수님, 나를 십자가 가까이 머물게 하소서,
> 거기에는 보배로운 샘,
> 모두에게 자유를 주는, 치유의 강이
> 갈보리의 산으로부터 흐르게 하소서.

십자가 안에서, 십자가 안에서,
나의 영원한 영광이 되소서.
저 강 너머에서
내 사로잡힌 영혼이 안식을 찾을 때까지.

십자가 가까이 가게 하소서! 오 하나님의 어린양,
그 장관이 내 앞에 이르게 하소서.
그 십자가의 그늘이 나를 덮어
하루하루 걸어가도록 도우소서.[3]

심장의 권능

THE POWER OF THE CROSS
EPICENTER OF GLORY

5장

보혈과 영광

5장_BLOOD AND GLORY

보혈과 영광

그 젊은 영웅은, 전능하신 하나님이신 그 자신을,
강하고 담대함을 스스로 벗어버렸다.
그는 많은 이들 앞에서 용감하게 높은 교수대에 올랐다.
그때에 그는 인류를 해방시켰다.
그분이 나를 붙잡았을 때 나는 진동했다….
내가 사용된 것은 교수대였다.
나는 위대한 왕을 들어올렸다….[1]

† † †

"네가 잉태하여 아들을 낳을 것이요 그의 이름은 임마누엘이라 하라―하나님이 우리와 함께 하신다."²

그것이 시작이었다. 비록 나는 이 세상에서 어느 모로 보나 처녀였지만, 그럼에도 불구하고 그때에 나는 알고 있었다고 생각한다. 내 안에 있는 어떤 것이 증거하고 있었다. 그것은 마치 상반되지만 대립하지 않는 두개의 목소리가 이야기하고 있는 것 같았다. 하나는 기적 안에서 하나님의 영광의 경이로움으로 가득 찬 내 마음의 목소리였고, 다른 하나는 그 큰 소식이 궁극적으로 나와 나의 가족, 나의 태중의 아들에게 무엇을 의미하는지 아는 끔찍한 두려움이었다. 우리가 첫 아이를 주께 드리기 위해 성전에 데리고 갔을 때, 나이 많은 제사장 시므온의 반짝이던 그 눈빛을 나는 기억한다. 요셉의 계보에서 임마누엘이라는 이름은 없었는데도, 그 나이 든 제사장은 아기의 이름을 들었을 때 전혀 놀라지 않았다. 대신에 그는 아기의 평화로운 둥근 얼굴을 한동안 바라보고는 그에게 주셨던 예언의 말씀들이 성취되었다고 이야기해 주었다.

"이 아기는 이스라엘 중 많은 사람의 패하고 흥함을 위하여 세움을 입었고, 또한 비방을 받는 표적이 될 것이요"³

그런 다음 그는 나를 주목하여 보았고 내 마음은 혼란으로 또는 고통으로 나누어졌다. 그 나이 든 제사장은 어렵게 그 말씀들을 하는 것 같았고 매우 낮은 목소리였다. 그러나 그 말들은 바다에 폭풍과 같은 힘을 전달하고 있었다.

"진실로 칼이 네 자신의 영혼을 찌르듯 하리라."

그리고 나는 알았다.

그것은 이른 시기에 일어난 것을 계시해 준 것이 아니었다. 사실상 그것은 명백하게 마지막에 찾아 온 사건이었다. 바로 그 날은 엄청난 날이었다. 나는 지금도 기억하면 몸서리쳐지고 숨이 멈추는 것 같다. 어머니로서 자기 몸으로 낳은 아들의 고통을 기억하는 것이다.

"나의 아들! 나의 첫 소생. 내 눈의 아름다운 사과요 내 가슴의 최고의 기쁨인 나의 가장 사랑하는 자."

차라리 그것이 대신 나에게 일어났었다면, 비록 드물기는 해도 여자들도 역시 십자가에 못 박지 않는가? 나의 소망은, 어떤 면에서는, 그것이 오기 전에 다른 길이 있을 거라고 여전히 믿고 싶었다. 내 입술로 나는 그를 마지막으로 만졌다. 그 입술은 갓 난아기 때 부드러운 눈썹을 누른 것이었고, 어린아이 때 분주하게 움직이는 그의 손에 키스했던 것이고, 그리고 여린 턱수염으로 덮인 그의 뺨을 부볐던 그 입술이었다. 나의 아들이 아직 나의 아들로 남아 있었던 마지막 때는 그 두렵고 엄청난 일이 일어난 날이었다. 요한이 나를 부축해서 데려 갈 때에 내 입술은 그의 피로 묻어 있었다. 그의 생명의 마지막 생생한 자취의 냄새를 맡으며 나는 피로 젖은 나의 손바닥을 내 얼굴에 힘껏 눌렀다. 마치 어떻게 해서든지 내가 그 피로 그를 되살려 내게로 돌아오게 할 수 있을 것 같이, 마치 내가 그의 생명의 능력을 소유하여 그를 되돌아오게 할 수 있을 것 같이 말이다. 그의 생명이 완전히 끊어지기 전까지는 나는 그 장소를 떠나지 않았다. 그리고 그의 몸을 끌어내릴 수 있도록, 그를 집으로 데려갈 수 있도록 허락해 달라고 울부짖었다. 그는 마지막으로 나를 향해 말했다.

"어머니, 당신의 아들을 보세요."

요한은 이제 나의 아들이 되었다. 비록 나의 눈이 침침해지고, 이 세상에 더 이상 소망을 두지 않지만 나는 그의 돌봄을 받으며 살고 있다. 그가 부활하여 우리에게 다시 나타났을 때, 나는 그 무서운 날에 일어났던 모든 일들을 이해할 수 있었다. 나는 이제 그 모든 것들, 그 진리를 알고 있다. 그래서 다시 만날 날을 기다린다. 그가 옛날처럼 더 이상 나의 아들이 아님을 나는 알고 있다. 그는 그것을 훨씬 넘고, 그날은 모든 세계의 중심이었다. 비록 이 세상이 여전히 그의 적이기는 하지만.

어떻게 "십자가에 못 박아라!"라고 외칠 수 있단 말인가? 법정의 안뜰에서 그들의 외침이 울려 퍼질 때, 나는 눈앞이 캄캄하였다. 그는 아무것도 잘못한 것이 없었다. 단상 위 주변에는 군중들이 우리와 사형집행자 사이에 있었기에, 그는 나로부터 멀리 떨어져 있었다. 그는 이미 피를 많이 흘리고 있었다. 저녁

무렵 나의 어깨를 두드렸던, 또는 나에게 우유를 가져왔던, 또는 난로 청소 솔을 빼앗으며, "앉으세요, 어머니, 내가 마저 할게요"라고 부드럽게 말하며 나를 위하여 늘상 일을 끝내 주었던 그 손은, 이제 죄인을 묶는 줄로 묶여 있었다.

축제 이전에 그가 예루살렘으로 들어갔을 때 즐거운 환호성으로 환영을 받았던 이후로 나는 그를 보지 못했다. 천사가 그때 말한 것처럼, 그의 이름이 크게 될 것이라는 말이 어떻게 될지 나는 한동안 궁금했었다. 아마도 그가 로마 사람들을 쫓아 보내고 승리로 왕좌에 오를지 모른다고 생각했었다. 나의 아들, 이스라엘의 왕. 그는 때때로 우리의 이러한 진지한 생각을 큰 소리로 웃으면서, 그런 일은 없을 거라고 확신시켰지만 나는 우리 모두가 그런 생각들을 즐겼다고 생각한다. 그리고 그가 우리 백성을 "그의 나라"로 불렀을 때는 성급하게 그가 단지 랍비임에도 이미 왕이 된 것으로 생각했다. 나의 아들, 랍비.

심지어 그의 믿지 않는 동생들이 요셉과 그 형제들처럼 마침내 그에게 머리 숙여 인사를 했던 일이 있은지 얼마 되지 않아 그 끔찍한 일이 일어났다. 우리가 그의 기적들을 보았음에도 불구하고. 그러나 나의 아들은 진실로 기적을 행하는 자였다! 우리는 바람이 채찍질하는 언덕 위에 함께 서로 밀치며 서 있었다. 아침 희생번제 이후로 이미 나는 천 번이나 죽었을 것이다. 그때에는 더 이상 그를 알아볼 수 없었다. 그의 얼굴과 머리카락은 죽임을 당할 짐승의 것과 같았다. 그들이 우리 앞에서 십자가에 매달았을 때도 그는 아직 살아 있었다.

나는 '형언할 수 없는' 이라는 뜻이 무엇인지 안다. 피를 너무 많이 흘린 것에서 오는 경련과 함께 그의 눈꺼풀은 너무 많이 맞아서 눈을 거의 덮을 수 없었다. 우리를 따라오는 로마군의 부츠와 제사장들의 신발 바닥은 붉게 물들었다. 나는 그날 밤 그들이 신발들을 벗었을 때 그 사실을 발견했을지 궁금했다. 만약 그가 그렇게 강하지 않았다면 그렇게 오랫동안 고통을 견딜 수 없었을 것이다. 그는 목수의 아들이었다. 심지어 그의 몸은 쇼크가 덮쳤을 때에도 계속 경련을 하고 있었다. 그는 이 순간을 오랫동안 염두에 두었기 때문에 일단 고통이 시작되면 빨리 끝날 것이라고 생각했을 것이다.

그러나 내게는 끝나지 않았다. 이것은 극심한 두려움과 의심으로 생긴 아주 무서운 환상이기를 소망했다. 나는 그를 붙잡고 고문들이 그에게 남긴 상처들로부터 어떻게 회복될지 궁금해 했던 것을 기억한다. 그는 그의 어머니가 잘 알고 있던 그 얼굴을 다시 가질 수 있을까? 나는 할 수만 있으면 그를 다시 이전의 그로 돌릴 수 있기를 바랐다. 완전히 회복이 되지 않는다 해도 그를 간호하고, 적어도 그는 나와 함께 집에 있을 수 있지 않을까 생각했다. 비록 그들은, 나처럼, 우리의 눈으로 그것을 목격하기 전까지는 이해하지 못했지만, 그날 밤 그가 이야기한 대로 정확하게 그는 배신을 당했다고 요한은 나에게 말해주었다. 요한은 깨어있는 대신에 잠에 빠져있었다고 말했다. 그날에 나는 잠을 자지 못했었다. 분위기가 어떤 정점에 이르고 있다는 듯이 긴박하였다. 그러나 어느 누구도 그날이라고는 확신하지 못했다. 내가 알았다면, 우리 집에 온 여러 날 중 하루를 잡아 유다의 음식에 독을 넣었을 것이다. 그는 전혀 나를 조롱하지 않았다. 그때에는 나는 그가 어머니의 경고를 듣지 않고 있다고 단순히 생각했다.

"엘리 엘리 라마 사박다니?"[4]

그는 더 이상 땅과 연결이 되어 있지 않았다. 그리고 나는 더 이상 그의 어머니가 아니다. 상하여 검게 된 그의 삐져나온 갈비뼈들과 너무 많은 고문으로 찢어지고, 자신을 희생한 피로 붉게 염색된, 기도숄의 끝자락처럼 너덜너덜 걸려있는 그의 살은 우주 만물을 창조주에게로 이끌었다. 나의 아들은 많은 아들들을 그의 아버지에게로 이끌고 있었다. 우리가 어머니와 아들로서 함께 달렸던 짧은 경주는 이제 끝났다. 그들이 그에게 주었던 승리의 월계관은 가시로 만든 면류관이었고, 그는 그날 마치 젊은 영웅처럼 그것을 썼다. 그가 그의 경주를 끝냈을 때 갈채를 보냈어야만 했던 관중들의 격려는 오로지 비난으로 메아리쳤다. 그래도 그는 끝까지 달려갔다. 나의 아들, 위대한 영웅.

그러나 그는 나의 아들이 아니었다–그는 하나님께 속하였다. 그러나 또한 그는 이제 우리에게 속한다.

† † †

하나님의 영광은 그의 영광을 사람과 나누는 것이다. 인류를 위한 신성한 교환은 세상의 창조 이전에 이루어졌다. 그 완전의 시간에, 아버지는 이미 그의 마음에 당신을 조성하셨다. 그는 당신과 영원한 교제를 하도록 정하셨다. 미래의 죄의 도래는 하나님과 사람 사이의 교통함을 분리시켰고 그 치료책은 예수님의 피였다. 그는 당신을 이끌어 그의 생명을 주는 곳으로 이끌 계획을 만들었다. 이것이 우리 구원의 영광이다.

설명할 수 없는 하나님의 위대함에 대한 이 신령한 비밀은 위엄 있고 친밀하다. 아들은 당신이 미래에 받을 영광을 위해 인간의 육체와 피를 입을 것을 미리 결정하셨다. 사람의 목적과 부르심은 영광이다. 그것은 아버지 안에 있는 아들의 영광이다. 그것은 한 사람으로 성육신한 그리스도의 영광이다. 그리고 태초 전에 그가 가졌던 그 영광으로 돌아가는 그리스도의 영광이다. 예수님의 사명은 세상이 창조되기 이전에, 천사들 이전에, 하늘과 땅 이전에, 사람 이전에, 선과 악이 있기 전에, 죄 이전에, 분리 이전에, 이미 삼위일체 안에서 계획되었다.

그 이야기는 에덴의 그늘 안에서부터 펼쳐지고 있다. 그것은 계시로 시작된다. 영혼의 생명은 피 안에 있다. 하나님은 피 안에 있는 생명의 능력을 보여주실 때 처음 행동을 취하신다. 그들이 하나님과 분리되기 전, 남자와 여자는 위엄 있고, 무죄하고, 완전하고, 그리고 영광으로 옷 입고 있었다. 그들의 수치가 드러나고 벗은 것을 알았을 때 하나님은 아담과 이브를 가리기 위해 무죄한 생명을 희생하였다. 무죄한 피의 생명이 그들을 가리는 것으로 공급되었을 때, 가장 위대한 사랑의 이야기가 시작된다.

주님은 가인에게 말씀하셨다. "네 아우의 핏소리가 땅에서부터 내게 호소 하느니라"(창 4:10). 피는 목소리를 가지고 있다. 생명은 피 안에 있다(레 17:1 참조). 노아는 홍수에서 그의 가족이 구원 된 것을 감사하여 피의 희생제물을 드렸다. 숫양이 약속의 아들인 이삭의 생명을 대신하였다. 인류 역사가 시작된 이래, 생명을 대신하는 피와, 영광이라고 불리는 하나님의 임재 사이에는 급진적인 연결고리가 있다. 피는 길을 만든다. 피의 대속은 성막(Tabernacle) 예배의 중심이었다. 회막(tent of meeting)에 하나님의 임재의 구름이 머물렀다. 그는 솔로몬 성전의 완성, 봉헌과 함께 더 영구한 집으로 옮겼다. 카보드(chavod), 즉 무거운 임재가 제사장들이 영광 가운데 쓰러질 정도의 능력으로 내려왔다.

> 솔로몬이 기도를 마치매 불이 하늘에서부터 내려와서 그 번제물과 제물들을 사르고 여호와의 영광이 그 성전에 가득하니 여호와의 영광이 여호와의 전에 가득하므로 제사장들이 여호와의 전으로 능히 들어가지 못하였고(대하 7:1-2)

하나님과 사람의 관계는 계속적으로 내려가 마침내 그는 육신에 나타나시고 갈보리로 행군을 시작하기까지 이어진다. 영광 이야기의 다음 장은 우리의 대제사장이신 예수님이 "다 이루었다!"라고 부르짖을 때가 절정이었다. 그것은 대속이 영원히, 모두를 위해 성취되었다는 것을 의미한다. 피를 통한 그리스도의 중보는 성령님을 보내어 우리를 찾게 하셨다. 그는 우리 마음 문을 두드리고 우리를 집으로 이끌기 위하여 그리스도를 계시하신다. 그것은 보통 놀라운 방문으로, 또는 적어도 우리에게 그의 길을 보여주신다. 때때로 그 방문은 그가 기회로 사용하는 고통, 또는 두려운 상황의 한 가운데서 일어난다. 그 고통 중에 그는 우리를 찾으러 오신다.

그러나 그것은 그 이야기의 끝이 아니다. 하늘의 왕자는 아버지에게로 올라가신다. 하늘 궁정에서 예수님은 그의 피 아래로 피신한 모든 사람들을 위한 중보기도의 제사장적 사역을 시작하신다. 이 시점에서 거룩한 은혜의 샘으로부터 성령은 부어지고 교회의 출산 예정 시점에 맞춰 성령은 예루살렘에 내려왔다. 불의 혀와 황홀한 임재 안에서, 새로 태어난 독생자의 새 신부는 하늘의 옷들로 감싸진 것처럼 성령으로 옷 입혀졌다. 이것이 교회의 결혼 예식 전에 치루는 정결의식(mikva)이다.

영광의 옷인 성령님은 첫 번째 언약 아래 있을 때처럼 외부에만 있는 것이 아니라, 이제 교회의 마음에까지 들어간다. 이것은 교회가 세상의 빛이 되었다는 것을 의미한다. 교회를 통해, 세상은 곧 오실 왕에 대한 지식을 받을 것이다. 성령은 하나님 아버지가 약속하신 것에 대한 보증이고, 성령은 그리스도의 신랑 서약에 대한 증표이다. "나의 아버지의 집에는 많은 저택들이 있다. 너희를 위하여 처소를 준비하러 간다. 나 있는 곳에 너희도 있게 하려고 다시 올 것이다"(요 14장 참조).

인간 영혼에게 생명이 확실히 보장되는 영광의 진원지는 어린양의 피이다. 여기가 사랑의 최종 목적지이다. 그것이 사람들과 천사들에 의해 불려야 할 영원한 노래이다. 신부와 신랑의 노래, 어린양의 노래.

피가 말한다

이스라엘로 가는 '기도여행'(Watchman Tour, 매년 한 번씩 이스라엘을 여행하면서 예배를 드리는 마헤쉬 차브다 미니스트리의 행사-역자 주) 동안, 우리는 모리(Morrie)와 그의 가족을 알게 되는 특권을 누렸다. 모리는 이란인 회교도 권에서 성장하였다. 2001년 모리의 사업은 조사를 받게 되고, 그 압력으로 그는 파산에 이르기 직전이었다. 감옥에 가게 될 불안이 다가오자, 그는 부르짖었다. "하나님, 당신이 거기에 계시다면 나를 데려가시든지 또는 통과하게 하시든지 둘 중의 하나를 해 주세요." 깊고 실제적이고 초월적인 평화가 마치 그를 둘러 덮는 것처럼 감쌌다. 그 임재감은 삼일동안 그에게 머물렀다.

그것이 모리에게 시작이었다. 그는 그리스도를 영접하였고, 도전들과 실패들 속에서도 동일하게 기적들이 뒤따랐고 놀라운 구원과 간증들이 생겨났다. 오늘날 그는 그의 동포들에게 복음을 전파하고 있다. 그의 이야기를 들을 때 시험들과 고난을 통하여 그를 이끌었던 초월적인 평강의 기류는 효과적으로 역사하시는 예수의 피였음을-모리가 그것을 알기도 전에 그를 위하여 있었던-깨닫는다. 그 평화는 하나님이 기뻐하시는 장소인 갈보리에 내려졌다. "그의 십자가의 피로 화평을 이루사 만물 곧 땅에 있는 것들이나 하늘에 있는 것들이 그로 말미암아 자기와 화목하게 되기를 기뻐하심이라"(골 1:20).

정하신 시간에, 하나님은 모리에게 은총을 베풀었고, 그 피는, 하늘의 보좌로부터 그를 위하여 말씀하시면서, 어둠을 파쇄하였다. 성령은 그리스도를 계시하러 내려왔고, 모리를 이끌어 양자로 삼았다. 보혈은 죄 위에 그은 하나님의 선과 같다. 하나님은 히브리인들에게 죄 없는 피가 심판 대신에 하나님의 임재를 이끄는 능력이라는 사실을 알려주었다. 하나님은 위대한 에너지를 발하여 이스라엘을 이집트의 노예살이로부터 구원하였다. 그 에너지는 그의 백성들을 노예 신분에서 해방했다. 유월절의 피는 모든 가정집에 뿌려졌으며 온 가족들, 온 부족들이 보호를 받았다. 그 신성한 법령은 지구와 하늘, 하나님과 예수님의 사람 사이의 교제를 다시 확립하였다. 거룩한 분은 순결한 피에 반응하신다. 피는 거룩한 성령을 위하여 길을 만든다.

이집트가 심판 재앙을 받을 때, 유월절 피가 두 공동체 사이에 급진적인 차이를 만들었다. 하나는 피가 보이도록 문설주에 뿌렸고, 다른 하나는 우상들을 붙잡았다. 그것은 한쪽에는 생명이 있었고, 다른 쪽에는 죽음이 있었다는 것을 의미하였다. 하나님은 이스라엘 국가를 통째로 바다에서 세례를 주셨고, 노예 신분에서 구해내어 약속의 땅으로 인도하셔서 영광의 구름으로 덮으셨다. 이집트에서 이스라엘을 위하여 하신 일을, 하나님은 동일하게 그리스도 안에 있는 모든 사람들을 위하여 한다. 그것이 갈보리의 영광이다.

죽음으로부터 피신

레위기에 나오는 제사장들은 성전에서 섬기는 일을 위하여 성별의식을 행할 때, 희생제물의 피를 성전으로 가져왔다. 제사장들은 희생제물의 머리 위에 안수하며 그들 자신의 죄와 사람들의 죄를 전가했다.

> 너는 수송아지를 회막 앞으로 끌어오고 아론과 그의 아들들은 그 송아지 머리에 안수할지며 너는 회막 문 여호와 앞에서 그 송아지를 잡고 그 피를 네 손가락으로 제단 뿔들에 바르고 그 피 전부를 제단 밑에 쏟을지며(출 29:10-12)

히브리어에서 공의(justice)와 피흘림(bloodshed)은 동일하게 발음한다.[5] 공의(justice)는 히브리어로 mishpat, 그리고 피흘림(bloodshed)은 히브리어로 mispach이다.

히브리인들에게 하나님이 주셨던 언어는 피 흘리는 것이 언급될 때마다, '공의'란 단어가 또한 발음된다. 또는 공의가 불릴 때마다, 피 흘려야 하는 필요성이 그 단어에서 메아리친다. 피가 말하기를, "그러므로 이제 그리스도 예수 안에 있는 자에게는 결코 정죄함이 없나니"(롬 8:1)라고 선포한다.

성경에서 '영광'이 처음 언급된 것은, 야곱이 아들들에게 그들의 운명에 대하여 이야기할 때이다. "내 혼아 그들의 모의에 상관하지 말지어다 내 영광아 그들의 집회에 참여하지 말지어다 그들이 그들의 분노대로 사람을 죽이고 그들의 혈기대로 소의 발목 힘줄을 끊었음이로다"(창 49:6). 야곱의 '영광'은 그의 세대와 이후 세대 중에서 이름이 높임을 받는 것이다. 하나님의 영광도 이와 같다. 그는 그의 이름을 계시하시고 그의 성품을 나타내시기 위해 그의 영광을 보여주셨다. 그는 완전히 거룩하시기 때문에 그의 영광을 거룩하지 않거나 불의한 것과 나누지 않기 위하여, 곧 그의 이름을 위하여 최선을 다하신다. 영광, 보혈, 그리고 사람들 사이의 연합은 서로 얽혀있다. 영광과 교제하게 하는 유일한 것은 피, 곧 예수님의 순결한 피다. 피는 지속적인 교통을 이루고 깨뜨려질 수 없는 연합으로 이끈다.

우리의 부르심을 회복하기 위해서는 아담을 통하여 인류에 들어온 죄를 효과적으로 그리고 영원토록—영적으로, 법적으로, 구속적으로, 그리고 관계적으로—충분히 다루어야만 했다. 완전한 구원을 위한 계획은 창세 이전에 하늘에서 확정되었다. 아버지가 당신을 마음에 두고 있었을 때, 아들은 사명을 성취하기 위해 자원하였고, 성령은 "내가 당신과 함께 가겠다"라고 말했다. 오, 당신의 보혈! 오, 당신의 영광! 어린양이 세상 모든 죄를 위하여 죽임을 당하셨다. 얼마나 놀라운 사랑인가! 얼마나 큰 희생인가! 얼마나 큰 영광인가! 얼마나 큰 능력인가!

피 안에 권능이 있다

그리스도가 죄인이 되었을 때, 교환이 일어났다. 우리 죄가 그리스도에게 주입되자, 그 결과로 우리는 그리스도 안에 있는 풍성하고 영원한 생명을 받았다. 비유로 효소 활동을 생각해 볼 수 있다. 효소는 종종 화학물질이 옷에 묻은 것을 깨끗하게 하는데, 효소가 옷에 투입

되면, 효소들은 분자들을 둘러싸서 저항요소들이 없어질 때까지 활동한다. 그 활동의 최종 부산물은-산소, 즉 생명의 숨(breath of life)이다. 우리는 이 그림을 그리스도 안에서 우리에게 주어지는 칭의(justification), 즉 하나님으로부터 '의롭다'고 여김을 받는 것에 비유할 수 있다. 영광의 왕이 하신 구원 사역은 아주 효력이 있어서 기본 입자들조차도 어린양의 영광과 성령의 영광을 반영한다!

보혈이 그 사명을 다 이루었을 때, 우리는 생명의 숨, 즉 성령을 받는다. 이것은 당신이 예수를 구세주로 영접할 때 완전히 일어났다. 역사하고 있는 보혈의 권능은 현재에도 날마다 지속되는 실재다. 로마서는 성령 안에서 생활하는 것을 말하며, 성령이 육신의 일들을 죽이는 것에 대하여 말한다(롬 8:13 참조). 옛사람, 곧 모든 사람이 태어날 때 죄 때문에 주어지는 타락한 본성은 십자가 위의 그리스도 안에서 사형되었다. 그를 대신하여 성령의 사역으로 말미암아 하나님의 형상을 따라서 새 피조물이 조성되어 간다. 당신이 성령에 의해 인도될 때, 변형시키시는 역사가 당신 안에서 지속적으로 일어난다. 하나님은 위대한 신비에 참여하는 자로서 우리 중 어느 누구도 육신을 따라 행함으로 생명을 옛 본성에게 주는 것을 금한다.

믿음의 대제사장은 날마다 우리를 위하여 하나님 아버지 앞에서 섬기고 있다. 아버지는 우리를 위한 그리스도의 사역을 완성하기 위하여 우리 마음에 성령을 보내셨다. 하나님의 심장과 마음의 깊은 곳을 아시는 성령은, 당신 안에 거주하시는 하나님 그분 자신이다. 그는 당신을 친밀하게 아신다. 그는 하나님의 뜻을 따라서 우리 각자를 위해 중보하신다. 성령은 그리스도의 몸을 세운다. 그는 아들을 위한 신부를 예비한다. 우리는 그의 동일한 이미지로 영광에서 영광으로 변형되고 있다.

보혈로 덮다

> 너는 다른 숫양을 택하고 아론과 그 아들들은 그 숫양의 머리 위에 안수할지며 너는 그 숫양을 잡고 그것의 피를 가져다가 아론의 오른쪽 귓부리와 그의 아들들의 오른쪽 귓부리에 바르고 그 오른손 엄지와 오른발 엄지에 바르고 그 피를 제단 주위에 뿌리고 제단 위의 피와 관유를 가져다가 아론과 그의 옷과 그의 아들들과 그의 아들들의 옷에 뿌리라 그와 그의 옷과 그의 아들들과 그의 아들들의 옷이 거룩하리라(출 29:19-21)

첫 제사장의 옷은 성도들에게 주어지는 영적인 옷을 의미하는 그림자들이다. 우리는 머리부터 발까지 덮혀 있다! 처음에는 피에 의해, 그 다음에는 성령으로. 피는 당신의 영적인 귀를 열어 하나님의 음성을 들을 수 있게 한다. 당신의 손은 신성한 권세와 능력에까지 연결되는 그리스도의 손이 된다. 당신의 발은 거룩하게 되었고, 그의 피를 통한 화평을 말하는 복음을 가지고 나가도록 준비되었다. 예수는 우리의 대제사장이고 우리는 아론의 제사장직을 가졌다는 면에서 그의 '아들들'이다. 십자가는 그의 피를 받는 모든 사람에게 옷 입혀지듯 성령이 부어지도록 하였다. 높은 곳으로부터의 옷 입힘은 부활 때에 우리의 몸이 어떨지를 미리 알게 한다.

> 만일 땅에 있는 우리의 장막 집이 무너지면 하나님께서 지으신 집 곧 손으로 지은 것이 아니요 하늘에 있는 영원한 집이 우리에게 있는 줄 아느니라 참으로 우리가 여기 있어 탄식하며 하늘로부터 오는 우리 처소로 덧입기를 간절히 사모하노라 이렇게 입음은 우리가 벗은 자들로 발견되지 않으려 함이라(고후 5:1-3)

피는 마치 유월절 동안 각 집의 문설주에 발라진 것처럼, 제사장의 귓불과 엄지손가락, 그리고 엄지발가락에 칠해졌다. 피는 모든 것을 변화시키고 우리를 완전하게 하나님께 보여준다. 성령은 그 피 위에 거하시고 우리는 그와 함께 교제한다. 예수의 피는 오늘날에도 신선하다. 우리가 그의 임재를 느낄 때, 그의 기적들을 볼 때, 이러한 영광이 우리에게 가능하게 된 것은 갈보리에서 완성된 사역이 우주적인 변화를 가져왔기 때문이라는 것을 안다. 예수님이 말씀하셨다. "너는 권능을 받을 것이다." 증거자가 되고, 증인이 되고, 그의 구원의 역사에 대한 간증이 되는 권능이 이 땅에 나타난다. 하나님의 아들들에게 주어지는 권능이다.

모든 상황 가운데서, 시간 시간마다, 당신에게 말하는 피의 권능과 피의 귀한 존재를 새롭게 배우라(히 12:24 참조). 우리는 피로 덮여졌고 영광의 구름 속에 잠겼다. 바리새인의 회칠한 무덤처럼 페인트로 칠해진 것이 아니라, 그리스도의 죽음과 장사 속에서 깨끗이 씻겨졌고, 새 피조물이 되었다. 단순히 성령의 구름에 의해 둘러싸인 것이 아니라, 더 능력 있고 친밀하며, 영광의 구름과 불기둥이 이스라엘의 진영 위에 임하였던 때보다 더 잘 보이고 더 임재하는, 그분이 우리에게 채워진 것이다!

영광으로 옷 입혀지다

> 너는 아론의 아들들을 위하여 속옷을 만들며 그들을 위하여 띠를 만들며 그들을 위하여 관을 만들어 영화롭고 아름답게 하되 너는 그것들로 네 형 아론과 그와 함께 한 그의 아들들에게 입히고 그들에게 기름을 부어 위임하고 거룩하게 하여 그들이 제사장 직분을 내게 행하게 할지며(출 28:40-41)

나(보니)는 예루살렘에 있는 통곡의 벽(Kotel)을 방문하였다가 돌아오고 있었다. 나의 시선은 내 앞에 있는 젊은 청년의 칫칫(tzittzi, 유대인의 기도숄의 모서리에 드리워진 천으로 만들 줄)에 모아졌다. 그 줄들은 매우 아름다웠다. 진하고 깊은 청색 줄이 흰색의 줄과 엮어졌는데, 그중 한 가닥이 유별나게 길었고, 그것은 청년이 길을 오르고 있을 때, 말 그대로 바람에 춤을 추고 있었다. 그 줄들은 이야기를 하는 듯했다. 나는 복음서에 나오는 질병에 오랫동안 붙잡혀 있던 한 여인이 생각났다. 나는 이천 년 전에 예수 주위에서 서로 밀고 밀치는 군중들 틈에서 그녀를 볼 수 있었다. 그녀는 손을 뻗었고, 그녀의 손가락 끝이 예수가 두르고 있었던 탈리트(tallit, 유대인이 기도할 때 걸치는 겉옷-역자 주)에 달린 줄 가운데 하나를 가까스로 잡을 수 있었다. 그녀의 손가락들이 그가 입고 있는 옷의 가장자리에 연결된 그 한 가닥의 줄 끝을 단단히 잡고 있었을 때, 예수님은 문자 그대로 누군가의 삶이 그 줄에 의해 매달려 있음을, 그 누군가에게로 신성한 능력이 나간 것을 느꼈다. 그녀의 믿음이 그의 영광의 줄에 연결되었고 그것은 그녀를 완전하게 치료하였다. 그 여인이 예수님의 몸을 잡았다는 것은 당시 유대인의 관습을 어기는 것이었다. 그러나 그녀는 그의 옷자락을 만졌다.

> 이에 열두 해를 혈루증으로 앓는 중에 아무에게도 고침을 받지 못하던 여자가 예수의 뒤로 와서 그의 옷 가에 손을 대니 혈루증이 즉시 그쳤더라 예수께서 이르시되 내게 손을 댄 자가 누구냐 하시니 다 아니라 할 때에 베드로가 이르되 주여 무리가 밀려들어 미나이다 예수께서 이르시되 내게 손을 댄 자가 있도다 이는 내게서 능력이 나간 줄 앎이로다 하신대 여자가 스스로 숨기지 못할 줄 알고 떨며 나아와 엎드리어 그 손 댄 이유와 곧 나은 것을 모든 사람 앞에서 말하니 예수께서 이르시되 딸아 네 믿음이 너를 구원하였으니 평안히 가라 하시더라(눅 8:43-48)

유대교의 신비주의 교사들이 쓴 글이 있다. "계명을 지키는 사람은 하나님의 임재를 붙잡는 것이다. 이것이 칫칫(tzittzit, 기도숄에 달린 청색 줄-역자 주)의 의미이다."[6]

예수님은 칫칫이 달린 탈리트를 입는 것에 관하여 말씀하신다. "그들의 모든 행위를 사람에게 보이고자 하나니 곧 그 경문 띠를 넓게 하며 옷술을 길게 하고"(마 23:5). 예수님은 이 계명을 지키면서 탈리트를 입었다는 것을 생각할 수 있다. "너희는 너희가 입는 겉옷의 네 귀에 술을 만들지니라"(신 22:12). 이 구절에서 술은 '영광, 또는 용모, 명예에서 뛰어나게 하다'7란 단어와 비슷한 어원을 가지고 있다. 마가복음 6장 56절을 번역하면, "그들은 그에게 그의 옷에 달린 칫칫이라도 만지게 해달라고 애걸하였고, 그것을 만졌던 모든 사람들은 고쳐졌다."8로 해석된다.

교사들은 하나님 영광의 상징으로서 칫칫을 보았고, 신성한 생명의 끈들이 주님의 임재와 연결된 것으로 이해했다. 히브리말에서, 옷 입는 것(covering), 옷자락(edge of a garment), 날개(wings)와 영광(glory)은 같은 어원이다.9 옷자락은 칫칫과 연결된 부분이다.

다니엘 7장 9절과 시편 104편 2절에 의하면 하나님은 그 자신을 빛으로 두르신다. 그것은 주님을 둘러싸고 있는 영광을 묘사한다. 탈리트를 입는 것은 주님의 말씀을, 그의 계명들을, 그의 의를, 그의 능력과 권세를 옷 입는 것이다 이 모든 것들은 그의 '카스말(chasmal)', 즉 보좌로부터 나오는 빛으로서 하늘의 조명(illumination)을 의미한다.10

기도와 탈리트에 매달린, 네 개의 매듭으로 된 술을 입고 있는 사람에게 이 의미를 기억하게 한다. 그러나 치료하는 능력이 나오게 한 것은 그 옷자락이 아니라, 그 옷을 입고 있던 그분, 즉 예수님의 영광이었다.

영광의 주님은 화려한 트럼펫 연주와 함께 으르렁거리는 천둥소리와 번개로 시내산 위에 임하셨고, 광야를 흔들고 큰 바위를 잘게 부수는 것을 보여주셨다. 모세를 시내산의 쉐키나(shekinah) 영광으로 올라오도록 부르셨을 때, 하나님은 모세를 그의 빛과 생명의 옷으로 덮으셨다. 모세 주위로 산들이 두려워 떠는 동안 모세는 외쳤다. "영광을 내게 보여주소서!" 하나님은 바위 절벽에 그를 숨기고 그의 손으로 그를 덮었다. "네가 내 얼굴을 보지 못하리니 나를 보고 살 자가 없음이니라"(출 33:20)고 하나님은 대답하셨다. 하나님은 사람들이 나사렛 사람의 얼굴에서 그의 영광을 보는 그날을 가리키고 있는 것이다. 영광은 모세의 전 존재를 촉촉하게 적시고 그가 사람들에게 내려왔을 때 그의 얼굴에서 빛이 나게 했다.

시내산의 영광은 회막(Tent of Meeting)으로 내려왔다. 그는 보석으로 박힌 옷들을 그의 사역자들에게 입히고 화목제(hattat-offering, 정결하게 하는 제사로서)[11]로부터 온 희생제물의 피를 가지고 그들에게 뿌렸다. 그런 다음 그는 향기 나는 기름을 그들에게 바르고 그의 영광으로 그 회막을 가득 채웠다.

하늘의 영광

이스라엘 사람들이 입는 옷들은 그들과 하늘과의 관계를 기억나게 하는 것들이다. 칫칫과 기도숄의 옷자락 위에 있는 청색 줄은 하나님이 모세에게 명령하신 것이다.

> 이스라엘 자손에게 명령하여 대대로 그들의 옷단[coverings] 귀[wings]에 술[tzittzit]을 만들고 청색 끈을 그 귀의 술에 더하라 이 술은 너희가 보고 여호와의 모든 계명을 기억하여 준행하고…(민 15:38-39)

청색 줄은 샤마쉬(shamash), 즉 히브리어로 '종'을 의미하고, 또한 색깔로서 '왕'을 의미한다. 그 종의 줄은 유일하신 주님을 의미하는 이름인 아도나이 에하드(Adonai Echad)를 의미하는 처음과 마지막 글자의 숫자적인 의미를 담고 있는 다른 줄에 싸여있다. 칫칫(tzittzit)과 에하드(echad)의 의미를 담고 있는 숫자는 '613'이다. 이것은 모세의 율법서에 있는 계명들의 숫자와 같다. 입고 있는 사람이 그 달린 술들을 볼 때 그것들은 그의 마음에 계명들을 사랑하고 그 말씀에 순종하는 마음이 일어나게 한다(요 14:15 참조).

마치 그리스도가 아버지의 독생자로서 사람들 중에 보이기 위해 보내진 것처럼 그 청색 줄은 사람들의 시선을 끌도록 주어진 것이다. 우리가 영광을 볼 수 있도록 예수님은 육신이 되었고 사람들 중에 거하셨다. 예수님은 청색 줄, 즉 하나님이 가장 사랑하는 분(Darling of Heaven)이고, 인류라는 천에 함께 엮어져 짜였다. 그리하여 우리는 하나님에게 연결되어 그의 영광을 나누게 하였다. 스가랴는 열방들이 보게 될, 기도숄을 입은 사람들이 하나님의 임재를 구하는 그날에 대하여 예언했다.

> 만군의 여호와가 이와 같이 말하노라 그 날에는 말이 다른 이방 백성 열 명이 유다 사람 하나의 옷자락을 잡을 것이라 곧 잡고 말하기를 하나님이 너희와 함께 하심을 들었나니 우리가 너희와 함께 가려 하노라 하리라 하시니라(슥 8:23)

영광 중에 오시는 그리스도의 마지막 때에 관한 이미지는 그가 피에 젖은 옷을 입고 전능의 구름을 타고 오신다는 이미지이다.

> 또 내가 하늘이 열린 것을 보니 보라 백마와 그것을 탄 자가 있으니 그 이름은 충신과 진실이라 그가 공의로 심판하며 싸우더라 그 눈은 불꽃 같고 그 머리에는 많은 관들이 있고 또 이름 쓴 것 하나가 있으니 자기 밖에 아는 자가 없고 또 그가 피 뿌린 옷을 입었는데(NIV성경은 피로 흠뻑 젖은 옷으로 번역함-역자 주) 그 이름은 하나님의 말씀이라 칭하더라(계 19:11-13)

성령과 영광을 상징하는 그의 옷은(covering)은, 그의 피에 담가졌다. 여기서 사용된 옷에 해당하는 그리스어는 탈리트를 지시하는 단어와 같다. 그러므로 피와 영광, 그리스도와 성령은 한 분이다. 그리스도는 지금도 계시며, 지구 위에서 영광 중에 하나님의 뜻을 이루기 위해 크신 능력과 구원 계획 안에서 일하고 있다.

모든 영광 위에

성막은 이 세상에 사는 인간의 삶을 대표한다. 성막 안에 있는 증거궤에는 만나, 아론의 싹난 지팡이, 그리고 십계명을 담고 있다. 솔로몬의 성전 안에 있던 증거궤에는 오직 십계명만이 남아 있었다. 성막은 부활하신 후 우리 안에 계신 그리스도를 상징하고, 우리의 존재가 마지막에는 완전히 그와 동일한 영광으로 옷 입혀질 것을 상징한다. 에베소서는 이 옷을 이제 마귀의 궤계를 능히 대적하는 전신갑주로 표현하고 있다(엡 6:11 참조).

가장 깊은 내부로부터 외부에 이르기까지 성막을 둘러싸고 있는 덮개가 여러 겹이 있는데, 그것은 하나님과 교통하고 있는 사람의 모습이다. 네 개의 덮개는 각각 베로 짜인 것, 염소의 털, 붉게 염색된 양털, 그리고 기름 발라진 오소리 가죽으로 만들어졌다. 가장 안쪽의 덮개는 가는 베로 직조되었다. 이것은 예수의 의로운 성격과 성도들의 의로운 행위를 상징한다. "주께서 이르시되 그 날 후로는 그들과 맺을 언약이 이것이라 하시고 내 법을 그들의 마음에 두고 그들의 생각에 기록하리라"(히 10:16).

초자연적인 변형은 그리스도를 마음에 모셔 들일 때 일어난다. 언약궤 주위에 있는 커텐들은 순백색의 천 위에 청색, 자색, 홍색실로 두 천사(cherubim)의 모습이 수놓아져 있다. 그곳은 하나님의 거주하시는 장소로서 구원받은 영혼 안에 있는 하나님의 영광을 대표한다. 그 덮개는 교통하심 가운데 함께 직조된 하나님의 영광과 순수한 마음의 영광을 묘사한다. 에스겔은 성막의 영광을 빗대어 믿는 자들에게 주시는 영광을 이렇게 말한다. "수 놓은 옷을 입히고 물돼지 가죽신을 신기고 가는 베로 두르고 모시로 덧입히고"(겔 16:10).

가는 베 위에 염소 털로 된 덮개를 덮는다. 염소들의 검정색 털은 아가서의 술람미 여인을 연상시킨다. "예루살렘 딸들아 내가 비록 검으나 아름다우니 게달의 장막 같을지라도 솔로몬의 휘장과도 같구나"(아 1:5).

게달의 장막은 이방인들에게 속한 것이다. 초기의 그리스도를 찾았던 사람 중 몇은 이방인의 왕들로서 별을 따라서 베들레헴까지 따라왔다. 술람미 여인의 게달 장막은 그녀의 영혼과 대조를 이루며, 케난(Kenite) 사람들의 텐트처럼 검고, 고대의 전형적인 남자의 모습을 대표한다. 또한 왕실 텐트로서 그리스도의 본질을 나타내고, 그 안에서 왕이 그들의 동방 관습을 따라 신부를 맞이하는 곳이다. 우리가 지닌 '염소'와 같은 성향은 그리스도가 속죄 염소가 되어 죄로부터 우리를 자유하게 했을 때 다루어졌다.

술람미 여인은 그녀가 결혼식을 위해 옷을 단장함같이 아름답게 단장되었다.

> 내가 여호와로 말미암아 크게 기뻐하며 내 영혼이 나의 하나님으로 말미암아 즐거워하리니 이는 그가 구원의 옷을 내게 입히시며 공의의 겉옷을 내게 더하심이 신랑이 사모를 쓰며 신부가 자기 보석으로 단장함같게 하셨음이라(사 61:10)

술람미 여인이 단장하는 것과 같이 아름다운 그리스도의 본질이 우리에게 주어진 것이다. 그 본질은 우리를 그와 연합하도록 준비시키는 그의 피를 통하여 믿는 사람들에게 주어진다.

　보혈은 하나님의 임재가 내려오도록 길을 만들며 우리를 안으로부터 밖으로 변형시킨다. 염소 털로 만든 덮개 위에 붉게 물들인 양의 가죽들이 놓인다. 그것은 피로 덮인 것을 상징한다. 그것으로 인해 영광이 서로 섞여 짜이는 것이 가능하게 된다. 믿는 자들의 마음에 있는 보혈에 대한 끊임없는 간증이 성령의 임재가 지속되는 것을 가능하게 한다. 피와 영광이 서로 뒤섞이는 것은 신부와 신랑 모두에게 속한다. "…이는 큰 환난에서 나오는 자들인데 어린양의 피에 그 옷을 씻어 희게 하였느니라"(계 7:14), 그리고 "또 그가 피 뿌린 옷을 입었는데 그 이름은 하나님의 말씀이라 칭하더라"(계 19:13).

　성막을 덮는 마지막 덮개는 기름 발라진 오소리 가죽들로 만들어졌다. 손상되는 것을 방지하기 위해 기름으로 방수처리 되었기 때문에, 그 가죽들은 안쪽에 있는 덮개들의 아름다움과 영광을 보호하였다. 기름은 하나님의 영에 의해 인도함을 받는 모든 사람에게 지속적으로 공급되는 기름 부으심을 상징한다. 성령의 기름 부음은 매시간 실재 능력이 당신에게 부어진다. 당신은 하나님의 생각들을 생각할 수 있다. 당신은 하나님의 관점으로 매일의 상황들에 어떻게 접근할 지에 대한 이해를 할 수 있다. 당신은 초월적인 지혜를 가질 수 있다. 당신은 그의 음성을 듣고 당신 앞에 놓여있는 것을 성취하게 하는 성령의 권능 안에서 생활할 수 있다. 당신은 매일 자연적이나 초월적으로, 초월적이나 자연적인 삶을 살 수 있다. "이는 힘으로 되지 아니하며 능력으로 되지 아니하고 오직 나의 영으로 되느니라"(슥 4:6).

그의 안식으로 들어가라

우리들의 영혼을 사랑하시는 분은 매일 그의 도시에서, 성문에서 지키신다. 그는 우리가 들어가서 그의 그늘에서 앉아 쉬기를 고대하신다. 그는 그의 손으로 우리를 먹이시기를 간절히 원하신다. 그는 십자가에서 세상의 무게를 짊어지셨고 그의 임재는 그의 강하심 가운데 우리를 높이실 준비가 되어 있다. 그는 거기서 얻을 승리의 즐거움을 위하여 십자가에 올라가셨다. 사랑, 돌보심, 휴식, 공급, 강인함, 즐거움은 우리 각 사람에게 주시는 그의 은사들이다. 그가 원하시는 것은 당신이다. 당신이 그의 것이 되게 하라.

군중들이 예수님의 주위에서 모두 밀치고 있는 중에, 그의 옷자락에 나오는 한 줄의 영광을 잡았던 혈루병을 앓던 여인의 이야기처럼, 당신이 그의 옷에 손을 대면, 그는 당신에게 돌아서서 그의 모든 권능을 그의 생명과 함께 당신에게 가득 채워주실 것이다. 이것은 마치 해피엔딩으로 끝나는 이야기와 같다. 당신의 주이신 예수님과 함께 있으면, 당신은 '친구를 위한 말'이란 뜻의 이름을 가진 모압 여인 룻이 된다.

룻에 대한 이야기로 돌아가 보자.

그때는 수확하는 철이었다. 빵의 집(베들레헴은 히브리어로 '빵의 집'이란 뜻이다-역자 주)에는 기근이 끝났다. 룻의 시어머니인 나오미는, 룻과 마찬가지로 과부로서, 고향땅 베들레헴으로 가고 있었다. 시어머니의 역경에도 불구하고, 며느리 룻은 함께 가고 있다. 어떻게 나오미를 떠나 혼자 고향으로 갈 수 있겠는가?

그들이 나오미의 고향에 도착했을 때에는 그들이 입고 있는 옷 외에는 가진 것이 아무것도 없었고 그들을 돌봐줄 사람은 아무도 없었다. 그러나 룻은 도움의 손길을 찾지 않았다. 룻은 이웃 집 들에 추수 후 남은 이삭을 줍기 위해 일하러 나갔다. 그러나 주님은 이 장면 뒤에 모든 것을 준비하고 계셨다. 점심이 되었을 때, 그들의 주인, 보아스라고 불리는 의로운 사람은 룻을 발견하였고, 와서 점심을 먹으라고 불렀다. 룻의 좋은 평판을 이미 들었던 보아스는 일군들에게 일러 많은 이삭들을 주울 수 있도록 남겨두라고 특별한 지시를 내렸다.

보리 추수할 시간이 왔다 가고, 밀 추수할 시간도 그렇게 왔다 갔다. 그 시즌의 마지막에는 항상 큰 축제행사가 있었다. 나오미가 말했다. "애야, 옷을 차려입고 다른 사람들과 함께 무도회에 내려가라." 사실 나오미는 룻에게 보아스가 룻을 취할 수 있다는 것을 알게 하라고 조언한 것이다. 룻은 그녀가 조언한 대로 했다. 자정쯤이 되어서, 보아스는 잠깐 동안 누워 잠을 자고 있었다. 그리고 룻은 그가 있는 곳에 누웠다. 그렇게 하는 것은 그 당시에는 아주 대담한 행동이었다. 그 행동은 룻의 좋은 평판을 나쁘게 할지도 몰랐다. 그러나 그녀는 하나님을 신뢰했다. 새벽이 가까워졌을 때, 보아스는 깨어서 룻이 곁에 있는 것을 발견했다! 그는 빈손으로 룻을 집에 보내지 않았으며 그녀에게 약속을 했다.

이 이야기는 신데렐라 이야기와 같이 해피엔딩으로 끝난다. 저택, 유산, 가족과 자녀들, 그리고 당신이 상상할 수 있는 모든 좋은 것들. 그러나 그것조차도 그 이야기의 끝이 아니다. 드러난 것처럼, 하나님은 룻을 지켜보고 계셨다. 그녀가 어려운 시간에 넘어지기 전에, 주님은 다른 끝을 마음에 두고 있었다. 그녀의 새 남편은 아주 특별한 가족의 가장이었다. 그들이 결혼한 후 일 년 뒤, 룻은 아들을 낳았다. 그 소년은 자라서 이스라엘의 왕인 다윗의 할아버지가 되었다. 누가 룻의 부르심이 그렇게 잘 계획된 것이었다고 생각했겠는가?

그녀의 이야기는 당신의 것이다. 예수님은 당신의 보아스이다. 나오미는 우리를 영적인 유산으로 인도하는 성령님을 상징한다. 당신이 남자이든 여자이든 관계없이, 이 이야기는 당신의 구원에 관한 이야기다. 하나님이 당신의 삶을 위하여 그의 마음에 품고 있는 선하신 이야기다.

또한 이 이야기는 이 땅에서의 수확철에 관한 것이다. 그의 일군들은 들판으로 나아가고 있고, 그는 당신이 그 일군들에 동참하기를 기다리고 계신다. 그는 항상 당신의 유익을 위하여 그의 눈을 당신에 두고 계신다. 나오미가 한 조언을 기억하라. "그의 발밑에 누워서 아침이 되기까지 기다려라. 그는 네가 무엇을 해야 할지 말해줄 것이다." 그는 당신을 빈손으로 보내지 않을 것이다. 그는 당신이 아는 것보다 더 좋은 계획을 가지고 있다. 당신의 손을 뻗어라. 그러면 그는 창고에서 각종 좋은 것들로 당신의 손을 채울 것이다.

룻이 보아스에게 무슨 말을 했는지 기억하는가? "당신의 옷자락을 펴 당신의 여종을 덮으소서"(룻 3:9 참조). 이것이 당신의 이야기다. 당신은 보혈의 값진 것으로 사신 바 되었고 완전한 기업을 받았다. 성령님은 당신의 잉태치 못함을 해결하기 위해 오셨다. 그는 마치 결혼식 덮개(wedding canopy)처럼 그의 날개를 펼치시고 그의 그늘에서 앉아 쉬도록 초청한다. 당신은 그의 영광의 구름 안에서 쉬고, 그는 당신에게 약속한 모든 것을 행하실 것이다.

십자가의 권능

THE POWER OF THE CROSS
EPICENTER OF GLORY

6장

전투에 임하시는 하나님의 영광

6장_GLORY IN BATTLE

전투에 임하시는 하나님의 영광

그러나 열심 있는 자들이 멀리서 그 고귀한 분에게 왔다.
거기서 전능하신 하나님을 심한 고문 형틀에서 일으켰다.
그들은 온몸이 지친 분을 거기에 눕히고,
그의 머리 발치에 서서 하늘의 군주를 바라보았다.
엄청난 싸움으로 인해 찢어진 채로, 그는 거기에 누워있었다.
그런 후 사람들이 밝은 돌을 조각하여 만든 무덤에,
거기에 승리의 왕을 안치하였다.
그런 후 그를 위하여 저녁이 되기까지 슬픈 노래를 불렀다.
이제 그들은 그 위대한 군주를 거기에 두고
깊은 슬픔을 가지고 다시 떠났다.
그는 거기에 누워 계셨다. 작은 무리와 함께.[1]

† † †

　우리는 실라(Silas) 삼촌의 쉬바(shiva, 친족이 죽은 후 애도하는 유대인 관습-역자 주)를 오늘 끝냈다. 두 번째 쉬바였다. 우리는 그가 죽지 않았다는 것을 알기 때문에 첫 번째 때만큼 그렇게 슬퍼하지는 않았다. 그는 단지 수명을 다한 후 잠시 동안 잠자고 있는 것뿐이다. 나는 삼촌이 지금처럼 새해가 시작되기 바로 직전에 잠들었다는 것이 우연은 아니라고 확신한다. 관습에 따라 애도하는 기간은 칠일이 아니라 하루다. 하루면 이웃들이 가져다 준 '애도의 음식'을 먹는데 충분하다. 몇몇 사람의 눈은 작은 눈물로 반짝거렸다. 죽기 전 그는 더 이상 기다릴 수 없다고 말했었다. 그래서 우리는 그의 건강을 위하여 축배를 들었고, 그와 함께 즐거워하면서, 웃음 때문에 우리 자신들은 거의 죽을 지경이었다. 전에는, 그렇게 하면 비난을 받았을 것이다.

　나는 그를 장사지냈을 당시의 처음 분위기를 기억한다. 그것은 삶과 죽음의 차이였다. 그는 당시 젊었고 아직 결혼하지 않았다. 우리는 이 두 번째 애도기간이 이전과 다른 것에 놀랐다! 실라 때문에 모든 것이 달라졌다. 거의 모든 것에 있어 달라졌다. 이제 우리는 안다. 메시아가 다스리는 이 세상의 실체를, 우리 눈으로 본 바 되었고, 우리 손으로 만진 바 되었다. 잠시 동안 있는 이 세상은 앞으로 올 세상과 비교할 때 한밤의 한숨과 같은 것임을 안다.

　실라 아저씨는 지진이 일어난 직후 집들 사이에서 지그재그로 비틀거리며 우리에게 나타났다. 지금도 그것을 생각하면 나는 크게 웃음이 난다. 사람들은 두려움에 헐떡이며 달리고 있었다. 거기에 그가 있었다. 우리에게로 걸어왔으며, 수의를 벗어 던지려고 애를 썼지만 어느 누구도 감히 도와주려 하지 않았다. 죽은 사람이 걸어오고 있는 것을 만진다고? 누가 그런 일을 본 적이 있는가? 도시는 이미 나사렛 인이 십자가에 못 박힌 것으로 한동안 시끄러웠었다. 그의 제자들은 어디론가 사라져 숨어버렸다.

　실라가 얼굴에 있는 천들을 다 걷어내자마자 그는 웃기 시작했다. 그가 태어나고, 살았다가, 너무 이른 나이에 죽었지만, 그러나 아직까지 우리들 귓가에 메아리치던 그 동일한 호탕한 웃음소리였다. 하나님을 경외하는 자였던 그는 작은 일에까지 계명들을 지키는 일에 열심이 많았었다. 성전에 가고, 정결예식을 치루고, 십일조를 내고, 그리고 재물을 가난한 자들에게 나눠주곤 했다. 무거운 짐을 들어야 하는 일이 있을 때면 누구보다 도와주는 일에 빨랐다. 때때로 화를 낼 때도 사람들은 그가 화를 자제하도록 부드럽게 누그러뜨리기 위해 해야 할 일이 별로 없었다. 채무자들은 축제를 하는 동안 부채가 깨끗하게 정리되리라는 것을 알았다. 왜냐하면 그는 이웃의 힘든 일들을 하면서 그것을 보충하였기 때문이다. 나는 그를 사랑했다.

그의 형인 우리 아버지는 그 당시 삼촌의 심한 고통을 위로하기 위해 할 수 있는 일이 별로 없었다. 이웃집의 지붕 밑 약해진 곳을 수리해 주는 동안 벽이 삼촌에게 무너져 내렸다. 뇌사 상태에 빠진 그의 몸은 죽는 날까지 점점 더 야위어갔다. 모든 사람이 기도하였고 나는 내가 금식하면 아마도 하나님이 그를 다시 깨울 것이라는 소망으로, 그의 부러진 손을 붙잡고 기도하였다. 지난 해 홍수가 났을 때 수렁과 같은 구덩이에서 이웃집 황소를 들어 올렸던 나의 삼촌이, 작별인사도 없이, 잠자는 듯이 무기력하게 거기에 그렇게 누워있다는 것이 믿기지 않았다. 그는 천하장사였다. 아버지는 내가 하루 또는 이틀 동안 그렇게 먹지 않고 그의 곁에서 기도하는 것을 허락지 않았다.

나는 삼촌이 비틀거리며 우리 집으로 걸어 왔을 때 즉각 그를 알아보았다. 문설주에 움츠리고 서서 무슨 일이 막 일어났는지 궁금해 하고 있었다. 송장이 거리로 걸어오는 것을 본 사람들이 소리치기 시작했다. 나는 즉각적으로 참을성 없이 천들을 찢어 버리고 있는 손이 청동을 굽힐 수 있을 정도의 강한 손이었지만, 내 손을 그렇게 부드럽게 잡아주었던 삼촌의 손임을 알았다. 아홉 살의 작은 소녀가 길을 달려가서는 살아 있는 송장을 껴안는 것을 상상해 보라. 깨끗하든, 깨끗하지 않든 상관없었다. 나는 온 힘을 다해 그를 껴안았다. 삼촌 실라가 살아난 것이다!

우리는 그에게 무슨 일이 일어났는지 묻고 또 물었다. 저녁에 회당에서, 또는 그가 담장 수리를 끝내거나 문틀 위에 빗장을 올려놓는 동안, 아이들은 그를 찾아서 이야기를 더 자세히 얘기해 줄 것을 졸라대었다.

"의로운 자는 죽지 않는다"는 확신으로 번쩍이는 그의 얼굴과 힘든 일로 인해 다시 강인해진 근육이 그것을 말하고 있었다. 그는 쾅쾅대는 천둥소리가 조용하게 우리 영혼들 깊숙이 박히게 하는 눈으로 우리를 바라보곤 했다. 나의 머리카락은 놀라움과 기쁨이 섞여서 꼿꼿이 서곤 했다. 그는 살아있는 증거였다.

"우리가 거기에 있었지, 아주 많은 사람들이 거기 있었단다." 그는 다시 그의 일을 하면서 말했다. "내가 셀 수 있는 것보다도 훨씬 더 많은 사람들이었지. 거기에는 큰 구덩이가 있었고, 우리는 다른 편에 있는 사람들의 울부짖는 소리를 들을 수 있었어." 그림자가 그의 눈썹을 가로질렀다. 그는 마음이 차갑고 큰 기도소리 때문에 보통 사람들에게 미움을 받았던 사두개인에 대해서도 들려주었다. 그 못된 친구가 말하는 자선은 어느 누군가 실수로 지불이행 각서에 서명을 하면, 그 값의 열배 이자를 부과하는 것이 자선이었다. "이제 그에게 심하게 하려고 생각지 마라." 실라 삼촌이 말했다. 연민의 눈물이 그의 두 눈에서 흘렀고, 그는 그것을 숨기려고 하지 않았다. "그의 징수자는 그보다 더 무자비하였단다." 이것이 그를 잠시 침묵하게 했다. 이것이 실라가 무덤에서 썩고 있을 것이라고 우리 모두가 생각할 동안, 그가 목격한 것 중 일부였다.

"그곳에서 우리를 묶고 있던 권세들은 갑자기 하나님의 존전 앞에서 사라졌어. 그리고 그 권세에 억눌렸던 우리는 즉시로 풀려났단다. 아브라함, 모세, 그리고 나머지 사람들이 그분이 오고 있다고 계속 말해주었단다. 우리의 조상들이 출애굽했을 때보다 더 큰 구원으로 우리를 이끌어 낼 것이라고 말해주었어." 때때로 그는 슬픔으로 이야기를 멈추었다. "그러나 나머지 사람들은," 그는 말했다. "저기 건너에 있는 사람들은…."

축제의 포도주가 넘쳐흐를 때 그는 한 번도 화를 내지 않았다. 그리고 그의 결혼식 날에 포도주가 넘쳤다! 한번 죽었던 실라 삼촌은 아름다운 아내를 얻었고, 아들들과 딸들을 가졌다. 어떤 이웃들은 여전히 이 모든 일이 속임수라고 주장하고 있다. 실라는 정오 대낮의 태양의 빛조차 그날에 본 스올(sheol, 죽은 후 가는 지하세계, 여기서는 천국을 의미함-역자 주)에서 비추는 빛에 비교하면 어둠과 같다고 말했다. 그리고 죽음은 그 전사(the Warrior, 즉 예수님의 십자가에서의 전투를 의미하며 그 전사는 예수님을 의미함-역자 주)가 쳐들어왔을 때 사로잡혔다고 말했다.

저 건너편의 어둠속에 남겨져 있던 사람들을 향한 슬픔도 실라가 일단 메시아에 대하여 묘사하기 시작하자 사라졌다. "그의 머리는 번개와 같이 번쩍거렸단다. 눈은 지옥의 불꽃보다도 더 뜨겁고, 더 밝았다. 그는 사랑으로 불타오르고 있는 불꽃이었단다. 옷은 우리 무덤까지도 삼켜버릴 정도로 소용돌이치듯 그를 감싸고 있었어." 실라 삼촌은 눈을 감고 대화의 주제를 돌렸다. "새해를 알리던 만개의 나팔소리와 여리고가 무너졌을 때 외쳤던 이스라엘 사람들의 외치는 소리는 오히려 아주 작은 소리였단다!" 눈을 다시 뜨고는 "그러고는 갑자기 내가 여기 있게 된 거야. 마치 하루의 일과를 끝내고 집으로 돌아오는 것처럼 먼지 날리는 거리에 비틀거리며 나타난 거지."

장로들은 실라 삼촌이 회당 앞에 서서 모든 일들을 다시 말하게 했다. 회중들은 환성을 지르며 갈채를 보냈다. 그러나 어떤 유대인들은 우리를 미워했다. 그들은 베드로와 나머지 믿는 사람들이 그 나사렛 사람을 반역과 불경죄로 처형하기 전에 빼돌렸다는 음모론을 주장하였다. 그러나 그는 오랫동안 우리가 기다려왔던 바로 그분이었다.

"죽음을 두려워하거나 죽은 사람을 장사하는 사람들을 두려워 마라." 실라 삼촌이 나에게 말했다. "그 의로운 분은 마지막에 웃었단다! 그분은 모든 것을 끝냈단다! 모든 것을 우리를 위해 짊어지셨단다."

† † †

성경의 저자들은 천사들과 마귀들의 영적세계가 병행하여 존재하며 그들은 우리가 거주하고 있는 물질적 세계에 영향을 주는 것을 알고 있었다. 우리가 눈으로 보고, 손으로 만지는 모든 것은 일시적인 것이고, 영원한 것이 아니다. 그러나 "보이지 않는 것은 영원하다"(고후

4:18). 그러나 당신이 그 세계를 볼 수만 있다면 그것이 당신을 변화시킬 것이다. 당신이 자연적인 감각으로 지각할 수 없는 영적인 세계는 분명히 있고 그것이 참 실체들이다. 이것이 당신의 영적인 감각을 개발해야 하는 중요한 이유이다.

우리가 감지하지 못하지만 실제적이고, 영원하고, 영적인 두 나라가 있다. 하나는 빛, 생명, 그리고 사랑이 존재하는 곳이다. 그 나라는 영광의 왕에 의해 의로움으로 다스려지는 나라다. 다른 나라는 어둠, 사악함, 죄, 그리고 죽음이 다스리는 나라다. 그 나라는 지속적으로 압제하고 속이는 자에 의해 지배되고 있다.

이 두 나라를 다스리는 통치자들은 서로 원수지간이다. 서로 절대로 화해할 수 없는 전쟁을 치르고 있다. 통치자들 중 한 분은 모든 것을 다스리시는 전지전능하신 하나님이다. 그의 대적은 단지 타락한 천사에 불과하다. 사탄은 "대적하는 자" 또는 "적"이란 뜻이다. 이 영적인 충돌이 모든 인류에게 영향을 준다. 지구는 전쟁터이고, 대적은 공격하고, 기독교인은 하나님의 영적인 빛의 전사들이다. 우리는 하늘에 계신 우리 아버지를 인정하며, 그의 나라가 이 땅 위에 임하도록 기도하면서, 그리고 악의 권세들을 대적하면서 살아가고 있다. 그 모습은 예수님이 제자들에게 이렇게 기도하라고 하면서 가르쳐 주셨던 주기도문에서 찾아볼 수 있다.

> 그러므로 너희는 이렇게 기도하라 하늘에 계신 우리 아버지여 이름이 거룩히 여김을 받으시오며 나라가 임하시오며 뜻이 하늘에서 이루어진

것 같이 땅에서도 이루어지이다 오늘 우리에게 일용할 양식을 주시옵고 우리가 우리에게 죄 지은 자를 사하여 준 것 같이 우리 죄를 사하여 주시옵고 우리를 시험에 들게 하지 마시옵고 다만 악에서 구하시옵소서 나라와 권세와 영광이 아버지께 영원히 있사옵나이다 아멘(마 6:9-13)

이 기도문이 영적전투를 위한 궁극적인 기도문이다.

성경은 우리의 씨름은 피와 육신을 가지고 있는 사람들에 대한 것이 아니라, 여러 차원에서 권세를 가지고 다스리는 영들과, 현 세계의 어둠을 지배하는 세상주관자들과, 하늘에 있는 악의 영들에게 대적하는 것임을 말하고 있다(엡 6:12 참조). 그 전쟁은 우리가 사탄의 영들에 대항하여 싸우는 전쟁이다. 성령은 매번 우리가 승리하도록 우리를 준비시키고 무장시키신다.

어떤 저자가 기록하고 있듯이 고대의 사람들은 이 전쟁을 더 잘 인식하고 있었다.

하늘이 고대 세계에 낮게 드리워져 있다. 하늘과 땅 사이에 있는 고속도로에는 교통량이 증가하였다. 하나님과 영들은 하늘 위에서 충만히 거주하고 있었고, 그들은 인간세계의 일들에 언제든지 관여할 준비가 되어 있었다. 그리고 지하 세계로부터, 또는 지구의 한쪽 구석진 곳에서, 일어난 마귀의 군대들은, 인간 번영을 대적하여 지속적으로 위협하고 있다. 모든 자연 세계는 홀로 존재하는 것 같지만 실은 초월적인 영적 세력들과 함께 존재하고 있다.[2]

하나님의 승리 계획은 십자가와 부활에서 나타난다. 그 승리는 다른 모든 것들을 포함한다. 사탄에 대한 그리스도의 승리는 네 개의 연속적인 단계를 보여주고 있다. 그 정복은 창세기 3장 15절에 예견되어 있다. "그[그리스도]는 네[사탄의] 머리를 상하게 할 것이요." 그 정복은 예수님의 지구상에서 행하시는 사역, 즉 그가 마귀들을 쫓아내고 병든 자를 고치실 때 시작되었다. 그 정복은 그가 십자가에서 고통을 당할 때 성취되었다. "자녀들은 혈과 육에 속하였으매 그도 또한 같은 모양으로 혈과 육을 함께 지니심은 죽음을 통하여 죽음의 세력을 잡은 자 곧 마귀를 멸하시며"(히 2:14-15). 그리고 그 정복은 무덤에서 부활하신 후에 다시 확인되고 선포되었다.

예수님이 십자가에 달렸을 때, 그는 어둠의 권세자들의 무기와 권세를 무장해제하여 약탈하고, 가면을 벗겨 그들의 정체가 드러나게 하셨고, 우주 만물이 보는 앞에서 완전히 치욕 속에 패배하게 했다. 십자가는 대적이 우리를 대적하여 송사하는 모든 법적 주장에 대하여 못 박았다.

> [그리스도는] 우리를 거스르고 불리하게 하는 법조문으로 쓴 증서를 지우시고 제하여 버리사 십자가에 못 박으시고 통치자들과 권세들을 무력화하여 드러내어 구경거리로 삼으시고 십자가로 그들을 이기셨느니라(골 2:14-15)

사람들이 마귀들과 씨름하는 것에 초점을 맞추면, 그들은 영적전쟁에서 필요로 하는 전략을 보지 못한다. 거룩한 천사들뿐만 아니라 모든 어둠의 영들도 모두 사탄의 압제가 십자가에서 풀어지는 것을 목격했다. 이 세상이 직면하고 있는 전쟁은 사탄이 아직 그리스도가 이미 이룬 승리를 인정하지 않기 때문이다.

그리스도는 무덤에서 처음 일어난 분이요, 그의 몸인 교회의 머리시다. 우리 모두는 그에게 참예한 자가 되었다. 우리는 아들들로서 입양되었고 그의 피조물들을 관리하는 청지기가 되었다. 우리는 이 땅에서 그의 대사들이다. 그의 나라가 확장되는 기본적인 방식은 병고침(healing)과 귀신이 떠나는(deliverance)것과 같은 기적들이 동반되는 복음의 전파(preaching of the Gospel)이다.

> 제자들이 나가 두루 전파할새 주께서 함께 역사하사 그 따르는 표적으로 말씀을 확실히 증언하시니라(막 16:20)

영광은 전쟁을 위한 것

나(마헤쉬)는 아프리카에서 태어나고 자랐다. 나는 차보(Tsavo)라는 곳에서 백마일 떨어진 곳에서 살았다. 그 지역은 두 마리의 거대한 사자들이 무려 구 개월 동안 백 삼십 여명의 사람들을 죽인 것으로 악명이 높은 곳이다. 영화 '고스트 앤 다크니스'(The Ghost and the Darkness)의 배경이 된 곳으로 이는 두 사람이 사자들을 추적하여 죽였던 실화를 바탕으로 만들어졌다. 십대에 나는 차보 근처에서 사냥을 한 적이 있다. 그 지역은 여전히 사자들이 거주하고 있어서, 내 친구와 나는 항상 아프리카인 가이드를 데리고 갔다. 밤새도록 불이 꺼지지 않도록 관리하는 것이 그의 일이었다. 그 빛이 강둑에 있는 사자들로부터 우리를 보호해 준다. 그러나 한번은 우리 안내자가 잠이 들어서 불이 꺼져버렸다! 그날 밤 한밤중에 무엇인가 나의 얼굴을 때리는 것으로 인해 나는 놀라서 잠이 깨었다. 그것은 마치 몽치로 나의 턱을 때린 것과 같은 느낌이었다. 놀라서 옷을 입으려고 할 때 나는 뼛속까지 두렵게 하는 소리를 들었다. 그것은 사자가 바로 내 텐트 밖에서 먹이를 찾으면서 으르렁거리는 소리였다. 얼굴을 쳤던 것은 그 사자의 힘센 꼬리였다.

사자들이 땅을 향하여 울부짖으면 땅은 말 그대로 사자의 울음소리에 진동한다. 그 소리는 심지어 수 마일에까지 도달한다. 내 텐트밖에 있던 사자의 소리는 땅을 흔들었고, 나의 텐트도 마찬가지로 흔들었고, 그리고 나의 간을 흔들었다. 나는 즉각 알아차렸다-사자다! 나의 심장은 거의 폭발할 지경이었다. 사자다! 사자다! 그리고 나의 신장이 반응했다. 그래서 나는 즉시로 갈아입을 속옷이 필요했다. 사자가 바로 당신 옆에서 울부짖으면, 당신 몸 안의 모든 기관과 세포들은 두려움과 떨림에 사로잡히게 될 것이다. 이와 같이 예수의 이름이 선포될 때 마귀의 나라는 두려움과 떨림으로 흔들린다. 예수는 유다 지파의 사자이다(계 5:5 참조). 예수님이 말씀하셨다. "주의 성령이 내게 임하셨으니…눌린 자를 자유롭게 하고"(눅 4:18).

> 그들은 사자처럼 소리를 내시는 여호와를 따를 것이라 여호와께서 소리를 내시면 자손들이 서쪽에서부터 떨며 오되 그들은 애굽에서부터 새 같이, 앗수르에서부터 비둘기 같이 떨며 오리니 내가 그들을 그들의 집에 머물게 하리라 나 여호와의 말이니라(호 11:10-11)

보니와 나는 그 차보의 식인사자가 전시되어 있는 것을 보기 위해 시카고 필드 박물관(Chicago Field Museum)을 방문한 적이 있다. 원래의 가죽이 총상으로 인해 많이 손실이 되었기에, 그 두 사자들은 살아 있는 모습으로 복원되기 위해 많은 부분들이 축소되었다. 우리가 그 전시된 것 앞에 섰을 때, 나는 질문했다. "이것이 그토록 많은 사람들을 두렵게 했던 것인가?" 그들은 우리가 들었던, 죽음과 파괴를 몰고 온 실체라고 하지만, 심한 두려움에 사로잡히게 하는 그런 모습이 전혀 아니었다. 이 현상은 예수님이 권세를 가지고 왔을 때 이사야가 타락한 천사 루시퍼를 설명할 때 사용된 말들을 생각나게 한다. "너를 보는 이가 주목하여 너를 자세히 살펴보며 말하기를 이 사람이 땅을 진동시키며 열국을 놀라게 하던 자가 아니냐?"(사 14:16).

유다 지파의 사자는 보좌에 앉아 계신다.

> 모든 통치와 권세와 능력과 주권과 이 세상뿐 아니라 오는 세상에 일컫는 모든 이름 위에 뛰어나게 하시고(엡 1:21)

영광은 승리를 위한 것

많은 사람들이 예수님은 '평화의 왕(Prince of Peace)'이기 때문에 그는 평화주의자라고 생각한다. 그러나 그는 자신을 용사(Man of War), 만군의 여호와(God of angel armies), 여호와의 군대장관(Captain of the Hosts)으로 부른다(출 15:3; 삼상 1:3; 수 5:14 참조). 성경의 마지막 책에는 큰 전쟁을 묘사하고 있고, 예수님은 성령의 권세를 가지고 말을 타고 이 땅에서 승리하는 왕으로서 묘사하고 있다. 그는 활로 무장하였고 면류관을 쓰고, 그가 진행해 가는 곳마다 "이기고 또 이기는" 것으로 묘사되어 있다(계 6:2). 시편 45편에는 즐거움의 왕으로 묘사되었다.

> 용사여 칼을 허리에 차고 왕의 영화와 위엄을 입으소서 왕은 진리와 온유와 공의를 위하여 왕의 위엄을 세우시고 병거에 오르소서 왕의 오른손이 왕에게 놀라운 일을 가르치리이다 왕의 화살은 날카로워 왕의 원수의 염통을 뚫으니 만민이 왕의 앞에 엎드러지는도다 하나님이여 주의 보좌는 영원하며 주의 나라의 규는 공평한 규이니이다 왕은 정의를 사랑하고 악을 미워하시니 그러므로 하나님 곧 왕의 하나님이 즐거움의 기름을 왕에게 부어 왕의 동료보다 뛰어나게 하셨나이다(시 45:3-7)

그는 죽임을 당한 어린양이다. 그는 승리의 왕이다. 십자가는 그가 격렬한 전투를 통해 이긴 피의 증거이고, 영광의 승리이다.

우리가 십자가의 그늘 아래 들어갈 때, 그는 전쟁을 위해 우리에게 기름 부으시는 분이다. 피에 뒤덮인 분은 죽었다가 살아나셔서, 우리의 전투에서 그의 승리를 위해, 우리에게 권세와 능력, 그리고 영적 무기들로 무장시킨다. 우리는 영적 전투에 관한 몇 가지 실제적인 것들을 배웠다.

1. 승리가 확정되었으나, 사탄은 패배를 인정하지 않고 있다

이 말은 그리스도 안에 있는 우리의 승리가 '이미 이루어진 것(already)'과 '아직 이루어지지 않은 것(not yet)' 사이에 있는 긴장을 잘 표현하고 있다. 예수님의 지구상에서의 사역 기간 동안, 그는 병자들을 고치고, 귀신들을 쫓아내고, 그리고 기적의 일들을 하도록 제자들을 보내셨다. 그들이 돌아와서 보고하였다. "심지어 마귀들이 당신의 이름으로 우리에게 복종하였나이다!" 예수께서 대답하셨다. "사탄이 하늘로부터 번개 같이 떨어지는 것을 내가 보았노라 내가 너희에게 뱀과 전갈을 밟으며 원수의 모든 능력을 제어할 권능을 주었으니 너희를 해칠 자가 결코 없으리라"(눅 10:17-19 참조). 병고침과 귀신을 내어 쫓는 기적들은 이 지구상에 하나님 나라가 임하신 것을 나타낸다. 그리고 모든 죄인의 회심은 가장 중요한 영적 승리이다.

우리가 진행하는 사역자 학교에서는 '보물찾기(treasure hunt)'를 행하고 있다. 우리는 팀을 이루어 상가 지역으로 가서 사람들에게 기도하고 복음을 전한다. 우리가 찾는 보물은 상한 심령들과 잃어버린 영혼들이다. 나가기 전에, 팀들은 기도하며 주님이 그들에게 말씀하시는 것이 무엇인지 구하는 시간을 가진다. 한번은 팀원 중에 차드(Chad)라는 사람이 있었는데 그는 성령에 인도되어 한 서점에 갔다. 그는 어떤 젊은이가 서점 직원에게 초자연적인(supernatural) 것과 관련된 책이 있는 곳이 어디인지 묻는 것을 들었다. 차드는 그 남자를 따라갔고 그에게 무엇을 찾고 있는지 물었다. "사탄 성경"이라고 그 남자가 말했다. 차드는 이 남자가 그날 저녁 하나님이 찾고 계신 보물임을 알았다.

차드는 어둠의 권세는 참된 영적 권능의 모조품일 뿐이라고 간단하게 설명했다. 그는 십자가와 그리스도의 승리에 관하여 나눈 후 그 사람과 함께 기도하였다. 차드가 말하기를, "그를 위해 기도하였을 때 아무런 느낌도 없었습니다. 그러나 주님이 진리를 찾고 있는 이 남자에게 나를 인도하셨다는 것을 알았습니다." 후에, 차드와 그 팀은 잠깐 주차장에 있었다. 차드가 그가 만난 사람에 관하여 나누고 있을 때, 그들은 바로 그 사람이 차 앞으로 지나가는 것을 보게 되었다. 차드가 외쳤다. "저기에 있는 저 남자가 바로 그 사람입니다!" 차드가 손가락으로 가리키는 순간, 그 남자는 속에 있는 것을 토하였다. 그것은 마귀들로부터 구출될 때 나타나는 전형적인 모습이다. 이것이 그날 밤 그 팀들에게 작은 증거가 되었다. 그들은 참 빛의 전사들로서 믿는 자에게 있는 권능을 목격한 것이다.

그리스도는 이천년 전 지구상에 계실 때 행했던 것처럼 오늘날에도 정확하게 일하고 계신다. 당신이 그를 영접하였다면, 당신은 능력과 권세와 함께 그의 나라를 받은 것이다. 우리는 그의 피를 통하여 하나님과 화평하였으나, 그는 그의 대적들과 전쟁 중에 있다. 우리는 그의 승리를 수행하도록 임명을 받았고 사탄의 손아귀로부터 갇힌 자들을 풀어주는 일에 부르심을 받았다.

모든 기독교인은 수행할 사명을 가지고 있다. 당신은 이 땅의 소금이다. 당신은 세상에서 그리스도의 빛이다. 우리 중 어느 누구도 이 부르심으로부터 제외되지 않았다. 우리는 거룩한 분으로부터 기름 부음을 받았다. 우리의 과제는 더 위대한 일들을 위한 것이다. 예수님은 말씀하셨다. "내가 진실로 진실로 너희에게 이르노니 나를 믿는 자는 내가 하는 일을 그도 할 것이요 또한 그보다 큰 일도 하리니 이는 내가 아버지께로 감이라"(요 14:12).

2. 기름 부음이 멍에를 부러뜨린다(사 10:27 참조)

기름 부음은 하나님으로부터 발하여진 영광의 기류이다. 그 임재 안에서 견고한 진들이 무너진다. 하나님의 사람들이 무너진 성전을 다시 세우는 일에 직면하였을 때, 하나님은 말씀하셨다. "그것은 힘으로 되지 아니하며, 능으로 되지 아니하고, 오직 나의 영으로 말미암아 되느니라!"(슥 4:6 참조). 영적 전투에서, 우리는 산과 같은 반대에 부딪칠 때 우리 안에 거하는 하나님의 영의 기름 부음을 인식해야만 하고 그 기름 부음을 사용해야 한다. "그 날에 그의 무거운 짐이 네 어깨에서 떠나고 그의 멍에가 네 목에서 벗어지되 기름진 까닭에[because of the anointing oil-NKJV은 부어진 기름 때문이라고 번역했다-역자 주] 멍에가 부러지리라"(사 10:27). 기도, 금식, 영으로 기도하는 것, 그리고 성경말씀을 묵상하는 것, 이 모두가 그의 기름 부음을 강화하도록 도와주고 당신을 기름 부음으로 채워준다. 그러나 결국은, 이 모든 것은 당신이 한 것이 아니고 또 당신의 능력이 아니다. 그것은 그의 영으로 말미암아 어둠의 권세를 이기신 예수님이 하신 것이다. 당신은 단순하게 이 세상에서 그가 주신 사명을 감당하는 승리의 대사일 뿐이다.

여기에 우리 학생들 중 한명의 간증이 있다.

> 어느 날 하박국 1장 5절이 우울한 중에 생각났다. "여러 나라를 보고 또 보고 놀라고 또 놀랄지어다 너희의 생전에 내가 한 가지 일을 행할 것이라 누가 너희에게 말할지라도 너희가 믿지 아니하리라" 나는 그것이 주님으로부터 온 것이고, 그리고 그것은 나를 위한 것임을 알았다.
>
> 잠시 시간이 흐른 뒤에, 영국에 있는 나의 아버지로부터 이메일을 받았다. 그는 나를 방문하기를 원했다. 그것은 완전히 놀랄 일이었다. 나는 내가 여덟 살 이후로 나의 아버지와 연락한 적이 없었기 때문이었다. 그는 언제나 자신은 무신론자이고 윤회(reincarnation)사상을 믿는다고 주장하곤 했다. 내가 신학교에 간다고 그에게 말했을 때 그는 한숨을 쉬었다. 나를 방문하는 중에, 그는 나의 믿음에 대하여 물었고 나는 기쁘게 복음을 나누었다. 일요일이 돌아왔을 때, 나는 그가 마지막까지 가지 않을 핑계를 댈 것이라 생각하면서도 교회에 가자고 초청하였다. 우리가 교회 성전에 들어갔을 때 그리고 예배가 시작되었을 때, 나의 아버지의 입은 열린 채로 있었다. 그는 그와 같은 예배를 한 번도 경험한 적이 없었다.

나는 그가 마음 깊이 하나님을 만났다고 확신한다. 그 예배가 끝났을 때 나는 그를 마헤쉬 목사님에게 인도하여 만나게 했다. 몇 분 동안, 그는 목사님과 함께 기도하였고 그의 삶을 주님께 드렸다.

그의 말은 이러했다. "그날 일요일 아침 예배는 나의 모든 생각과 삶을 바꾸었다." 나의 아파트로 돌아왔을 때 우리는 다시 함께 기도하였다. 나의 생애 처음으로, 아버지는 예수님의 이름으로 나를 축복하였다! 아버지는 영국에 있는 성령 충만한 교회에 연결이 되어 주님 안에서 계속 성장하고 있다.

우리의 교회 성전에서, 그 젊은 청년의 아버지는 기름 부음 안에 있는 그의 임재를 경험했다. 성령의 영광은 그가 만난 모든 사람들을 통하여 흘렀고, 따라 말한 모든 말들을 다시 생각나게 하였고, 그래서 그의 마음은 변화되었다. 기름 부음 안에서, 참 빛이 수십 년간 그를 붙잡고 있었던 어둠을 찔렀다.

3. 큰 것이 작은 것을 정의하게 하자

어느 날 마헤쉬가 공부하고 있는 중이었을 때, 주님의 천사가 갑자기 나타나서 영광이 충만하였다. 그 천사에게서 신선한 전쟁의 냄새가 났다. 그는 전쟁을 막 끝내고 왔고, 다음 전쟁을 치루기 위해 가고 있는 것이 분명했다. 그는 마헤쉬를 보고는 외쳤다. "네 의자가 얼마나 크냐?" 그러고는 천사는 사라졌다. 그의 주변 공중에서, 마헤쉬는 옛 찬송가를 들었다.

> 전능 왕 오셔서.
> 주 이름 찬송케 하옵소서.
> 영광과 권능의 성부여 오셔서
> 우리를 다스려 주옵소서.[3]

초대 미국인들은 이 노래를 독립 전쟁 당시에 불렀다. 영국의 용병들이 주일 예배에 폭풍처럼 들이닥쳐 모인 회중에게 영국의 왕에게 충성할 것을 고백하도록 요구했다. 오르간 반주자가 "하나님이 왕을 구하셨다(God save the King)"를 연주했을 때, 회중은 충성의 말을 이 땅의 왕이 아닌 다른 왕, 즉 하늘에 계신 왕에게 노래했다! 칼을 빼어들고 있는 군인들이 본 것은 다음의 노래를 부르는 사람들이었다.

> 강생한 성자여 오셔서
> 기도를 들으소서.
> 택하신 백성을 축복해 주시고
> 거룩한 마음을 주옵소서.
> 위로의 주 성령 오셔서
> 큰 증거 주옵소서.
> 전능한 주시여 각 사람 맘에서
> 떠나지 마시고 계십소서.[4]

우리는 우리의 마음에서 불타오르는 하나님의 위엄에 대한 모습을 날마다 새롭게 간직해야 한다. 하나님은 그의 백성들의 찬양을 받으며 보좌에 앉아계신다. 우리는 우리가 높이는 대상에 대하여 권세를 준다. 우리가 전쟁 중에도 보좌에 앉으신 하나님을 높이면, 우리를 둘러싼 그 상황의 어려움들은 더 이상 우리를 속박하지 않는다. 우리가 어려움에 초점을 맞추면, 우리는 작은 것들이 큰 것을 다스리게 한다. 힘을 분산하는 작은 것들에 초점을 맞추면, 하나님이 우리를 위해 기름 부으시는 참 전투들을 위해 필요한 힘을 다 빼앗겨버린다. 당신이 그분을 높일 때 그분의 임재가 나타난다. 당신의 마음에서 그분이 앉아 계신 의자가 클 때, 당신은 그의 영광을 발하며 그와 함께 협동하게 된다. 그곳이 기적들이 일어나는 장소이다.

하나님의 간섭하심이 당신의 삶에 그리고 당신의 사랑하는 사람의 삶에 임하도록 훈련하라. 과거에 당신에게 해주신 일들을 기억하라. 그가 행하신 기적들을 열거해 보라. 당신의 마음의 보좌에 그를 앉히라. 그리고 그의 임재의 영광과 연결하라. 그러면 그 영광이 어둠을 대적하고 그 주변의 상황들을 반전시킨다.

4. 천사들이 우리와 함께 전쟁하고 있다

천사들은 우리의 말이 하늘의 뜻과 일치할 때 반응한다. "능력이 있어 여호와의 말씀을 행하며 그의 말씀의 소리를 듣는 여호와의 천사들이여 여호와를 송축하라"(시 103:20). 다니엘이 예레미야의 말씀을 읽었을 때, 그는 하나님의 약속이 이루어질 때가 되었음을 깨달았다. 그는 자신을 페르시아 제국의 강성함을 따라서 자신을 정의하지 않았다. 그는 기도와 금식을 통해서 하나님의 뜻과 자신의 뜻을 같이 했다. 그의 뜻과 하나님의 뜻이 조화를 이룰 때, 가브리엘 천사가 도우러 왔다. 가브리엘 천사가 말하기를, "너의 말이 들은바 되었다. 그래서 내가 왔다." 다니엘의 기도는 하늘의 군대를 소집하였다. 그의 기도는 그 나라를 두르고 있던 영적 통치를 반전시켰고 강력한 왕도 다니엘의 하나님 앞에 예배를 드리도록 무릎 꿇게 하였다.

천사들은 공간적인 제약이 없는 몸을 가진 영적 존재들이다. 믿는 자들은 성령의 기름 부음을 가지고 있고 제약이 없는 그리스도의 권세를 가지고 있다. 하늘의 몸으로서 공간적 제약이 없는 능력 있는 천사들과, 그리스도로부터 오는 영적 권세를 제약 없이 가진 사람들이 연합할 때, 그들은 무서운 자들이다.

천사들은 전쟁 중에 있는 하나님의 성도들을 도우라고 보내심을 받는 자다. "모든 천사들은 섬기는 영으로서 구원 받을 상속자들을 위하여 섬기라고 보내심이 아니냐"(히 1:14). 전쟁 중에 그들은 우리를 도우러 온다. 그들은 예수님이 겟세마네 동산에서 기도하실 때 그를 힘 돋우기 위해 그에게 왔다. 천사들은 악의 권세들을 이기도록 힘을 주기 위해 온다. 그들은 전쟁 중에 당신을 돕기 위해 이곳에 있다. 천사들은 당신을 위한, 당신의 가족들을 위한, 당신의 교회를 위한, 그리고 당신의 나라를 위한 기도의 응답으로 보내졌다. 천사들은 하나님의 약속의 말씀과 조화를 이루는 과제만을 하도록 보내심을 받는다. 당신이 영적 전쟁을 일으킬 때, 예수 이름의 권세로 천사들을 부르고 풀어놓을 수 있다는 것을 알아라.

5. 때때로 문제는 사람이다

영적 갈등은 사람들이 서로 다른 방식으로 행하는 것과 연관된다. 우리가 가장 무너지기 쉬운 곳은 종종 우리가 가장 사랑하는 사람들이다. 그들의 약함, 또는 우리의 약함은, 대적이 문제를 일으키는 장소를 제공하곤 한다. 이것은 가족들을, 교회들을, 사업체들을, 그리고 심지어 나라들을 황폐하게 할 수 있다. 우리는 혈과 육을 대항하여 싸우는 것이 아니다(고후 10:3 참조). 그러나 좋은 사람들이 의식적으로 나쁜 생각들에 헌신할 수 있고, 나쁜 일들에 연루될 수 있다. 이 일들은 어둠의 세력들과 연합하고 다른 사람들에게 나쁜 영향을 끼친다. 인간의 역사를 살펴보면, 세상은 이러한 사람들의 이데올로기나 이들의 일이 사악한 세력이 되는 충분한 예를 보여주고 있다. 기독교인들은 빛의 전사들이 되어야 한다. 예수님은 우리가 그에게서 나오는 선을 가지고 악을 이겨야 한다고 말씀하셨다. 십자가는 궁극적으로 사탄의 세력을 무찌르는 최고의 무기이다. 그것은 인류를 하나님과 올바른 관계를 가지도록 화평하게 한다. 십자가로 인하여 우리는 우리의 적들을 사랑하고 우리에게 잘못한 사람들을 위해 기도한다. 사랑은 악을 이기는 강력한 무기이다. 용서함은 사랑을 행동으로 옮긴 것이다. 궁극적인 용서는 십자가로부터 비취는 하나님의 영광이다. 거기에서 의로운 분이 불의한 자들을 용서하셨다. "누가 누구에게 불만이 있거든 서로 용납하여 피차 용서하되 주께서 너희를 용서하신 것 같이 너희도 그리하고"(골 3:13).

6. 권위는 그리스도와 개인적인 관계다

> 이에 돌아다니며 마술하는 어떤 유대인들이 시험삼아 악귀 들린 자들에게 주 예수의 이름을 불러 말하되 내가 바울이 전파하는 예수를 의지하여 너희에게 명하노라 하더라 유대의 한 제사장 스게와의 일곱 아들도 이 일을 행하더니 악귀가 대답하여 이르되 내가 예수도 알고 바울도 알거니와 너희는 누구냐 하며 악귀 들린 사람이 그들에게 뛰어올라 눌러 이기니 그들이 상하여 벗은 몸으로 그 집에서 도망하는지라 에베소에 사는 유대인과 헬라인들이 다 이 일을 알고 두려워하며 주 예수의 이름을 높이고(행 19:13-17)

사도행전의 이 이야기에서 제사장들이 예수님의 이름을 사용할 때에는 권세가 없었다. 그들은 심지어 그를 알지도 못했다. 그들은 그에 관해 들었을 뿐이었다. 그들은 그와 관계가 없었기 때문에 그의 권세를 발할 수 없었다. 그들은 '그의 것'이 아니었다. 이것이 가장 중요한 영적인 원리들 중의 하나다. 당신이 주님과 바른 관계를 가지고 있을 때 그리고 그의 몸 안에서 당신을 임명한 곳에 있으면, 큰 능력이 당신에게 그리고 당신을 통해서 나타나게 된다. 예수의 이름을 사용하기 위해서 당신은 그를 개인적으로 알아야만 한다. 그가 말씀하셨다.

> 하늘과 땅의 모든 권세를 내게 주셨으니 그러므로 너희는 가서 모든 민족을 제자로 삼아 아버지와 아들과 성령의 이름으로 세례를 베풀고 내가 너희에게 분부한 모든 것을 가르쳐 지키게 하라 볼지어다 내가 세상 끝날까지 너희와 항상 함께 있으리라(마 28:19-20)

예수님은 그를 따르는 자들에게 말씀하셨다. "세례 요한의 때부터 지금까지 천국은 침노[violence]를 당하나니 침노하는 자는 빼앗느니라"(마 11:12). 이기는 자는 성령의 기름 부음 안에서 권능을 가지고 악을 지속적으로 맞설 준비가 되어 있어야만 한다. 십자가는 바로 그 침노[violence]이다. 예수님은 그의 대적을 철저히 정복할 때까지 저항하였고 지속하였다. 그분으로부터 오는 힘을 취하자.

영적인 권세를 위한 기름 부음은 성령의 권능아래서, 위에서부터 아래로, 그리스도로부터 우리에게로 흐른다. 예수님은 영적 세계 안에 있는 능력사슬(chain of power)에 대하여, 한 로마 병사가 그의 제자들보다도 더 잘 이해하고 있는 것으로 인하여 놀랐다. 하나님의 영이 우리에게 임하셨다. 우리는 그의 영적인 군대의 일원들이다. 우리는 빛과 사랑의 전달자들이다. 예수님은 우리를 통해 그의 이름으로 병고치고 귀신을 축출하는 그의 손을 뻗으신다. 당신은 그의 보좌로부터 뻗친 그의 홀을 사용한다. 그의 영광을 위하여 그것을 사용하라!

그의 영광의 빛

군대의 장관으로서, 주님은 그의 영광을 대적하는 모든 것에 대항하여 전쟁하신다. 그는 예비되었던 것들을 모두 불러 모으시고, 전쟁을 위하여 영적인 사명을 새롭게 하고 있다. 이스라엘은 그들이 전쟁에 갈 때마다 증거궤를 가지고 갔다. 속죄의 피는 증거궤의 덮개 위에 있는 은혜보좌(Mercy Seat, 증거궤 위의 덮개로 두 천사가 서로 마주보고 있는 부분으로 보통 '속죄소'라고 불리운다-역자 주) 위에 뿌려졌다. 영광의 구름은 두 천사들 사이에 뿌려진 피 위에 임하셨다. 영광중, 하나님의 능력은 그와 연합하여 걸어가는 사람들에게 공급되고 그 사람들을 덮어 보호하신다. 그리고 의를 대적하는 사람들에게는 영광 안에서 심판하신다. 이 모든 것은 십자가를 통하여 그리고 그를 죽은 자 가운데서 살리신 성령을 통하여 그리스도에 의해 이루어진 승리와 구원을 예표한다.

이스라엘에 의해 부여된 증거궤에 대한 중요성은 어느 것과도 비교할 수 없다. 하나님은 증거궤의 덮개 위에 있는 "두 천사들 사이로부터" 모세와 얼굴을 대면하여 말씀하셨다(출 25:22). 증거궤와 성전은 '이스라엘의 아름다움'으로 여겨졌다(애 2:1 참조). 증거궤는 제사장들에 의해 사람들과 그들의 군대에 앞서 행하였다(민 4:5-6; 10:33-36; 시 68:1; 132:8 참조). 증거궤가 제사장들에 의해 범람한 요단강으로 들어가자 물은 갈라졌고 길이 생겨 모든 군대가 지나갔다(수 3:15-16; 4:7-18 참조). 여리고 성은 증거궤가 성 주위를 칠일 동안 행군한 후에 외치는 큰 함성으로 인해 점령되었다(수 6:4-20 참조). 심판과 구원은 증거궤 안에 있었다. 증거궤는 모든 대적과 싸우는 이스라엘의 전쟁의 도구였다. 증거궤가 이스라엘 중에 있을 때, 하나님의 임재도 또한 거기 있었다. 이스라엘은 증거궤가 적절한 장소에 있는 한, 그리고 그들이 받으실 만한 방식으로 하나님을 섬기고 있는 한, 이스라엘은 그들의 대적을 향하여 지속적으로 초자연적인 승리를 거두었다.

은혜보좌는 증거궤를 덮고 있고, 그리스도의 피를 통하여 죄에 대한 하나님의 분노로부터 화해에 이르게 하는 화목제물을 보여주며 "속죄소(propitiatory)"라고도 불렸다. 대제사장은 그리스도가 승천하시어 우리를 위하여 피의 제물을 가지고 영원한 제물을 드리며 우리를 위하여 중보하는 것을 예표하는 것으로, 속죄일에 속죄소 위에 피를 뿌렸다. 두 천사들은 한 덩어리의 순금으로부터 속죄소와 함께 주물로 만들어졌다. 어떤 나무도 아니고 사람도 아닌, 단지 금, 단지 하나님만이 죄로부터 구원을 주시며, 인간의 영혼을 대적하여 전쟁을 일으키는 영적 원수들을 향한 승리를 주신다. 나무는 인간의 것을 의미하는 반면, 순전한 금은 하나님의 인격, 본질, 성격, 그리고 목적에 관하여 말해준다. "사랑은 여기 있으니 우리가 하나님을 사랑한 것이 아니요 하나님이 우리를 사랑하사 우리 죄를 속하기 위하여 화목제물로 그 아들을 보내셨음이라"(요일 4:10).

하나님이 말씀하시기를 그가 그의 종을 얼굴과 얼굴로 대면하여 만날 것이라고 말씀하셨던 곳이 바로 이곳, 속죄소 위의 천사들 사이였다.

거기서 내가 너와 만나고 속죄소 위 곧 증거궤 위에 있는 두 그룹 사이

에서 내가 이스라엘 자손을 위하여 네게 명령할 모든 일을 네게 이르리라(출 25:22)

이스라엘을 위하여 구원을 베풀고 적들을 향하여는 어둠이 되는 구름, 이스라엘을 이끌어 광야로 통과하도록 한 영광은, 지성소 안에 있는 법궤 위에 좌정하시기 위해 내려오셨다. "요셉을 양 떼 같이 인도하시는 이스라엘의 목자여 귀를 기울이소서 그룹[cherubim, 즉 두 천사들-역자 주] 사이에 좌정하신 이여 빛을 비추소서"(시 80:1). 하나님의 영광의 구름과 능한 천사들은 그 증거궤와 함께 있다. "여호와께서 다스리시니 만민이 떨 것이요 여호와께서 그룹 사이에 좌정하시니 땅이 흔들릴 것이로다"(시 99:1).

구름은 성막에 있는 것처럼 이중적 의미를 가진다. 하나는 예배를 위하여 향기로 묘사된 구름을 의미하고, 다른 하나는 하나님의 영광이 구름으로 나타난 것을 의미한다. 두 천사(cherubim)는 창세기 3장 24절에서 보는 것처럼 에덴동산 밖에서 불 칼을 가지고 지키는 무장한 수문장이다. 그들은 예배와 전쟁을 주관한다. 그들은 그들의 날개를 은혜보좌(또는 속죄소) 위에 펼치고는 서로 의견을 같이하여 마주 보고 있다. 그들은 성도들을 위해 방어하고 하나님의 나라의 확장과 관련해서는 강한 군대들임을 증명한다.

화목을 얻게 하는 피는(롬 5:11 참조) 시간 시간마다 우리에게 완전하고 자유롭게 하나님께 나아가게 하고 하나님으로부터 오는 공급을 가져다 준다. 피는 그리스도의 절대적인 권위를 표현한다. 제사장은 법궤가 있는 지성소에 피 없이는 들어갈 수가 없었다. 우리 또한 피를 가지고 들어가야만 한다. 우리는 그리스도가 하늘에 있는 그의 보좌로부터 우리를 통하여 이 땅을 통치하는 지성소에 들어간다. 피와 성령은 섬기는 일을 위하여 우리를 덮고 기름 부어주고, 악의 정사들에 대한 전쟁을 위하여 우리를 무장시킨다. 믿는 자들은 어둠의 권세들을 향하여 전쟁을 하고 승리를 얻는다.

이전의 성도들과 함께 당신은 전쟁에서 승리를 위해 임명된 영적 군대의 일원이다. 우리는 이 땅에서 어둠의 나라를 대항하여 하나님이 진격하기 위한 최전방에 배치되었다. 우리는 어린양의 피와 우리의 증거하는 말을 인하여 대적을 이겼다. 즉, 이스라엘이 전투에 나갈 때 증거궤 안에 가지고 다니는 증거들에서 보는 것보다 훨씬 더 큰, 그리스도를 증거하는 말, 그리고 그의 임재와 능력을 증거하는 말을 인하여 적을 이긴다. 우리는 이제 그리스도 그분 자신을 가지고 있다! 그의 임재의 구름은 우리를 둘러 덮고 있다. 예수님의 말과 그의 피는 아버지 앞에서 우리를 위하여 말하고 있다. 구름 속에서 그분은 우리에게 말씀하시고, 새롭게 하시며, 기름 부으시고, 그리고 사랑하는 아버지가 그의 자녀들에게 함같이 우리와 함께 교통하고 연합한다.

영광 중에 전투하기

예수님은 우리의 약속들이 담겨있는 우리의 증거궤이다.

> 그러므로 형제들아 우리가 예수의 피를 힘입어 성소에 들어갈 담력을 얻었나니 그 길은 우리를 위하여 휘장 가운데로 열어 놓으신 새로운 살 길이요 휘장은 곧 그의 육체니라(히 10:19-20)

증거궤는 세 가지 강력한 것들로 채워졌다. 말씀의 권위와 믿는 우리를 향한 하나님의 약속인 십계명, 초월적인 능력과 은혜로 살아가게 하는 성령의 기름 부음을 상징하는 아론의 싹 난 지팡이, 우리에게 날마다 주시는 하나님의 공급을 의미하는 황금 그릇에 담은 만나. 이 세 가지 외에 증거궤는 영적 전쟁을 위한 작전사령부(command center)와 같다. 그것은 또한 우리 삶에 유익을 주는 일곱 가지 공급을 담고 있다. 보호와 공급, 임재와 능력, 약속과 평화, 그리고 영광의 찬양을 드리는 예배로서 우리 자신을 드려 섬기고 순종할 때 하나님이 우리에게 공급해주시는 모든 것들이다.

우리 각자가 이 사명의 한 부분을 성취하도록 하자. 십자가와 부활의 공급을 통하여 우리는 효과적인 영적 전투를 치루는 데 필요한 모든 것을 받았다. 십자가의 권능과 성령의 기름 부음은 그리스도의 증거궤로서, 우리와 함께하고, 우리 앞서 진행해나가고, 우리를 보호하고 하나님의 영광을 위하여 모든 상황 가운데 우리에게 승리를 주신다. 이러한 무장은 다음을 포함하고 있다. 우리의 핵심 자아를 강하게 하는 진리의 허리띠, 우리 마음에 용기를 주는 그리스도의 의, 어느 경우에라도 평화를 가지고 진격해 나가는 신발, 모든 것 위에 덮는 믿음의 방패, 그리스도 안에서 새롭게 되고 우리가 구원을 받았기 때문에 오는 긍정으로 가득 찬 우리의 마음(살전 5:8 참조), 초월적인 하나님의 말씀과, 방어와 공격의 검을 위한 성령의 기름 부음, 그리고 지속적인 방언기도와 마음으로 하는 기도!(엡 6:13-18 참조).

우리의 영광이란 병기고 안에는 매시간 우리가 쓸 수 있는 전략적으로 필수적인 다섯 개의 무기들이 있다. 그것들은 영적 세력들을 묶고 풀 수 있는 연합된 기도(마 18:8-20 참조), 감사(요 6:11; 11:41 참조), 찬양(시 8:2; 대하 20:21-24; 행 16:25-26 참조), 선포(계 12:7-11 참조), 그리고 계시를 위한 성령의 은사들(고전 12:7-11 참조)이다. 당신의 첫 번째 전술적 공격은 당신이 직면하고 있는 견고한 진 뒤에 있는 강한 자의 정체를 밝히고 묶는 것이어야만 한다(마 12:29 참조). 또한 기억해야 할 것은, 하나님이 필요한 영적 무기들을 공급하시고, 당신은 궁극적인 승리자, 즉 그리스도의 권세와 임재 가운데 나가고 있다는 것을 기억해야 한다.

> 우리가 육신으로 행하나 육신에 따라 싸우지 아니하노니 우리의 싸우는 무기는 육신에 속한 것이 아니요 오직 어떤 견고한 진도 무너뜨리는 하나님의 능력이라 모든 이론을 무너뜨리며 하나님 아는 것을 대적하여 높아진 것을 다 무너뜨리고 모든 생각을 사로잡아 그리스도에게 복종하게 하니(고후 10:3-5)

증거궤는 우리의 대제사장이신 그리스도가 하나님의 보좌로부터 다스리고 계신 것을 상징한다. 그리스도 자신은 은혜보좌로서 그곳에서 그의 피가 말하고, 거기에서 신비 속에, 영광의 성령이 구름과 같이 우리와 거하신다. 그리고 하늘의 군대들은 성도들을 위하여 보내심을 받는다. 보혈이 말하고 우리의 예배와 찬양이 화합할 때 영광의 구름 속에서 우리는 하나님의 전능하신 임재가 우리 모든 상황 속에 앞서서 나아가시는 것을 본다. 우리가 하나님과 연합할 때, 우리는 전투에서 한 열로 배치되고, 선전포고는 하나님의 영광을 위하여 하늘과 땅 위에 발하여진다.

십자가의 권능

THE POWER OF THE CROSS
EPICENTER OF GLORY

7장

하나님은 어디에 계신가?

7장_WHERE IS GOD?

하나님은 어디에 계신가?

그 검은 못이 나를 뚫고 들어갔다.
내 위에 그 상처들이,
사악으로 인해 깊이 열린 상처들이 보였다.
그들은 우리 둘을 조롱했다. 우리 둘을 함께.
그 분의 옆구리로부터 흘러내리는
그 피로 나는 온통 축축하게 젖었다….
나는 만군의 하나님이
잔인하게 고통 받으며 축 늘어지는 것을 보았다.
어둠이 그 승리자의 시신을 구름으로 휘둘러 감았다….
모든 피조물들이 울었고,
왕의 죽음을 슬퍼하였다.
그리스도가 십자가 위에 있었다.[1]

† † †

"흑암에서-빛!"

내가 생각하기는 이것이 그분이 오신 것이 내게 어떤 의미를 주는지 가장 잘 요약하는 말인 것 같다. 처음에 그분은 내게 매력적으로 주의를 끌지 못했다. 온 지역이 그분을 따라가고 있었다. 뜨거운 열기와 군중의 무리들 속에 있는 것은 저항할 수 없을 정도로 내게 흥미진진했다. 적어도 처음에는, 사람들은 내가 누구인지 쉽게 알아챌 수 없다. 그렇지만 나는 몇 분 안에 지나가는 사람의 시선을 끌 수 있고 내 손안에 들어오게 할 수 있다. 그러나 그날 우연히 그를 만났던 일은 모든 것을 변화시켰다. 그는 나의 모든 것들을 영원히 변화시켰다.

내가 사는 마을은 서부 해안에 있었으며, 배를 만드는 사람들과 어부들의 도시였다. 그들이 거친 무리들이라는 것을 나는 알아야만 했다. 나의 아버지가 죽은 해에 나는 이 도시가 품고 있는 그 거칠음을 경험했다. 아버지의 빚 때문에 나는 칠년 동안 물고기를 절이기 위해 소금 뿌리는 사람으로 일해야만 했다. 내가 돌이켜 그날들을 회상해보면, 아직도 나의 입술에 머무는 그 톡 쏘는 맛을 느낄 수 있다. 내 머리에서는 언제나 생선 냄새를 맡을 수 있을 정도였다.

나이 든 주인과 그의 아들들은 나를 교대로 사용하였다. 나는 너무 두려워서 감히 불평을 할 수가 없었다. 그때 나는 결혼 연령이 되었으나 고아였다. 나는 일단 두려움과 눈물이 나기 시작하면 속으로만 삭혔다. 얼마 후에, 나는 또 다른 학대자들을 만났다. 비록 그들은 살과 뼈를 가진 몸은 없었지만, 나를 훨씬 더 눈물 나게 했다.

그러나 지금은 사라졌다. 그것 전부가. 그들 모두가.

나는 더 이상 그들의 소리를 듣지 않는다. 나의 마음은 그들의 창살로부터 자유로워졌다. 그는 한 번에 그들을 쫓아냈다. 한때 나의 몸과 영혼의 공허함으로 채워졌던 곳이, 이제는 기쁨과 평강으로 채워져 있다. 내 안에 그 거친 정원사들이 경작해 놓았던 쓴 뿌리들은 그분의 은혜 안에서 뿌리째 뽑혔다. 한때 어둠이 강하던 곳에 빛이 있게 되었다. 이제 거기에는 오로지 아름다움만이 있다.

그분이 우리 마을에 왔고 나는 군중들과 함께 나갔다. 그 당시 나는 내가 상당히 위험한 사람이고 제정신이 아니라고 생각했다. 그러나 나는 내가 해야 할 비즈니스에 집중했다. 밀려가는 군중들 틈에서 누군가 외로운 영혼이 내 눈에 유혹되면, 나의 초대를 받아들이고 그날 보수로 받은 돈을 내 주머니에 넣어줄 사람이 있으리라 생각했다. 그날 밤이 다 끝날 무렵까지, 아마도 나는 다음 삼일을 먹을 수 있는 충분한 돈을 벌 것이다. 그래서 나는 그분을 따르는 무리들을 따랐다. 그리고 그분의 주위에 있는 사람들을 구석진 곳에서 이삭을 줍듯이, 그는 심고 나는 대신 추수하였다.

그날이 지나감에 따라 나는 더욱 담대해졌다. 모든 사람들이 그분의 초대에 응답하는 그날에, 나는 이전에 한 것처럼, 나 자신의 초대를 옆에 서 있는 남자의 귀에 대고 속삭였다. 내가 찍은 남자가 그분의 제자 중 하나인 것을 누가 알았겠는가? 열기와 태양, 그리고 먼지가 그 위대한 랍비의 말씀을 들으며 감탄하는 사람들의 소리와 함께 섞였다. 나는 응답을 기다렸다가 두 번 더 반복했다. 나는 답이 없어 말없이 떠나려고 하였다. 그때 돌비석 같던 그 사람이 갑자기 나의 옷을 잡고는 떠나지 못하게 했다.

내 위에 올려진 손이 나의 운명을 가르는 순간이었다.

무리들이 사라지는 동안, 나를 잡고 있던 그 사람이 말했다.

"가자!"

그를 따르면서 나의 심장은 빠르게 뛰었고, 내가 이른 곳은 모두가 보려고 나왔던 그분 앞이었다. 나는 몹시 떨었다. 그분은 내가 유혹하려던 남자의 주(主)였다. 내가 '선택했던' 사람은 나를 그들의 중앙으로 밀면서 말했다.

"보아라 세상의 모든 죄를 지고 가는 하나님의 어린양이로다!"

나는 넘어지면서 그 나사렛 사람 앞에 엎드렸다. 그분이 나를 일으켰을 때, 그것은 뭇 남자들의 손에는 없었던 그런 친절함을 가진 손이었다. 그분은 어린 시절 나의 아버지에게서 마지막으로 본 이후로는 한 번도 느껴본 적이 없던 맑고 순수한 눈을 가졌다. 그분의 눈이 나의 마음을 찔렀을 때, 그것은 음욕으로 또는 증오를 가지고 보는 눈이 아니었다.

"마리아."

어떻게 그가 내 이름을 알고 있었을까? 다시 한 번 내 이름을 부르셨고, 나를 괴롭혔던 모든 것들은 그분의 존전 앞에서 즉시로 떠났다. 나는 내 이야기가 방방곡곡에 들려지는 것에는 전혀 상관하지 않는다. 그분은 이스라엘의 구원자이다. 그분이 나를 구원하셨다. 그 이후로 나는 그분을 따랐다. 그분과 같은 사랑이 이전에는 없었다. 순수한 사랑. 그것 때문에 고초를 당하셨고 우리는 그분이 죽는 것을 보았다.

그리고 어둠으로부터 빛이 나왔다.

나는 그분의 말씀들을 믿었고, 우리는 유월절이 오던 그 밤을 뜬 눈으로 지새웠다. 그의 어머니는 슬피 울다가 기진맥진하여 마침내 잠이 들었다. 저 멀리서 새벽이 올 때, 첫 번째 수탉이 울었다.

"마리아." 나는 그녀를 어쩔 수 없이 깨우면서 말했다. "시간이 됐어요."

우리는 신발을 신고 그가 묻힌 곳을 향해 미끄러지듯이 나갔다. 동산에 들어갔을 때, 땅이 뒤집히고 무덤들이 열려 있었다. 누가 이렇게 했을까? 포도즙 틀을 지나고, 그의 상함을 생각나게 해주는 그 무거운 돌과 둥근 모양의 입구를 지날 때 나는 몹시 떨렸다. 누가 우리를 도와 그의 무덤을 열어주고 그래서 적절한 장례를 위해 그의 몸에 깨끗한 옷으로 입힐까?

구석을 돌아서 우리의 눈이 그 열려진 곳을 보았을 때, 동굴의 터진 입이 숨을 내쉬는 것 같았다. 돌이 굴려져 있었다. 나는 그의 어머니를 남겨두고 향료묶음을 내 가슴에 꼭 잡은 채 안으로 달려 들어갔다. 나는 안으로 머리를 숙였다. 나의 가슴은 혼란으로 쿵쾅거렸다. 그분의 무덤이 비어 있었다! 마치 빨래하는 사람을 위해 치워놓은 듯이 세마포가 접혀져서 선반 위에 가지런히 놓여있었다. 그것들 옆에 앉아있던 흰옷을 입은 젊은 청년 하나가 마치 습격당한 표정으로 서 있는 나를 보았다.

"그분에게 무슨 일을 한 겁니까?" 내가 외쳤다.

그분의 어머니가 들어왔고 빈 무덤의 옷들을 보았다.

"그가 살아나셨다." 그 사람은 우리에게 말했다. "가서 그의 친구들에게 말하라. 그는 너희들을 만날 것이다."

처음에는 그들이 믿지 않았다. 그러나 나는 계속 주장했고, 마침내, 베드로와 처음 나를 그에게 데려온 사람만이 그들이 직접 가서 보겠다고 했다. 나는 다음에는 무엇을 해야 할까?를 생각하며 뒤에 남아 있었다. 나는 어디로 갈까? 누구에게로 갈까? 정원사 같은 형체만이 나무들 뒤에서 아른거렸다. 나는 부끄러움도 잊은 채 울었다.

"마리아."

나는 처음에는 정원사일 거라고 생각하면서 그 목소리를 향해 고개를 돌렸다. 그것은 이전에 말하셨던 것과 똑같은 예수님의 목소리였다.

† † †

어두운 방, 어느 곳에서도 빛의 근원을 찾을 수 없는 아주 어두운 곳을 생각해 보라. 밤이다. 그리고 창문이 하나도 없다. 문은 닫혀있고 복도로부터 문 밑 틈새로 새어 나오는 어떤 빛도 없다. 당신이 눈은 뜨고 있지만, 아무것도 볼 수가 없다.

갑자기, 방 한가운데에 촛불이 켜지고, 그 불꽃이 따뜻하게 반짝거리고 있다. 이제 당신은 벽들의 구석구석과 가구들의 윤곽을 볼 수 있다. 단 하나의 촛불로부터, 당신은 당신 주변의 것들을 식별하기 시작한다. 당신은 방안에서 가구들에 부딪치지 않고 걸을 수 있다. 더 좋은 것은 당신이 그 촛불을 들고 방을 걸으면서, 촛불을 물체 가까이 가져가면 모든 것을 더욱 선명하게 볼 수 있다는 것이다.

십자가는 모든 것을 전망하게 한다. 자연적인 눈에는 가장 어두운 순간처럼 보이던 것이 사실은 아주 밝은 하나님의 영광의 빛이다.

정하신 날이 되기까지는

예수께서 길을 가실 때에 날 때부터 맹인 된 사람을 보신지라 제자들이

> 물어 이르되 랍비여 이 사람이 맹인으로 난 것이 누구의 죄로 인함이니 이까 자기니이까 그의 부모니이까 예수께서 대답하시되 이 사람이나 그 부모의 죄로 인한 것이 아니라 그에게서 하나님이 하시는 일을 나타 내고자 하심이라(요 9:1-3)

이 가난한 사람의 고통은 정죄가 아니었다. 그것은 하나님이 그를 통해 하나님의 영광을 나타내시기 위함이었다. 예수님은 계속 말씀하셨다.

> 때가 아직 낮이매 나를 보내신 이의 일을 우리가 하여야 하리라 밤이 오리니 그 때는 아무도 일할 수 없느니라 내가 세상에 있는 동안에는 세상의 빛이로라(요 9:4-5)

예수님은 땅에 침을 뱉고 그의 타액으로 진흙을 이겼다. 그런 후 진흙을 장님의 눈에 발랐다. "실로암 못에 가서 씻으라"(요 9:7). 그러자 그 눈먼 자의 시력이 돌아왔다. 이 장면은 창조의 순간을 생각나게 한다. 창조주는 인간 역사에 발을 들여놓으셨다. 하나님은 그의 손에 잘못된 인간을 취해서는 그의 완벽한 형상으로 다시 만들었다.

인간들의 고통을 향한 하나님의 마음은 사도행전 10장 38절에 잘 요약되었다. "하나님이 나사렛 예수에게 성령과 능력을 기름 붓듯 하셨으매 그가 두루 다니시며 선한 일을 행하시고 마귀에게 눌린 모든 사람을 고치셨으니 이는 하나님이 함께 하셨음이라." 그는 치료하시는 하나님이다(The Healer). 그는 구원하시는 하나님이다(The Deliverer). 그는 어둠의 일들을 멸하시기 위해 오셨다. 인간의 고통은 하나님의 보복이 아니다. 고통은 죄가 이 세상에 들어온 결과로 존재한다. 죄는 부패하게 하고 인류에게 심한 고통을 주는 영적 세력이다. 십자가가 죄에 대한 하나님의 대답인 것처럼 십자가는 또한 고통에 대한 하나님의 대답이다.

왜 선한 사람들이 고통을 당하는가? 구약과 신약 모두에는 인간의 역경과 비극적 사건으로 가득하다. 성경은 마치 이 세상은 죄로 황폐되어 있어서 치료자인 하나님이 출현하기까지 어둠으로 꽉 차 있는 것 같이 묘사하고 있다. 하나님의 영광은 무대 중앙에 자리 잡고, 고통이라는 배경 막을 뒤로 하여 그의 작품을 가장 선명하게 표현하고 있다. 십자가는 하나님의 위로이고 고통의 문제에 대한 그의 대답이다. 그는 그들의 짐을 짊어지는 자가 되기 위해 우주의 고통 속으로 들어가셨다.

> 그는 실로 우리의 질고를 지고 우리의 슬픔을 당하였거늘 우리는 생각하기를 그는 징벌을 받아 하나님께 맞으며 고난을 당한다 하였노라 그가 찔림은 우리의 허물 때문이요 그가 상함은 우리의 죄악 때문이라 그가 징계를 받으므로 우리는 평화를 누리고 그가 채찍에 맞으므로 우리는 나음을 받았도다(사 53:4-5)

그의 오심은 더 이상 고통이 없고, 더 이상의 슬픔이 없으며, 한숨짓는 일이 없고, 눈물을 흘리는 날이 없는, 그의 날(His Day)이 오고 있는 것을 우리에게 확신시켜 준다(계 21:4 참조).

때때로, 종교적인 전통은 사람들의 마음의 눈을 멀게 한다. 바리새인들은 눈먼 사람이 안식일에 고쳐진 것에 대해 항의했는데, 그 고통은 누군가의 죄의 결과라고 여겼기 때문이었다. 그들의 결론은 모두 잘못이다. 나(마헤쉬)는 브라질에서 사역하는 중에 일어난 한 사건을 기억한다. 심각한 허리 통증으로 움직일 수 없었던 한 여인이 우리의 예배 중 기적적으로 고쳐졌다. 그녀는 그 지역에서 한때 명성 있는 댄스 챔피언이었다. 순식간에, 수년에 걸친 극심한 통증과 고통이 사라졌고, 그녀와 그녀의 남편이 우아하게 춤추는 장면을 나는 잊지 못할 것이다. 하나님의 기적은 모든 사람이 볼 수 있도록 나타났다. 그들의 딸은 어머니가 그렇게 쉽게 움직이는 것을 보고는 울었다. 그러나 큰 집회의 몇몇 책임자들은 그 부부가 교회에서 춤을 추는 것에 대하여 반발했다.

병고침과 기적들은 매일 일어나는 하나님의 역사이다. 종교적인 전통과 종교적 율법주의는 예수님이 멸하러 오셨던 바로 그 사슬 안에 인류를 가두고 있다. 마가복음에서, 마가는 그 온 지역을 공포에 떨게 한 간다라에서 온 남자에 대해 말하고 있다. 마귀의 군대는 이 불쌍한 사람을 그가 그의 가족들과 공동체로부터 쫓겨나서 무덤 근처에서 살게 하기까지 괴롭혔다. 예수님은 그 사람을 자유롭게 하기 위해 특별한 여행 일정을 만들었다. 예수님은 그 압제자들의 무리를 돼지 떼에 들어가게 했다. 마을사람들이 주님의 영광을 보았을 때, 그들은 예수님께 떠날 것을 간청하였다(막 5:1-17 참조). 항상 돼지들을 선택하는 사람들이 있을 것이다. 심지어 주님이 그의 영광을 보여줄 때에도!

모든 인간의 고통은 십자가로 이끌린다. 거기서 하나님은, 육체로 고통을 당하시고, 죄와 심판을 짊어지시고, 궁극적으로는 자신의 몸에 죽음을 가져왔다. 이 세상에서 고통을 겪고 있으나 구제되지 못하는 모든 사람들을 위한 약은 부활이다. 부활은 영광의 궁극적인 소망이다 (골 1:27; 3:4 참조). 영원한 형벌은 주님의 존전과 영광으로부터 쫓겨날 것이다(살후 1:8-10). 이런 환란 속에서 우리에게 위로가 되는 것은 이 세상에서의 고통은 기껏해야 잠시뿐이고, 몸의 구속을 포함한, 우리의 구원이 다가오고 있다는 것이다. 우리의 안정과 소망은 우리가 주님을 기다리는 동안 확신을 준다. "우리가 참고 견디면 또한 그와 함께 다스릴 것이요"(딤후 2:12, 표준새번역).

십자가 안에 영광이 있다. 우리는 그리스도 안에서 위로를 얻는다. 부활은 우리의 궁극적인 소망이다. 그때까지는, 우리는 그리스도와 함께 매일 매일 교통한다. 그 안에서 우리는 평화를 찾는다. 예수님은 심지어 고통에 직면했을 때에도 우리의 기쁨이 된다. "이것을 너희에게 이르는 것은 너희로 내 안에서 평안을 누리게 하려 함이라 세상에서는 너희가 환난을 당하나 담대하라 내가 세상을 이기었노라"(요 16:33).

괴로움 가운데 영광

초대교회는 세상에서의 환란은 그리스도와 그의 십자가와의 교제로서 기꺼이 받아들였다. 그것은 그들의 환란을 승리로 변형시켰다. 이것이 영적인 수수께끼이다. 초대 기독교인들은 그리스도의 몸은, 즉 교회는 지구상에서 지속적으로 활동적인 구원의 공간을 점령한다는 생각을 가지고 있었다. 그들에게는, 그들이 핍박 또는 질병으로 고통을 당하면, 개인적으로 세상을 위한 그리스도의 중보기도에 참여하고 있다는 것이다. 바울은 이렇게 기록했다.

> 나는 이제 너희를 위하여 받는 괴로움을 기뻐하고 그리스도의 남은 고난을 그의 몸된 교회를 위하여 내 육체에 채우노라 내가 교회의 일꾼 된 것은 하나님이 너희를 위하여 내게 주신 직분을 따라 하나님의 말씀을 이루려 함이니라 이 비밀은 만세와 만대로부터 감추어졌던 것인데 이제는 그의 성도들에게 나타났고(골 1:24-26)

우리는 이것을 이해하기 힘들다. 어떻게 그리스도의 몸 된 교회를 위하여 그리스도의 남은 고난이 있을까? 그러나 그의 첫 번째 사도들은 이것을 이해하였고, 그들의 삶에서 값을 치른다 해도, 그의 영광을 위하여 고난 받는 것을 기뻐하였다. 그들은 반대, 환란, 그리고 고난을 그들의 예언적 사명의 부분으로 기꺼이 받아들였다.

> 하나님이 그들로 하여금 이 비밀의 영광이 이방인 가운데 얼마나 풍성한지를 알게 하려 하심이라 이 비밀은 너희 안에 계신 그리스도시니 곧 영광의 소망이니라 우리가 그를 전파하여 각 사람을 권하고 모든 지혜

> 로 각 사람을 가르침은 각 사람을 그리스도 안에서 완전한 자로 세우려 함이니 이를 위하여 나도 내 속에서 능력으로 역사하시는 이의 역사를 따라 힘을 다하여 수고하노라(골 1:27-29)

그들을 그렇게 다르게 만든 것은 세상 가운데서 그들에게 권능을 주시는 그리스도의 임재였다. 그리스도는 문제를 피할 예외조항이 아니며, 또한 문제가 없을 것이라고 보증하지도 않았다. 그들은 환란의 시간동안 십자가로부터 그들의 힘을 얻었다. 우리도 그래야만 한다.

갈보리의 사역은 영적이다. 그러나 그것은 우리 실제의 삶 모든 영역에 영향을 준다. 첫째, 우리는 새 인류가 된다. 즉 거듭난다. 그리스도의 영원한 영광을 위한 멤버가 된다. 둘째로, 갈보리는 우리 영혼-지식, 의지, 그리고 감정-을 위한 공급이다. 피의 교환(blood exchange, 즉, 십자가에서 흘리신 피로 말미암아 죄는 사해지고 의로 우리에게 입혀주신 교환을 의미함-역자 주)은 성령에 의해 성소에 들어갈 능력을 부여하고 우리를 바꾸어 그의 형상으로 변하게 하는 하나님의 말씀을 공급한다. 셋째로, 십자가는 그가 채찍에 맞음으로 우리가 나음을 입었도다(사 53:5 참조)고 하신 것처럼 우리 몸의 질병을 고친다. 그의 몸을 제물로 드리는 것을 통해, 우리의 몸은 그의 거주하는 장소로서 거룩하게 구별되었다. 우리 안에 있는 성령은 이 자연적으로 썩어질 몸을 바꾸어 영광스러운 영적인 몸으로 변화되는(고전 15:49 참조) 부활 때, 우리 육체를 살리실 것이다. 넷째, 십자가에서의 그리스도의 고통은 우리가 영적인 소망을 가지고 살기 때문에 핍박을 받을 때 위로를 주는 영적인 교제를 제공한다.

'하나님의 영광은 고난 가운데서 터져 나온다'는 명제는 영적인 역사에서 보면 대담한 주제이다. 그것은 어려운 시간에 힘과 도움을 주는 것이다. 하나님께서는 역설적으로 연약함에서 능력을 허락하고, 죽음은 생명으로 이끌고, 승리는 고통으로부터 나온다. 기독교인의 고통은 그리스도가 다시 오실 때 감당할 수 없는 행복의 열매를 맺을 것이다(벧전 4:13 참조). 고통은 우리를 그리스도가 소유하고 있는 동일한 영광에 참예하는 자들이 되게 한다(벧전 5:1 참조). 고통은 잠간이로되 영광은 영원하다(벧전 5:4, 10 참조). 시험은 의를 위하여 핍박을 받는 것처럼 고통의 한 부분이다. 죄에 대한 유혹(temptation)을 의미하는 것이 아니라 주님으로부터 오는 연단으로서, 어려운 시간에 받는 시험(testing)은 우리의 연약함을 드러내어 강하게 하고 우리를 더욱 예수님과 같이 만든다. 이것이 비밀, 즉 "하나님의 지혜를 말하는 것으로서 곧 감추어졌던 것인데 하나님이 우리의 영광을 위하여 만세 전에 미리 정하신 것이라"(고전 2:7). 성경에서 비밀은 수수께끼가 아니라, 진리가 감춰졌었는데 이제 계시된 것이다. 감춰졌던 지혜는 감춰진 채로 남아있지 않는다. 십자가는 하나님의 지혜다. 십자가는 계속 계시되고 있다.

밤과 낮

하얀 십자가(White Crucifixion)는 마크 샤갈(Marc Chagall)의 그림으

로, 유대인의 기도숄에 가려진 채 십자가에서 고통을 당하는 그리스도를 묘사하고 있다. 주위의 모든 것들은 고통 받는 유대인의 이미지로 둘러싸여 있다. 러시아에서의 학살, 도망하는 유대인 가족들, 핍박하는 자들을 피하여 숨는 모습, 무기를 든 일단의 무리들이 유대인의 집들을 추적하여 불을 내고, 물건을 가득 실은 배로 멀리 피난 가고, 한 노인이 눈에서 흐르는 눈물을 닦고, 한 사람은 불꽃 속에 있는 회당으로 들어가려 하고, 다른 사람은 토라(Torah, 율법서, 즉 모세오경-역자 주)를 안고 있다. 그러한 어두운 밤들을 통과하는 사람들은 어느 누구도 감히 그것이 '대 환란(great tribulation)'이 아니었다고 말할 사람이 없을 것이다.

샤갈의 그림은 신음하는 것처럼 보인다. 그림의 중앙에는 십자가가 있고, 그 위에서 고통하는 랍비(Rabbi, 유대인의 선생, 즉 예수님-역자 주)는 모든 유대인 가족들의 일부이다. 그는 그들의 고문, 슬픔, 거절, 그리고 상실 등으로부터 제외되어 있지 않다. 그리고 그 장면들 속에는 또 다른 고통당하는 자들이 있다. 아마도 그들은 십자가를 보고 있는 듯하다. 아마도 그들은 한때 들었던 유다의 아들(Son of Judah, 즉 메시아-역자 주)의 이야기를 기억하는 것 같다. 그들 속에 오실 분은 그들이 기다려 왔던 그분이었다. 그가 그들의 고통 속으로 들어가셨는가? 또는 그들이 그의 고통 속으로 들어갔는가? 어느 경우든 둘은 서로 연결되어 있다. 랍비와 그의 사람들. 그들은 고통을 서로 나누고 있다. 그들은 하나다.

이제 잠시 시간을 멈추고 우리의 세상을 생각해 보자. 샤갈의 그림처럼, 온 세상이 어깨 위에 놓여있는 인간 고통의 무게에 눌려 신음한다. 그것은 구속적인 승리에 대한 우리의 생각을 도전한다. 세상이 직면하는 재앙들과 믿음의 말씀 사이에 무슨 일이 일어나고 있는가? 고통을 과거에 경험하지 않았거나, 지금 현재 경험하지 않고 있거나, 또는 앞으로 미래에 고통을 경험하지 않을 가족은 하나도 없다. 우리는 모두 공통적으로 고통을 경험하고 있다. 역경은 마치 사막에서 불어오는 건조하고 뜨거운 바람이 강타하는 것처럼 온다. 우리는 쉽게 낙담하곤 한다. 고통은 십자가의 영광이 우리의 어둠 속으로 들어가게 하는 출입구이다. 거기에 주님이 계신다. 주님은 모든 것을 이해하고, 힘을 주는 그의 피 묻은 팔을 우리에게 뻗는다. 그는 우리에게 그의 품을 받아들이라고 말씀하신다. 그는 아버지를 위하여 성령을 통하여 그 자신을 주셨다. 고통이 올 때, 우리도 동일하게 그렇게 하자. 순종을 통해서, 심지어 죽음에 이르기까지의 열정을 통해서, 그는 십자가를 향해 성큼성큼 걸어가셨다. 우리는 거기서 그를 만난다. 그의 십자가는 또한 우리의 십자가가 되었다. 우리는 거기서 그와의 교제로 들어간다. 그의 마음은 확고하고 그의 얼굴은 정해졌다. 그는 고통의 다른 측면에 큰 기쁨이 기다리고 있다는 것을 예견했다. 영광은 여러 겹의 깊은 어둠으로부터 모아지고 있다. 그와 그의 아버지, 그들과 그들의 동료인 위로자는 눈물 골짜기로 내려갔다. 호세아는 '역경의 골짜기는 우리의 소망의 문'이라고 말했다. 노래가 그 계곡의 갈라진 틈들로부터 나온다. 그를 있는 그대로 아는 노래. 우리 각자를 사랑한다는 그의 계시의 노래. 이것이 첫사랑의 노래이다.

> 그러므로 보라 내가 그를 타일러 거친 들로 데리고 가서 말로 위로하고 거기서 비로소 그의 포도원을 그에게 주고 아골 골짜기로 소망의 문을 삼아 주리니 그가 거기서 응대하기를 어렸을 때와 애굽 땅에서 올라오던 날과 같이 하리라 여호와께서 이르시되 그 날에 네가 나를 내 남편이라 일컫고…(호 2:14-16a)

이제 말씀의 렌즈를 통하여, 그리고 이 세상에서 삶의 여정 가운데서 겪는 어둠에 갈보리가 다른 빛을 드리우는 것을 아는 유대인의 글을 통하여 다른 측면을 보자. 그가 기록하기를,

> 자녀이면 또한 상속자 곧 하나님의 상속자요 그리스도와 함께한 상속자니 우리가 그와 함께 영광을 받기 위하여 고난도 함께 받아야 할 것이니라 생각하건대 현재의 고난은 장차 우리에게 나타날 영광과 비교할 수 없도다(롬 8:17-18)

안식일은 갈보리와 부활 사이에 있다. 이것은 고통과 영광 사이에 일시적인 멈춤이 있는 것처럼 보인다. 히브리서는 우리가 "[그의]안식에 들어가도록 힘쓸지니"(히 4:11)라고 격려한다. 예수는 갈릴리 바다에서 폭풍의 한 중간에서 안식하고 있었다. 그는 시편기자의 말씀, "내가 나의 영을 주의 손에 부탁하나이다"(시 31:5)를 성취하셨을 때 안식하셨다. 우리는 심지어 고난의 시간에도, 그의 완성된 일에 참여하는 자들이 되었기에 안식한다. 우리는 그의 말씀이 우리에게 능력을 공급하는

그의 영광과 십자가로 우리를 둘러싸고 있기 때문에 보이지 않는 것들에 대한 믿음과 소망을 가진다. 존 스토트(John Stott)는 그의 책 《그리스도의 십자가》(The Cross of Christ)에서 이렇게 결론을 내렸다.

> 십자가는 모든 것을 변형시킨다. 그것은 하나님과 새로운 예배 관계, 우리 자신에 대한 균형 잡힌 새로운 이해, 사명에 대한 새로운 자극, 적들에 대한 새로운 사랑, 그리고 복잡한 고통을 직면할 새로운 용기를 준다.[2]

부활 능력

사도 베드로는 선포했다.

> 이스라엘 사람들아 이 말을 들으라 너희도 아는 바와 같이 하나님께서 나사렛 예수로 큰 권능과 기사와 표적을 너희 가운데서 베푸사 너희 앞에서 그를 증언하셨느니라 그가 하나님께서 정하신 뜻과 미리 아신 대로 내준 바 되었거늘 너희가 법 없는 자들의 손을 빌려 못 박아 죽였으나 하나님께서 그를 사망의 고통에서 풀어 살리셨으니 이는 그가 사망에 매여 있을 수 없었음이라(행 2:22-24)

그리스어는 '심한 고통(agony)'을 출산의 고통에 해당하는 단어로 번역했다. 성령이 예수를 죽은 자 가운데서 일으키셨을 때, 하나님은 죽음의 산고를 끝냈다. 무덤은 영광스러운 새 창조를 위한 산실이 되었다! 마귀가 당신에게 끝났다고 말할 때, 그것은 영광스러운 어떤 일의 시작이다. 무덤은 당신의 돌파를 위한 산실이다!

우리는 그리스도로 옷입어야 한다. 당신이 가진 약속의 상자에 있는 첫 번째 약속은 "세상에서는 너희가 환난을 당하나"(요 16:33)가 아니다. 예수는 이 경고를 그의 제자들이 세상을 이기도록 위로하고, 준비하기 위해 주셨다. 성령은 위로자시다. 그는 우리 안에 그리고 우리와 함께 계신다. 그리고 그는 시험 중에 우리와 함께 하신다. 여성들은 출산의 고통을 통하여 궁극적으로는 많은 시간 기다렸던 아기를 출산하는 것과 동일하게, 우리의 시험은 우리 안에서 그리스도의 형상을 만들어낸다. 예수님의 이야기는 무덤에서 끝나지 않았고, 우리의 이야기도 그렇게 끝나지 않았다. "이제 그리스도께서 죽은 자 가운데서 다시 살아나사 잠자는 자들의 첫 열매가 되셨도다"(고전 15:20). 시험의 십자가를 통과하면, 바로 맞은편에 영광이 있다. 영원한 부활절은 우리 몸이 부활하는 때이다. 그때까지 우리는 우리 안에 있는 부활의 능력을 가지고 다니면서 우리가 기도할 때 기적들 속에서 그 부활의 능력이 나오게 한다.

큰 기적들은 큰 어둠을 직면할 때 일어날 것이다. 나(마헤쉬)의 사역 초기에, 나의 영적인 멘토인 데릭 프린스(Derek Prince)와 나는 파키스탄에서 복음전도와 목회자 훈련 집회를 가졌다. 그곳은 내가 방문한 곳 중 가장 어두운 지역 중의 하나였다. 영적으로, 신체적으로 억눌림,

문자 그대로 음란, 고통, 그리고 질병이 도처에 있었다. 대부분의 사람들은 가난에 굴복하며 살았다. 심지어 우리가 묵고 있었던 웨스턴 호텔조차도 정전이 되었고, 목욕시설도 제대로 갖추고 있지 않았다. 내가 겪었던 것처럼, 만약 당신이 한밤중에 호텔 목욕탕으로 제공되는 공동 목욕실을 사용해야 한다면, "무엇을 하려 하면, 신속히 하라!"는 말씀이 아주 새롭게 다가올 것이다. 목욕탕에 발을 들여놓았을 때, 무엇인가가 나의 발밑에서 아삭아삭 깨물었다. 내가 플래시 전등을 비추었을 때, 거기에 수천 마리의 바퀴벌레가 내 주위에 있었다. 목욕탕 바닥은 바퀴벌레의 카펫이었다! 그것들은 나의 다리로 기어오르고 있었다. 아아! 우상숭배와 마술이 여러 세대에 깊이 스며든 그 지역의 영적 분위기는 내가 그 밤에 경험한 목욕실의 지독한 공포와 별다른 차이가 없었다.

매일 집회가 열리는 공개 들판으로 가는 길에, 데릭과 나는 우리가 지나는 길에 앉아 구걸하는 나이 든 눈먼 여인을 지나갔다. 하루는 데릭이 가던 길을 멈추고 그 여인의 사진을 찍으라고 말했다. 눈동자 없이 태어나서 거리의 더러운 곳에 앉아있던 그녀는, 이 지역을 그렇게 절망적으로 갈라놓은 그리스도의 빛을 필요로 하는 영적인 빛과 그리고 신체적인 어둠을 대표하고 있었다.

그날 밤 늦게까지 치유 집회를 하는 동안, 나는 집회 장소에 큰 구원을 위한 하나님의 영광이 있는 것을 감지했다. 나는 그 지역을 속박하고 있는 어둠의 세력들에게 하늘의 권세를 행사했다. 내가 영광의 왕, 예수님의 이름을 선포할 때, 큰 천둥소리가 있었고, 나는 모든 마귀들이 비명 지르는 소리를 듣는 것 같았다. 문자 그대로 그 집회에는 수만 명이 있었다. 그러나 군중 틈에서, 한 외로운 여인이 앞으로 나왔다. 그녀는 그날 일찍 내가 사진을 찍어둔 그 여인과 동일한 사리(인도, 파키스탄 지역에서 여인들이 입는 전통 옷-역자 주)를 입고 있었다. 그녀는 모든 군중을 향하여 간증을 했다. "당신들은 내가 누구인지 압니다. 나는 지금까지 수십 년 동안 장님이었습니다. 이 사람이 기도했을 때 나는 빛이 번쩍이는 것을 보았고, 지금은 볼 수 있습니다." 눈이 없던 그곳에 지금은 흑갈색의, 깊은 흑암으로부터 그녀를 구해내기 위해 오신 분의 기쁨의 빛을 비추는 아름다운 눈이 있었다. 그녀의 신체적인 눈이 열리게 된 것이, 그녀와 그 사건을 목격한 다른 수천 명의 마음의 눈을 열게 하였고, 그 끊임없이 지속되는 극심한 고통스런 환경 속에서 삶의 기쁨을 그들에게 주었다. 그녀의 사진과 이야기는 나의 책, 《사랑만이 기적을 만든다》(Only Love Can Make a Miracle)에 실려 있다.

모든 것이 변형됨

십자가를 통하여 나오는 부활 권능은 모든 것을 새롭게 창조한다. 그것은 또한 우리의 고통에 대한 시각을 변형시킨다. 우리가 보아온 기적들은 그가 인간의 절망과 고통에 간섭하시는 것으로, 하나님의 영광과 그의 선하심을 증거한다. 우리는 크고 작은 모든 기적들을 기뻐한다. 그리고 우리는 그것들이 매번 일어나기를 간절히 바란다. 기적들은 하나님의 메시지를 확실하게 하기 위해 주어진다. 예수님은 말씀하셨다. "내가 행하는 일들을 인하여 나를 믿으라"(요 10:38; 14:11 참조). 기적들은 그가 선포하는 진리를 증명한다는 뜻이다.

기적들은 영광을 위한 것이다. 기적들은 종종 고통의 중심부에 있는 중앙 무대에서 일어난다. 광야에 있던 군중들은 음식을 찾아 반나절 동안 배고픈 채로 돌아갈 수도 있었을 것이다. 그러나 떡덩이와 물고기들은 더 많은 영광을 목격하게 했다. 예수님은 앞으로 올 부활의 영광이었음에도 불구하고 나사로의 여동생과 함께 울었다. 나사로의 죽음은 그의 두 여동생들에게는 오빠의 상실보다도 더 큰 것이었다. 그의 부활은 그들 가족의 부양자를 되돌아오게 했다. 그러나 그 사건은 또한 예수님의 대적들을 자극하였고, 나사로가 살아났다는 간증 때문에 오히려 그를 죽이려고 했다!

나(보니)는 우리의 둘째 아들 아론(Aaron)이 다섯 번째 수술을 받았던 그날을 기억한다. 아론을 임신했을 때 그 임신은 우리 둘의 생명을 위협한 임신이었고, 아론은 임신한지 이십오 주 만에 태어났다. 우리 아기는 신체적으로 그리고 선천적으로 생명이 위태한 상태였고 단지 며칠만 살 것이라 여겨졌다. 나는 남편에게 잠비아와 자이레에서 열리는 복음전도 집회를 인도하는 일에 우선순위를 두고 헌신해야 한다고 주장했으므로, 마헤쉬는 아프리카에 있었다. 나의 몸에 몇 달간 이어지는 신체적인 시련과 이전에 경험한 큰아들 벤(Ben)의 경우보다 훨씬 좋지 않은 상태에서 태어난 둘째 아들의 찢어지는 듯한 고통때문에, 내 속에서는 분노와 자기연민이 몰려왔다. 분노 속에서 나는 병원 대기실을 나왔다. 하늘은 회색이었고 비가 오고 있었다. 나는 현관 아래서 자신에 대해 안쓰러운 감정으로 기둥에 기대어 섰다. 나의 내면의 음성이 말했다. "주님, 이것이 당신의 친구들을 다루는 방식이라면…" 바로 그 순간에 내 영의 눈이 열렸다. 나는 예수님이 거울 속의 나를 보듯이 다른 쪽 기둥에 기대어 서 있는 것을 보았다. 그는 말했다. "보니, 내가 여기에 있다. 그것이 네게 필요한 어떤 것보다 더 충분하다." 그의 음성은 위로자의 음성이었다. 아들을 위한 우리의 전쟁은 그후 삼 년 동안 지속됐다. 그러나 매일의 상황 가운데, 예수님은 고치기 위해 거기 계셨다. 오늘날 아론은 대학원생이고, 신체적으로, 정신적으로, 그리고 영적으로 완벽하게 온전하다.

아론이 태어난 밤에 주님은 나에게 꿈으로 나타나셨고 시편 29편 8-9절을 주셨다.

> 여호와의 소리[voice of the Lord]가 광야를 진동하심이여 여호와께서 가데스 광야를 진동시키시도다 여호와의 소리가 암사슴을 낙태하게 하시고 삼림을 말갛게 벗기시니 그의 성전에서 그의 모든 것들이 말하기를 영광이라 하도다

때때로 하나님은 어떤 이유에서 자신을 숨기시는 것 같다. 아론이 태어나기 전 해에, 나(마헤쉬)는 잠비아에서 어떤 어머니의 죽은 자녀를 안고 있었다. 내가 기도했을 때 그 소년은 되살아나지 않았지만, 나는 새롭게 믿음을 가진 그의 어머니가 눈물 머금은 눈으로 확신 있게, "그

는 더 이상 나에게 올 수 없습니다. 그러나 언젠가는 나는 그에게 갈 것입니다"라고 말하는 모습을 보았다. 나는 그 모습에서 하나님의 영광을 보았다. 그녀는 십자가의 권능과 부활의 영광을 신뢰하고 있었다. 다음 해 나는 그 지역을 다시 갔고, 바로 그때 우리 아들 아론이 죽음의 문턱에서 고통하고 있었다. 그러나 다시 자이레에서 여섯 살의 카쉬니 마니카이(Katshinyi Manikai)를 위해 기도하였을 때 하나님은 그를 살아나게 하셨다.

> 너희 중에 고난 당하는 자가 있느냐 그는 기도할 것이요 즐거워하는 자가 있느냐 그는 찬송할지니라 너희 중에 병든 자가 있느냐 그는 교회의 장로들을 청할 것이요 그들은 주의 이름으로 기름을 바르며 그를 위하여 기도할지니라(약 5:13-14)

우리는 인생의 대부분의 시간 동안 기도하는 일과 기적들을 목격하는 것 속에서 보냈다. 우리는 스스로 기적을 일으키게 할 수 없고, 왜 첫 기적을 보았을 때보다 오늘날 더 많이 일어나지 않는지를 설명할 수 없다. 그러나 우리는 기적을 믿는다. 그리고 우리는 기적들이 일어나는 것을 보고 있다. 우리는 매번 기적들을 위해 기도한다. 무엇이든지간에, 우리는 여전히 믿고 예배드린다. 거기에는 공식이 없다. 거기에는 오로지 그분만이 있다. 그분의 영광은 심지어 어둠을 직면하는 순간에도 계시된다.

어둠을 통하여 빛으로

디트리히 본회퍼(Dietrich Bonhoeffer)는 2차 세계대전 발발 초반부터 그의 글과 논문을 통하여 이미 기념비적인 인물이 되어 있었다. 평화주의자인 동시에, 히틀러가 주도하는 독일의 운명이 평균대 위에 아슬아슬하게 걸렸을 때, 그리스도는 그를 불러 빛과 어둠 사이의 충돌 속에서 적극적인 중보기도자가 되도록 하셨다. 처음에 본회퍼는 도망쳤다. 그는 한 친구에게 다음과 같이 편지를 보냈다. "나는 미국으로 망명하는 실수를 했다. 나는 독일의 기독교인들과 함께 역사 가운데 우리의 국가에게 발생한 이 어려운 시기를 함께 통과해야만 했다. 내가 시련의 시간을 나의 민족과 함께 보내지 않는다면 전쟁 이후 독일에서 기독교인의 삶을 재건하는 일에 참여할 권리가 없을 것이다."[3]

그는 다시 독일로 돌아갔고 히틀러를 암살하는 일에 주도적 역할을 했다. 본회퍼는 결국 연행되고, 감옥살이를 하고, 고문을 당하고, 그리고 독일 정부에 의해 사형됐다. 그는 《제자도》(The Cost Of Discipleship)에서 이렇게 기록했다.

> 십자가를 참는 것은 비극이 아니다. 그것은 예수 그리스도에게 배타적으로 충성하는 데서 오는 열매인 고통이다. 고통이 올 때, 그것은 우연이 아니라 필연이다. 그것은 이 세상과 떨어질 수 없는 그런 종류의 고통이 아니라, 특별히 기독교인의 삶에 있어서는 필수적인 고통이다. 십자가는 바로 처음부터 거기에 있었고, 그는 그것을 짊어져야만 했다.

그에게는 일부러 밖에 나가 그를 위한 십자가를 찾을 필요가 없었고, 그에게는 일부러 고통을 찾아 달려갈 필요가 없었다….4

본회퍼는 그가 썼던 대로의 삶, 곧 제자의 삶을 살았다. 그는 어둠의 한 가운데서 십자가를 품었고 빛이 되었다. 그의 글을 인용하면 다음과 같다.

모든 사람이 경험해야만 하는 그리스도의 고통, 첫 번째는 이 세상과 유착된 것을 버리는 부르심이다. 그것은 그리스도와 만남으로 이루어지는 옛사람의 죽음이다. 우리가 제자도를 향하여 출항할 때, 우리는 그리스도의 죽음과 연합하여 그에게 우리 자신을 드린다. 우리는 우리의 생명을 죽음에 이르기까지 드린다. 그래서 그것이 시작된다. 십자가는 그렇지 않으면 하나님 경외함과 행복한 삶으로 끝나는 무서운 끝이 아니라, 십자가는 그리스도와 교통하는 시작부터 우리와 만난다. 그리스도가 한 사람을 부를 때, 그는 그를 와서 죽게 한다…. 매일 그는 새로운 유혹들을 만나고, 그리고 매일 그는 예수 그리스도를 위하여 새롭게 고통을 당해야만 한다. 싸움 중 그가 받는 상처들과 상흔들은 주님의 십자가에 참여하고 있다는 살아있는 증거들이다.5

그의 처형을 목격한 의사는, "나는 그렇게 철저히 하나님의 뜻에 순종하여 죽은 사람을 본적이 없었다"6고 말했다. 그가 끌려 나가면서 동료 수감자들에게 말한 마지막 말은, "끝이 나에게는 삶의 시작이다"7 였다.

우리의 사랑하는 친구 레슬린(Leslyn)은, 그녀가 일련의 꿈들을 꾸기 시작할 때, 말기암 진단을 받았다. 성령님은 그녀가 직면하게 될 강한 도전들에 대하여 그녀를 위로하고 가르치기 시작하였다. 레슬린의 경험은 고통의 한가운데서 십자가의 권능에 개인적으로 참여하는 것에 대한 강력한 본보기이다.

처음에 꿈을 꾸었을 때, 나는 무릎 아래까지 내려오는 흰색 천에 변화를 준 옷을 입고 있었다. 그리고 나는 해변을 따라서 달렸다. 정말로 멋진 몸매를 가진 사람만이, 빠르고, 자유롭게, 그리고 기쁨으로 가득 차서 달리고 있었다. 나는 결코 지치지 않았고, 내 얼굴과 머리에 부는 바람을 느낄 수 있었다.

이 일련의 꿈 중 세 번째 꿈에서는, 나는 이전처럼 달리고 있었으나, 이번에는 높은 바위 절벽이 물속까지 연결되어 해변을 완전히 둘로 나누는 곳까지 갔다. 나는 더 이상 갈 수 없어서 멈춰야만 했다.

다음 날 밤, 나는 다시 그 바위 벽에 있었고, 바위 표면을 따라 가장자리를 걷기 시작하였다. 나는 그때 그 바위로부터 나오는 아주 작고 희미한 빛을 보았고, 나는 바위 안에 동굴로 들어가는 틈이 있는 것을 깨달았다. 그 빛은 터널의 저 멀리 떨어져 있는 터널의 다른 끝으로부터 나오는 아주 세미한 빛이었다. 그때 나는 바위 입구는 정확하게 나의 가슴과 머리카락을 뺀 나머지 나의 외형 윤곽이라는 것을 깨달았다. 내가 그 바위 입구를 통과할 수 있는 유일한 길은 내가 수술을 받고 항암치료들을 받고 난 후의 바로 내 모습이어야 한다는 것을 깨달았다.

내 마음이 뒤로 물러가 깊이 낙담되었기에 이것은 나에게 큰 격려가 되었다. 나는 남몰래 생각하기를 이 암은 나 자신에게 어떤 실패의 결과가 아닐까 궁금했었다. 아마도 나는 기도 또는 나의 삶에서 충분히 전쟁을 치르지 않았기 때문이라고 생각했었다. 그러나 이 꿈은 내가 하나님의 뜻 안에 있지 않았거나 실패했었다는 걱정들과 근심들을 내려놓고 쉬게 했다. 그 근심은 내가 꿈 속에서 바위 입구를 보았던 바로 그 순간에 모든 것이 해결되었다. 나는 이것이 내가 걸어가야만 하는 길이라는 것을 알았다. 성령님은 하나님이 암이 생기도록 하지 않는다는 것과, 이 시련은 이것 이외의 다른 방법으로는 도달할 수 없는 곳으로 나를 데리고 간다는 것을 알게 하셨다. 그리고 그를 사랑하는 사람에게는 모든 것이 합력하여 선을 이룬다는 것이 참으로 진리라는 것을 알게 하셨다.

나는 그 바위의 틈으로 걸어갔으나, 옆으로 미끄러져 들어가야 했다. 공간은 나에게 완벽하게 맞았다. 나는 터널을 통과하기 시작했다. 공간은 아주 꼭 맞아서 나는 팔들을 수직으로 내 몸에 붙이고 천천히 한 발짝 한 발짝 옆으로 나아가야만 했다. 터널을 통과하는 이 여행은 한동안 계속되었다. 모든 꿈에서, 나는 그 빛으로 조금씩 점점 더 앞으로 나아갔다. 여러 꿈들 뒤에 내가 깨달은 것은 이 좁은 공간을 움직여 통과하는 방법은 십자가의 형상 안에서 걸어감으로서 통과할 수 있다는 것이었다.

이 모든 과정에서 레슬린은 그녀의 기쁨을 잃지 않았다. 행복은 환경에서 오지만, 기쁨은 하나님으로부터 온다. "주께서 생명의 길을 내게 보이시리니 주의 앞에는 충만한 기쁨이 있고 주의 오른쪽에는 영원한 즐거움이 있나이다"(시 16:11). 그리스도는 아버지를 기쁘시게 하는 것을 즐거워하여, 많은 아들을 영광으로 들어오게 하는 것을 즐거워하여, 그분을 다시 보고 그의 나라를 즐거워하여, 십자가를 참으셨다.

그러나 하나님의 고통은 십자가에서 끝나지 않았다. 우리는 그와 함께 고통하고 그는 그의 몸인 교회 안에서 우리와 함께 고통한다. 믿음은 세상을 이기는 승리이다.

특별히 갈보리가 우리에게 가장 사랑스럽게 되는 것은 고통의 시간들 속에 있을 때이다. 인간 고통의 문제에 대한 충분한 답은 그리스도가 또한 고통 당하셨다는 사실이 아니고는 다른 대답이 없다. 그는 영광을 위하여 고통을 당하셨다. 우리의 고통이 세상 사람들에게 동일한 본이 되도록 하자. 아들로 부르심을 받은 모든 사람은 십자가에 있는 아들에게 참여해야만 한다. 죽음 없이는 부활이 없다. 십자가 없이는 영광이 없다.

> 성령이 친히 우리의 영과 더불어 우리가 하나님의 자녀인 것을 증언하시나니 자녀이면 또한 상속자 곧 하나님의 상속자요 그리스도와 함께 한 상속자니 우리가 그와 함께 영광을 받기 위하여 고난도 함께 받아야 할 것이니라 생각하건대 현재의 고난은 장차 우리에게 나타날 영광과 비교할 수 없도다 피조물이 고대하는 바는 하나님의 아들들이 나타나는 것이니(롬 8:16-19)

권능의 시간

십자가의 영광은 다차원적이다. 그것은 대체할 수 있고, 거듭나게 하고, 승리하게 한다. 그것은 사람들의 성화, 하나님의 만족, 그리고 악의 진멸을 완성한다. 복음서에서 예수님은 일곱 번에 걸쳐 그의 십자가에 못 박히는 "그때(the hour)"를 위하여 왔다고 말씀하셨다(요 12:23-33). 십자가는 그의 피 안에 있는 생명을 통하여 능력을 발한다. 피는 죽은 자를 일으키는 성령의 권능을 풀어준다. 능력의 나타남은 말씀 안에서 계속적으로 계시된다. 우리는 하나님의 능력, 구원의 능력, 성령의 능력, 하늘나라의 능력, 그리스도의 권능, 기도의 능력, 축사의 권능, 말씀을 전하는 능력, 복음의 능력, 십자가의 권능을 경험한다.

골로새서에 대한 그의 주석에서, 존 이이디는 말했다.

> 우리의 구속은 즉각적으로 값을 치루고 능력을 얻는, 즉 속죄와 승리의 역사이다. 십자가에서 교환이 이루어졌고, 그리고 십자가에서 승리를 얻었다. 우리에게 선고된 사형선고를 깨끗이 지워버리는 피가 거기서 흘려졌고, 그리고 사탄 왕국의 치명타였던 그 죽음은 거기서 이루어졌다.[8]

사도바울은 그리스도의 영광 안에서 걸었다. 바울은 그의 부르심을 받아들이고 그리스도의 발자국을 따라갈 때 십자가를 짊어졌다. 자신을 드리는 헌신을 통해 복음은 멀리까지 전파되었다. 고난을 통하여 자신을 부인하는 것은 복음을 통한 위대한 능력으로 가는 길을 열었다.

> 나는 이제 너희를 위하여 받는 괴로움을 기뻐하고 그리스도의 남은 고

난을 그의 몸된 교회를 위하여 내 육체에 채우노라 내가 교회의 일꾼 된 것은 하나님이 너희를 위하여 내게 주신 직분을 따라 하나님의 말씀을 이루려 함이니라 이 비밀은 만세와 만대로부터 감추어졌던 것인데 이제는 그의 성도들에게 나타났고 하나님이 그들로 하여금 이 비밀의 영광이 이방인 가운데 얼마나 풍성한지를 알게 하려 하심이라 이 비밀은 너희 안에 계신 그리스도시니 곧 영광의 소망이니라 우리가 그를 전파하여 각 사람을 권하고 모든 지혜로 각 사람을 가르침은 각 사람을 그리스도 안에서 완전한 자로 세우려 함이니 이를 위하여 나도 내 속에서 능력으로 역사하시는 이의 역사를 따라 힘을 다하여 수고하노라(골 1:24-29)

다섯 번에 걸쳐 바울은 서른아홉의 채찍을 맞았다. 그는 돌에 맞았고, 배가 파선하였고, 뱀에 물렸고, 감옥에 갇히고, 옷 벗겨지는 수치와 사람의 위험에 처해졌다. 그러나 그는 "나는 사도들 중 가장 낮은 자"와 "죄인들 중 최고 죄인"이라고 말했다(고전 15:9; 딤전 1:15 참조). 그는 광야에서 십사 년을 지냈고, 손수 자신의 쓸 것을 위하여 일했고, 영적 권위에 있는 다른 사람들에게 순복하였고, 마귀들을 쫓아내고, 병자들을 고쳤다. 그리고 한때, 그 자신이 고통을 당할 때, 그는 세 번이나 나아질 것을 위해 기도했다. "나의 은혜가 네게 족하도다"는 말씀이 그에게 응했을 때, 바울은 자신의 질병은 거기에 남겨두고 하나님 나라의 비즈니스를 수행했다! 우리도 그와 같이 행하자.

8장

영광 중에 깨어남

8장_DANCING IN THE DARK

영광 중에 깨어남

그때 그는 하늘로 올랐다.
그리고 다시 여기에,
이 땅의 중앙에 오신다.
멸망의 날에 인류를 찾으시면서,
주님 자신이, 전능하신 하나님이,
그리고 그의 천사들과 함께…
그는 수다한 무리들 앞에서 질문할 것이다.
하나님의 이름을 위하는 사람이
어디서 쓰디 쓴 죽음을 기쁘게 맛볼 수 있는지,
이전에 그가 십자가 위에서 그러하였던 것처럼…
가슴 속에 가장 아름다운 십자가를 품고 있는 사람은
그때에 두려워할 필요가 없다.
그러나 주님과 함께 거하고자 하는 각 영혼은
그 십자가를 통하여
세상의 길로부터 하나님의 나라로 들어가야 한다.[1]

† † †

그분은 벽을 바로 통과하여 들어오셨다. 마치 강한 자(the Strongman)처럼, 그 장소의 주인(the Owner)인 것처럼, 그분이 항상 우리에게 말했던 그 비유들처럼. 그분이 나타나시기 전까지 우리는 그분이 무엇을 의미하였던 것인지 실마리를 찾을 수 없었다. 우리가 도망하여 숨었던 바로 그 장소에 그분이 들어오셨다. 그분은 벽을 뚫고 들어와서는 우리가 숨어있는 장소를 살폈다. 우리의 모든 두려움과 불신을 살폈다. 특별히 나의 의심과 두려움을 살폈다. 모든 의심의 그림자라도 추적하고자 하는 의심 많은 우리 영혼들을 순전하게 살폈다.

짐작하겠지만, 내가 바로 그 사람이다. 내가 바로 그 불쌍한 사람, 그분을 믿지 않았던 것으로 유명한 그 사람이다. 그분에 관하여 믿지 않았던 것이 아니다. 나는 그분이 메시아라는 것을 바로 알았다. 그것에 대해서는 의심할 바가 없다. 나는 그 사실을 시작부터 알았다. 그러나 그분을 믿는다는 것은 완전히 다른 이야기다. 적어도 내게는 그랬다. 밤과 낮의 차이처럼 말이다. 사람들이 그분을 죽일 때 보았던 것과, 그분이 영광의 날에 우리 가운데 직접 서 있는 것을 보는 것의 차이 말이다.

그분은 진실로 시작과 끝이다. 단지 시간뿐만이 아니라, 사물과 사람 존재의 시작과 끝이다. 그분은 근원 중의 근원이다. 절

대적으로 모든 것의 근원, 내려가서는 마지막 세부적인 것의 근원이시다. 사람들이 말하는 것처럼, "끝날 때까지 끝난 것이 아니다." 그분은 끝나지 않았다! 그렇다. 우리가 사는 이 세상은, 자신을 어둠에 넘겨주면서 부패하였다. 그러나 그분은 빛이기 때문에 우리가 그 빛과 함께 행하면 어둠을 물리칠 수 있다. 그것이 내가 배운 것이다.

그분이 말씀하셨다. "삼일에 내가 다시 살아날 것이다." 한번만 말씀하신 것이 아니다. 백번이나 말씀하셨다. 그럼에도 불구하고 나는 그분이 십자가에 못 박힌다는 말씀을 믿을 수 없었다. 그리고 그분이 죽은 후에 다시 살아난다는 것은 믿을 수 없었고, 더욱이 우리 안에 거하실 거라는 말씀은 더 더욱 믿을 수 없었다. 그러나 여인들 중 몇은 처음부터 끝까지 열성적이었다. 특별히 그의 어머니와 마리아는 더 열심이었다. 그분이 고초를 당한 것으로 인해 그들은 위로받을 수 없는 극심한 공포 속에서 슬퍼하였다. 우리는 거기 그 언덕에 서서, 극심한 고통의 전부를 지켜보았다. 유월절 피가 가득 우리에게 뿌려졌다. 그러나 그 여인들은 시련 내내 그분을 믿었다. 그들 속 깊은 곳에서, 이것이 정말 끝이 아니라는 것을 그들은 알았다. 그것이 그들만이 아침 일찍 그분의 무덤으로 간 이유였다. 그들은 우리 나머지 사람들보다도 먼저 그분을 보았다. 그 여인들이 그분이 살았다는 좋은 소식을 가지고 돌아왔다. 그분이 살아나셨다. 그분은 과거시제가 아니다. 이것이 그날 그분이 벽을 뚫고 들어오신

날, 내가 확인한 사실이다.

　이제 내가 영광스런 날에 관해 말하겠다. 그날은 내가 과거로부터 깨고 나온 날이다. 그날은 옛 나를 뒤에 남겨두고 바로 이곳에(right-here), 바로 지금(right now), 영원히(forever)란 말을 완전히 받아들인 날이다. 우리는 그 일이 일어난 후, 모두 벼랑 끝에 선 것 같이 조마조마하며 매우 우울한 채로 거기 방안에 있었다. 성전에 있는 자들이 이미 우리를 미워한다는 것은 상관하지 않는다. 우리에 관한 소문은 들에 번진 불처럼 모든 사람에게 알려졌다. 사람들은 도처에서 우리를 잡으려고 찾고 있었고 우리는 숨어 다녔다. 마치 우리가 정말로 숨어서 지낼 수 있을 것처럼. 또는 마치 그분이 우리를 찾을 수 없을 것처럼 우리는 숨어서 지냈다.

　그때 갑자기 그분이 나타나셨다. 온통 심판과 어둠의 시간은 일 분처럼 지났고 다음 일 분 동안은 갑자기 그분 앞에 서게 되었다. "아니, 당신입니까, 예수님?" 나의 마음은 소용돌이치고 나의 몸은 갑자기 위로부터 바닥까지, 안에서 밖으로, 사드락(Shadrach)의 용광로처럼 활활 타올랐다. 왜냐하면 그분이 거기에 서 계셨다. 나는 두려움과 안도로, 또한 불신으로! 울면서 그 앞에 엎드렸다. 우리의 입장이 되어 보라. 또는 최소한 나의 입장이 되어 보라. 내가 말하고 싶은 것은, 나는 정말로 그를 사랑했고, 그리고 그분이 고통당하며 죽으신 것을 보았다. 나를 믿으라. 이것은 진짜 예수님이 나타날 때만이 연출될 수 있는 장면이다. 그리고 내가 받아들이는 데 시간이 조금 걸리는 것 같으면 나를 용서하라. 내 삶의 나중을 보라. 당신은 내가 프로그램에 함께 했고, 분위기에 편승했었다는 것을 알 것이다. 부활의 능력…당신은 그것이 무엇을 의미하는지 알 것이다!

실재의 그분을 일단 경험하면, 당신은 다시는 이전으로 돌아갈 수 없다. 나는 그것을 보고 또 보았다. 그분의 부활 능력은 바로 내 손으로부터 흐르고 있다. 방 안에 있는 무리에게 오신 후, 그분은 나에게 손을 펴 보이시며 말씀하셨다. "여기 있다. 톰(도마의 애칭), 만져봐라. 보이느냐? 이것이 못이 뚫고 들어간 곳이다. 자, 내가 여기 있다." 그의 손이 마치 내 손 안에서 살아 계신 것처럼 느껴졌다. 나는 확신하게 되었고 확신을 전하는 자가 되었다. 이것에 관해서도 그분이 말씀하신 적이 있다. 기억하는가? "나를 믿는 자는 나의 하는 일을…그리고 더 큰 일을…그도 또한 할 것이다." 그것은 의심할 것이 아니다. 그것은 사실이다.

이제 내가 원하는 전부는 그가 가는 곳에 나도 가는 것이다. 그가 있는 곳에 있는 것이다. 그와 같이 되는 것이다. 이 일이 있은 이후 우리는 함께 어디든 갔다. 능력과 증거가 생수의 강처럼 우리 모두로부터 흘러나왔고, 도처에서 메마른 영혼들을 생명으로 이끌었다. 우리 모두는 각기 다른 방향으로 갔다. 북으로, 남으로. 유대인들에게, 이방인들에게. 이것이 그분의 전체 계획이었다. 그것이 처음부터 그분의 생각이었다. 그러나 때때로 전구가 불이 들어오기까지는 잠시 시간이 걸린다! 사람들은 스스로의 길들을 정하여 가는 경향이 있다. 그렇지 않은가?

모두 다 아는 것처럼 형과 나는 쌍둥이다. 우리는 항상 돌다리도 두들겨서 건너가야 하는 사람들이다. 우리는 모든 것을 자세히 살펴보는 경향이 있다. 우리는 표면 가치를 결코 순수하게 있는 그대로 받아들이지 않는다. 보라, 내 생각에는 나는 참으로 그분에게 모든 것을 헌신했기에, 그분이 죽을 것이라고 말했을 때, 나는 단순히 흥분하여 이렇게 말했다. "좋지요. 우리 모두는 죽기 위해 함께했다고 생각합니다." 정확하게 그렇게 말했다. 그러나 나는 요점을 놓치고 있었다. 우리는 살기 위해 함께하는 것이지, 죽기 위해 함께함이 아니다!

그분의 죽음으로 인해 우리가 살게 되었다. 그리고 그것을 전하기 위해 살고 있다. 우리는 그분이 살아계시고 우리가 사는 동안 우리를 통해서 일을 하시고 있다는 것을 증거할 사람들이다. 그분이 했던 것처럼. 사람들은 형과 나는 닮았다고 말한다. 걷는 것과 말하는 것이 서로 닮았고, 구별하기 힘들다고 한다. 그러나 내가 정말로 누구를 닮았는지 말하겠다. 사람들은 내가 인도로 갔는지 알기를 원한다. 그러나 무슨 차이가 있단 말인가? 그리고 당신은 정말 내가 어떻게 죽었는지 알 필요가 있는가? 나는 그분에게 나의 삶을 드렸다. 내가 말하고 싶은 요점은, 정확히 그와 같이, 나는 살아있다는 것이다. 당신도 또한 그럴 것이다. 당신이 믿으면.

그런데, 내 것이라 생각하며 내 뼈들을 도처에 가지고 다닌다는 이야기를 들었는데 참으로 우스꽝스러운 것이다. 엘리사의 뼈가 그랬던 것처럼 나의 뼈가 능력이 있다면 이해할만 하지만, 웃음이 나온다. 그분이 말씀하신 것은 모두 진리다. 그분이 행했던 것은 모두 실재이다. 그리고 십자가에서 처벌 받아야 마땅한 죄인에게 말씀하신 것처럼 "오늘이 너의 영광의 날이다!" 그것이 부활의 권능이다. 그분이 부활하셔서 우리에게 나타나신 그날, 우리를 옛 생각 구조로부터 나오게 했던, 그리고 우리를 세상에 보내 나머지 사람들을 그의 구원으로 이끌었던 그날 이후, 우리가 했던 모든 것은, 그야말로 영광의 날로부터 흘러나온 것이었다! 부활하신 권능으로 우리는 병든 자를 고치고, 문둥병자들을 깨끗하게 하고, 귀신들을 쫓아내고, 심지어 죽은 자를 살렸다. 와우! 그것이 소유한 자들, 새 강한 자들(new strongmen, 옛 강한 자, 즉 마귀를 쫓아내는 더 강한 자를 의미하며 믿는 자를 지칭함-역자 주)에게 주는 종합선물이다. 당신은 사람들이 이제 우리를 무엇이라고 부르는지 아는가? 믿는 자들이다! 그분을 보기만 하지 말라. 그분을 믿으라. 그리고 나를 믿으라. 그분이 당신에게 나타나실 것이다. 나는 내가 무엇을 말하는지 안다. 주님 안에서 하던 것을 계속하라. 그분이 살아계신다.

† † †

몇 년 전 부활절에, 우리 교회는 전통적인 부활 주일 드라마를 보여주었다. 그 드라마에서 그리스도로 분장을 한 소년이 그의 '무덤'에서 나와서 영원히 죄와 죽음을 이기신 승리를 선언하는 대목이었다. 불행하게도, 그 드라마가 막을 내렸을 때, 마지막 장면에 약간의 문제가 있었다.

피를 흘리며 고통스러워하는 그리스도가 영혼을 아버지께 맡기고 돌봐주는 친구들에 의해 십자가에서 내려지는 장면을 성공적으로 수행한 뒤, 우리의 예수는 급히 사라졌고, 무대 뒤에서 빠르게 씻고, 흰 옷으로 다시 갈아 입고, 그러고는 그의 무덤 뒤쪽에 다시 배치되었다. 그는 영광 중에 나타나는 장면의 '큐' 사인을 기다리고 있었다. 그러나 감독은 음악이 나오기도 전에 미리 예수를 나오라고 신호했다. 다른 배우들과 청중들은 뜻하지 않게 '부활'한 그를 보고 다들 놀랐다.

그가 나타나 청중들의 이상한 시선을 의식하였을 때, 그 '구원주'의 얼굴에는 당황하는 모습이 역력했다. 그러나 곧 우리의 예수는 그가 잘못된 '큐' 사인을 받았다는 것을 재빠르게 알아차렸다. 그는 어깨를 으쓱하고는 그의 무덤으로 다시 들어갔다. 그가 다시 사라졌을 때, 한 음성이 청중으로부터 들렸다. "이제 추운 겨울을 두 달 더 보내야겠구나"(예수님이 무덤에 도로 들어가셨으니 다시 부활절을 기다려야 한다는 의미-편집자 주).

목격자들의 증언

불행하게도 우리 모두는 진짜 예수님이 부활절 아침에 무덤에서 나온 그 의미에 대해 생각해 보지 않았거나 잘 모르고 있다! 예수님은 무덤에서 나와 살아난 후, 오백 명 이상의 사람들을 만나고, 말하고, 동행하였으며, 함께 먹었다. 죄와 죽음이 지배하는 겨울은 영원히 정복됐다. 예수님을 죽은 자 가운데서 살리신 성령과 교통하며 우리가 걸을 때, 우리는 부활의 영광을 미리 맛볼 수 있다. 이 영광의 완성은 우리 몸이 마지막 날에 주님과 함께 있기 위해 부활할 때 올 것이다.

그의 죽음으로, 예수님은 아담의 모든 타락한 유산을 사형선고와 함께 봉인해버렸다. 그리스도는 육체의 몸으로 오셨을 때 마지막 아담이 되었다. 그는 부활하셨을 때 둘째 사람, 새 인류의 선조가 되었다. 십자가에서, 예수님은 성전에서 번제를 드린 후에 대제사장이 하는 말을 대신하여 선포하셨다. "다 끝났다!(It is finished!)" 죄를 속량했다는 의미가 담긴 이 말은 성취되었다. 그들과 하나님을 분리했던 죄는 제거되었다. 그리스도는 모든 남자, 여자, 그리고 갓 태어난 아기들을 위하여 완전히 죄값을 지불하셨다. 예수는 첫째 아담이 실패한 모든 죄의 결과들을 자신의 몸에 짊어지셨다.

> 사망이 한 사람으로 말미암았으니 죽은 자의 부활도 한 사람으로 말미암는도다 아담 안에서 모든 사람이 죽은 것 같이 그리스도 안에서 모든 사람이 삶을 얻으리라(고전 15:21-22)

예수님은 마지막 아담이다. 그는 법적으로 첫째 아담의 실패한 일들을 떠안았다. 그래서 그는 하나님을 위하는 새 인류를 낳았다. 우리는 육신으로 또는 사람의 뜻으로 말미암은 것이 아니라, 아버지의 기쁘신 뜻을 따라서 성령으로 말미암아 거듭났다.

성령은 어린양 위에 내려와서 머물렀다. 영광은 언약궤 위에 임하였다. 언약의 피와 하나님의 영광은 함께 서로 교통한다. 이것이 큰 비밀이다. 우리는 그리스도의 몸이다. 우리는 영광을 위하여 불려졌다. 우리는 그의 영광이 되었다.

우리는 아들을 알지 않고는 아버지를 알 수가 없다. 성령님이 우리 심장과 마음에 그리스도를 계시하지 않고는 그리스도를 알 수 없다. 우리가 성도들의 공동체, 즉 우리의 지역 교회에 통합될 때 우리 각자는 그리스도 안에 있는 우리의 온전한 정체성을 발견한다.

> 너는 베드로다 나는 이 반석 위에다가 내 교회를 세우겠다 죽음의 세력이 그것을 이기지 못할 것이다(마 16:18 표준새번역)

예수님은 지구 위 또는 아래에 있는 어떤 세력도 그의 나라를 저항할 수 없다는 것을 선포하고 있는 것이다. 그의 몸인 교회는 통합적으로 그의 나라를 나타낸다. 그리스도의 몸인 교회는 상호협력과 명령체계, 영원한 관계들, 실제적인 예배, 그리고 사랑에 대해 말한다. 교회는 머리로부터 땅에 이르기까지 흐르는 권위와 통치체계가 있다.

하늘과 땅이 함께

　인간에 대한 하나님의 관계의 근원은 십자가다. 죽음을 통하여 예수님은 인류와 하나님 사이에 있는 갈라진 틈을 닫았다. 부활하면서 예수님은 우리를 영광의 영으로 채우셨다. 성령님은 우리를 일대 일로 하나님과 연결시킨다. 예수님은 중보자다. "하나님은 한 분이시요 또 하나님과 사람 사이에 중보자도 한 분이시니 곧 사람이신 그리스도 예수라"(딤전 2:5). 그리스도는 당신과 모든 다른 피조물들, 당신과 다른 모든 사람들 사이에 서 있다. 그는 심지어 당신 안에 있는 "옛 사람"과 새 피조물 사이에 서 있다. 우리와 세상 사이에 예수님 외에는 어느 것도 있을 공간이 없다. 우리들 사이에도, 우리와 우리 자신들 사이에도! 그리스도는 그 중간에 서 있다. 십자가와 성령이 우리를 하나님과 그리고 다른 사람들과 교제하게 한다.

　성령은 교회에 상주하는 주님이다. 성령은 우리를 한 몸으로 함께 묶는다. 그는 조각의 대가가 한 덩이의 흙으로 걸작을 만드는 것과 같이 그리스도의 몸을 세우고 있다. 우리의 영적인 건축은 우리 안에 그리스도의 형상이 완성되어 '완전한 사람'이 되기까지 계속될 것이다(엡 4:12-13 참조). 최종 목적은 하나님의 영광, 몸을 튼튼하게 함, 그리고 그리스도를 위한 영광스런 신부가 되는 것이다.

　예수님은 제자들에게 말씀하셨다. "그러나 내가 너희에게 실상을 말하노니 내가 떠나가는 것이 너희에게 유익이라 내가 떠나가지 아니하면 보혜사가 너희에게로 오시지 아니할 것이요 가면 내가 그를 너희에게로 보내리니"(요 16:7). 이것이 그리스도의 충만함이다. 이것이 교회를 통하여 하늘에 있는 통치자들과 권세들에게 보이게 되는 아들의 영광, 하나님의 지혜의 다양함이다(엡 3:10 참조).

본회퍼는 이것에 대해 그의 책 《제자도》(The Cost of Discipleship)에서 이같이 말했다.

> 그리스도의 몸은 성육신의 결과로 땅 위에 존재했다. 그리스도는 그 스스로 육신을 입고 오셨다. 그러나 그가 이 세상에 올 때, "여관에 방이 없었기 때문에," 사람들은 그를 구유에 뉘었다. 그가 죽을 때 사람들은 그를 밀쳐냈고, 그리고 그의 몸은 십자가 위에서 땅과 하늘 사이에 걸렸다. 그러나 이 모든 것들에도 불구하고, 성육신했다는 것은 이 땅에서 그 자신이 존재할 보이는 몸이 있다는 것이다. 그러나 진리, 교리, 또는 종교는 그 스스로 몸이 아니기에 존재할 공간이 필요하지 않다. 그들은 육체는 없지만 실체인 것이다. 그들은 듣기도 하고, 배우고, 이해된다. 그것이 전부다. 그러나 하나님의 아들의 성육신은 들을 귀와 심장뿐만 아니라, 그를 따르는 살아있는 사람들이 필요하다.[2]

예수께서 말씀하셨다. "너희가 세상의 소금이다." 소금은 소독하고, 보존하고, 그리고 함께 묶는다. 그리스도의 몸은, 인류에게 있는 상처와 죄에 대항하여 깨끗하게 하고, 보존하기 위해, 이 땅 위에 있다. 교회는 지구에서 소금과 빛으로서 공간을 차지하고 있다. 우리는 예수 그리스도가 오늘날 이 땅에 살아 있고 일하고 있는 것을 증명하고 증거 한다.

> 너희는 세상의 빛이라 산 위에 있는 동네가 숨겨지지 못할 것이요 사람이 등불을 켜서 말 아래에 두지 아니하고 등경 위에 두나니 이러므로 집안 모든 사람에게 비치느니라 이같이 너희 빛이 사람 앞에 비치게 하여 그들로 너희 착한 행실을 보고 하늘에 계신 너희 아버지께 영광을 돌리게 하라(마 5:14-16)

우리는 세상의 빛이다. 우리는 그 빛을 운반하는 사람들이 아니다. 우리는 그 빛을 고백하는 사람들이 아니다. 그가 세상의 빛인 것처럼 우리도 세상의 빛이다. 우리는 그의 영광의 밝음을 가지고 세상에 비춰져야만 한다. 그의 몸은 숨겨질 수 없다. 그의 몸인 교회는 예수와 교통하고 그리고 서로 교통하는 믿는 자들의 무리이다. 그의 몸은 보이고, 만져지는, 머리되신 예수님의 실체이다.

오순절 교회의 탄생으로부터 지금에 이르기까지, 우리는 기독교인들이 계속되는 활동, 교제, 그리고 서로 떡을 떼고 마시는 것 등에 참여하고 있는 것을 본다. 그들의 존재는 "나와 예수님"만의 일들이 아니어야 한다. 예수 교회를 위한 청사진은 사도행전에 그려지고 있다.

> 그들이 사도의 가르침을 받아 서로 교제하고 떡을 떼며 오로지 기도하기를 힘쓰니라 사람마다 두려워하는데 사도들로 말미암아 기사와 표적이 많이 나타나니 믿는 사람이 다 함께 있어 모든 물건을 서로 통용하고 또 재산과 소유를 팔아 각 사람의 필요를 따라 나눠 주며 날마다 마음을 같이하여 성전에 모이기를 힘쓰고 집에서 떡을 떼며 기쁨과 순전한 마

음으로 음식을 먹고 하나님을 찬미하며 또 온 백성에게 칭송을 받으니 주께서 구원 받는 사람을 날마다 더하게 하시니라(행 2:42-47)

이 말씀에서 우리는 이 땅에서 하나님의 영광을 비추는, 많은 성도들 가운데 그리스도가 표현됨을 본다. 우리는 영광 안에서 깨어나서 진동하는 공동체를 본다. 한 몸의 많은 구성원들로서, 그들은 서로 돌보고, 서로 사랑하고, 서로 돕고, 서로 격려하고, 그리고 서로 축복하고 있다. 그 몸의 머리로서, 그리스도는 교회를 지시하고 보양하며, 온 세상에게 자신을 보이고 있다.

에베소서에는 교회의 일곱 가지 그림을 보여준다. 이 일곱 가지 표현은 의회, 몸, 걸작품, 가족, 성전, 신부, 그리고 군대이다. 그들 각각은 공동체의 모습이며 우리가 볼 수 있는 모습이다. 그들 각각은 물리적 공간을 차지하며 그 표현이 존재하는 기능을 수행하는 구조를 가지고 있다.

몸은 건강할 때 적절한 구조를 가진다. 집은 청사진에 따라 지어진다. 효과적으로 통치하기 위해서는 입법의회는 의례를 준수한다. 위계질서 없이는 공동체를 가질 수 없다. 당신은 구조 없이는 질서를 가질 수 없으며 권위체계 없이는 구조를 가질 수 없다.

영광은 하나님이 임명한 리더들과 사람이 임명한 리더들을 구별한다(민 16:20-35, 41-45 참조). 마치 그들의 명성이 하나님 자신의 명성이라고 주장하듯이, 영광은 하나님의 리더들의 삶에 함께 묶인다(삼하 1:17-19). 출애굽기 16장에서, 영광은 사람들이 하나님이 임명한 리더들을 대적하여 반역할 때, 진실과 심판사이에 중재하기 위해 왔다. 모세는 하나님께 용서해 주실 것을 간구하면서, 중보기도를 했다. 하나님은 누그러졌지만, 그러나 그는 모든 사람들이 그의 공의의 심판을 보게 될 것이라고 약속했다. "여호와께서 이르시되 내가 네 말대로 사하노라 그러나 진실로 내가 살아 있는 것과 여호와의 영광이 온 세계에 충만할 것을 두고 맹세하노니"(민 14:20-21). 이 사건은 예수님이 우리를 위해 중보기도하고 십자가를 통하여 자비와 심판을 증명하실 하나님의 영광을 미리 말씀하신 것이다.

우리가 지도자들을 존경할 때, 우리는 삼위일체의 하나님을 반영하는 것이다. 그리스도의 제자들은 가르치는 사람들에게 '영광과 기쁨'이 되어야 한다(살전 2:20 참조). 주님은 우리와의 교제 속에서 우리를 만나고 그의 영광을 나타낸다.

> 무엇보다도 뜨겁게 서로 사랑할지니 사랑은 허다한 죄를 덮느니라 서로 대접하기를 원망 없이 하고 각각 은사를 받은 대로 하나님의 여러 가지 은혜를 맡은 선한 청지기 같이 서로 봉사하라(벧전 4:8-10)

기독교인들은 교회 공동체 안에서 지속적으로 교제하면서, 참여, 예배, 성찬을 나누고, 배우고, 성장하고, 서로 섬기는 것을 통하여 하나님과 생명 있는 상호작용을 한다. 성도들 간에 서로 살아있는 상호작용을 하며 함께 살아가는 것은 그 어느 때보다도 지금 시대에 필수적이다.

가족 안에 있는 영광

예수님의 우선순위는 그가 우리 각자를 불러 그의 가족이 되게 했을 때, 하나님과 화목하게 된 사람들끼리 서로 화목하게 하는 것이다. 가족은 인간 사회의 필수적인 구성요소이다. 마찬가지로, 언약적 공동체는 하나님께로 돌아가고, 가족에게 가기 위한 물리적인 장소이다. 지역교회에서 우리는 인격체로서의 하나님을 만나고 사람들 안에 있는 하나님을 발견한다. 우리는 이 공동체로부터 소외는 결코 실현되지 않게 함으로 우리 자신의 영적인 정체성을 거기서 완성한다. 지역교회는 하나님의 사명을 진척시키는 중앙 지휘소이다.

영광의 주님이 그의 사람들에게 보일 때, 삶을 변형시키는 능력이 임한다. 여기에 영광스러운 이야기가 있다.

> **멜라니(Melanie):** 나는 기독교인의 가정에서 성장했다. 그래서 나의 전 생애 동안 나는 구원의 필요성을 알고 있었다. 그러나 나는 성령 또는 주님과 개인적 관계에 대한 지식은 없었다. 그래서 내 속에는 갈라진 큰 구멍이 있었고, 나는 그곳에 하나님이 아닌 다른 것을 초대했다. 불행하게도, 십이 년 동안, 어둠 가운데 거하면서 대학에 들어가서는, 나는 교회에 등을 돌렸고 동성연애자가 되었다.
>
> 여러 해 동안 이런 삶을 산 뒤, 최근에 주님께 돌아온 나의 여동생이 글로리 컨퍼런스(마헤쉬 차브다 목사님 교회에서 진행되는 컨퍼런스)에 나를 초대했다. 두려웠지만 동시에 갈급한 마음이었기에, 나는 참석했

다. 찬양이 시작되자마자, 내 안에 조롱하고 두려워하는 마음은 그분의 임재를 직면하였고, 영광의 주님과 동의하지 않는 모든 것들은 엎드려 경배해야 했다.

그런 후, 마헤쉬 차브다 목사님이 단상에 올라와서 선포하였다. "영광의 왕이여…들어오소서!" 즉시로, 나는 거대한 철문들이 순서대로 하나씩 하나씩 내 주위에서 세차게 닫히는 소리를 들었고, 그리고 주님이 나에게 말씀하시는 소리를 들었다. "나는 너의 과거의 문들을 닫았고, 나는 닫힌 그것들을 봉인하고 있다." 나는 레즈비언의 삶으로부터 자유하게 되었고, 또한 내 삶의 모든 영역에서 새로운 출발을 하였다. 나는 즉시로 나의 가족들과 화해를 하였고, 한때 하나님이 나에게 주셨던 꿈들을 기억하기 시작했다. 내가 영광을 경험했을 때, 나의 정체성은 회복되었다. 그러고는 구원(deliverance)받은 다음 주간부터 교회에 갔다! 다음 몇 년 동안, 나는 교회 가족에 연결되었다. 주님이 나를 회복시켰던 꿈들 중 하나는 결혼하고 가정을 이루는 것이었다. 어느 크리스마스에 나는 기도했다. "주님, 내년 크리스마스 때까지 결혼하기를 원합니다."

마이클(Michael): 멜라니가 강하게 남편을 주시도록 기도한 그 달에, 주님은 나를 돌이키기 시작하였다. 나는 동성연애자의 삶에 빠져 있었다. 내가 그 삶을 떠날 수 있을 거라고는 한 번도 생각하지 못했다. 뒤를 돌아보면, 하나님은 심지어 내가 가장 어두운 시간 속에 있을 때에도 그분의 영광의 씨앗들을 심고 있었다. 나는 성경을 읽기 시작하고 성령 안에서 기도하기 시작했다.

어느 날 밤, 내가 깨어났을 때, 주님은 말씀하셨다. "네가 섬길 사람을 오늘 선택하라." 나는 거실로 갔고, 그리고 성령님은 구원(deliverance)에 관한 성경말씀을 하나씩 하나씩 보게 하셨다. 나는 주님께, "내가 당신을 선택합니다"라고 말했다. 그러자 나는 즉시 "그것이 끝났다"는 것을 알았다. 나는 구출되었고 나의 삶은 바뀌기 시작했다.

자유로 가는 문은 나의 거실의 고독한 장소에서 열린 반면, 나는 교회 가족 안에서 영광을 경험하고, 나의 진정한 정체성을 발견하였다. 성령님은 나의 영을 불렀고 회복시키고 그리고 변형시켰다.

나는 아버지의 집에 왔다. 그는 나의 아버지 상에 대한 왜곡된 경험을 회복시켰고, 사랑과 관계들에 대한 나의 경험을 지구상에 있는 그의 가족, 즉 교회에서 재설정하였다. 교회는 멜라니와 나 모두의 구원을 위해 중요한 역할을 하였다.

멜라니: 나는 그의 영광에 갈급하였다 그의 영광은 나를 보호하고, 나를 보정하고, 나의 정체성을 그의 형상으로 만들었다. 교회 가족은 주님이 나의 '내면 자아'를 개혁하는데 사용한 도구가 되었다. 내가 섬기고, 그들과 관계하고, 그리고 교회 가족이 함께 모였을 때, 나는 변형되고 있었다.

마이클: 교회에 나가기 시작한 후 몇 달 후에, 나는 멜라니를 처음으로 보게 되었다. 나는 홈그룹 모임에 앉아 있었고, 그때 그녀가 문으로 들어왔다. 그리고 나는 들었다. "저 사람이다!" 몇 주 후에 멜라니는 어느

그룹에서 그녀의 간증을 나누려고 했기 때문에, 홈그룹에 기도를 요청했다. 그녀가 나눌 간증은 동성애 삶으로부터 어떻게 나왔는지에 대한 것임을 알고는 놀랐다. 내가 주님께 기도했던 것들 중 하나는 나의 아내 될 사람 역시 동성연애로부터 구출된 사람이었으면 한다는 것이었다.

기회가 왔을 때, 나는 멜라니에게 말했다. "우리 이야기 좀 합시다." 우리는 친구가 되었고, 성령의 역사하심으로 지금 우리는 결혼했고, 완전한 사랑 가운데 영광 안에서 함께 자라고 있다. 우리 하나님께는 어느 것도 불가능한 것이 없다.

마이클과 멜라니가 그분의 임재의 빛으로 나왔을 때 그들은 그들의 참된 정체성을 발견했다. 그리고 그들은 서로를 발견했다. 우리 교회의 공동체에서 그들의 계속되는 간증은 십자가의 권능과 우리를 온전하게 만드시는 성령의 임재를 증명하는 것이다.

사람의 영광

예수님은 그를 위한 신부를 창조하기 위해 교회를 샀다. 그는 창조의 남은 부분을 교회와 함께 하는 것으로 마음에 구상하고 있었다. 예수님은 죄 때문에 이 땅에 오지 않았다. 그는 사랑 때문에 왔다. 구원을 위한 예수님의 사역은 세상, 또는 죄가 있기 전에 그가 가지고 있던 사랑을 펼쳐 보인 것이다. 그는 신부를 부르기 위해 아버지의 곁을 떠났다. "이러므로 남자가 부모를 떠나 그의 아내와 합하여 둘이 한 몸을 이룰지로다"(창 2:24). 성경의 어느 다른 본문보다도 이 본문은 신랑의 의도를 잘 표현하고 있다. 그가 신부에게 나아갔던 유일한 방법은 자신을 사랑한 것 같이 우리를 사랑하고, 그것을 가치있는 방식으로 보여주는 것이었다. "누구든지 언제나 자기 육체를 미워하지 않고 오직 양육하여 보호하기를 그리스도께서 교회에게 함과 같이 하나니"(엡 5:29).

우리는 예수님의 가족이지만 우리는 그리스도의 몸이다. 그리고 우리는 그리스도와 친밀한 연합 가운데, 그리스도가 영으로 우리 안에 상주하는 사람들이다. 우리 안에서 세상은 그의 손을, 얼굴을, 그리고 그의 몸을 본다. 예수님은 말씀하셨다. "나를 본 자는 아버지를 보았다"(요 14:9 참조). 그리고 세상을 향해 말씀하신다. "너희가 나의 교회를 보면, 너희는 나를 보는 것이다."

영광은 예수님의 보혈이 살아있고 역사하는 것을 인정하는 곳에 머문다. 십자가와 영광이 서로 얽혀 주고받는 연합은 계속되고 있다. 피는 영이 들어가게 한다. 성령이 교회 안에서 주님으로서 상주할 때 그는 아버지와 아들의 종이다. 그는 우리의 발을 씻기고 있다! 이것이 우리의 이해를 뛰어넘는 것이다. 그것은 마치 예수님 스스로 성령 안에서 거룩한 수건을 두르고, 대야의 물로서 우리 각자를 계속해서 섬기는 것과 같다. 이것이 예수님의 보혈을 통하여 성령에 의해 순간순간 공급되는 영적 세계의 실재를 보여주는 아름다운 그림이다.

그리스도의 행함은 성령의 행함이다. 이것이 우리가 그의 종들이라고 주장하는 모든 사람에게서 동일한 행동이 나타나야 하는 이유다.

제자들이 발견되는 곳은 어디서든지, 그리고 더 나아가 당신이 영적인 거장이라고 여겨진다 해도 섬기는 사람이 되어야 한다. 그분은 우리들 중에서 가장 크신 분이지만 여전히 종으로 섬기고 있다. 피의 씻기는 능력은 신선하며 능력이 많다. 그리고 그분은 영과 말씀으로 우리를 거룩하게 하면서 우리 가운데 계신다. 피와 영광은 우리를 그분의 영광으로 변형시키고 있다.

교회 안에서의 영광

목자는 양떼(His flock)를 모으고 있다. 주님은 우리를 개인적으로 단체적으로 함께 어울리도록 훈련시키고 있다. 주님은 우리가 그분의 음성을 듣기를 원하신다, 개인으로서뿐 아니라, 하모니를 이루는 교회로서. 교회 안에서 영적 가족으로서, 세워진 영적지도자들과 함께 하도록 우리를 교회에 배치하셨다. 당신이 있을 곳을 발견하지 못했다면, 그분의 몸에서 떨어져 나간 것이고 그 상처로 고통당하고 있는 것이다.

당신 자신을 위해 그리고 주님을 위해, 그의 몸 안에서 당신이 있을 곳을 발견하라. 하나님이 당신에게 지정하신 영적인 가족에게로 들어가라. 거기서 자신을 맞추고, 기여하고, 봉사하고, 그리고 성장하기 시작하라. 기쁨을 놓치지 말라. 이것이 그의 빛나는 도시로 함께 가야 하는 이유다. 존 스토트가 기록했다.

십자가에서 자기를 희생하신 근본 목적은 떨어져 있는 개인들을 구원하는 것만이 아니라, 그래서 그들의 외로움이 지속적으로 연장되는 것이 아니라, 새로운 공동체를 창조하는 것이다. 그 공동체의 멤버들은 주님께 속하고, 서로 사랑하고 그래서 기꺼이 세상을 섬기는 것이다.[3]

영광의 다음 단계는 지역교회 가족의 거룩과 조화를 회복하는 것이다. 모든 관절이 온 몸이 세워지기까지 필요한 것처럼 우리 각자는 성령의 공급하심이 필요하다. 우리는 함께 그리스도의 충만함을 나타낼 것이다. 교회는 뿌리를 내린 모든 사람들과 함께 어울리고 열매를 맺는 몸으로서 디자인 되었다.

당신이 계속적으로 이곳 저곳으로 방황하면, 당신의 영적인 뿌리는 시들어갈 것이다. 나무가 열매를 맺기 위해서는 적절하게 보살핌을 받는 곳에 머물러야 한다. 신약 서신의 거의 전부가 그들의 지도자들에 의해 함께 모여서 지속적으로 그리스도를 예배하는 공동체들에게 쓰였다. 주님은 우리를 함께 이끌기를 원하시고, 함께 가르치고, 그리고 함께 세워주기를 원하신다.

> 만일 누가 말하려면 하나님의 말씀을 하는 것 같이 하고 누가 봉사하려면 하나님이 공급하시는 힘으로 하는 것 같이 하라 이는 범사에 예수 그리스도로 말미암아 하나님이 영광을 받으시게 하려 함이니 그에게 영광과 권능이 세세에 무궁하도록 있느니라 아멘(벧전 4:11)

많은 일이 남아 있다. 추수는 가까이에 있다. 추수의 주인은 그의 추수할 자들을 찾고 계신다.

> 너희는 넉 달이 지나야 추수할 때가 이르겠다 하지 아니하느냐 그러나 나는 너희에게 이르노니 너희 눈을 들어 밭을 보라 희어져 추수하게 되었도다(요 4:35)

추수하는 일군들을 예비하자. 추수하는 자들이 앞으로 나아가게 하자!

영광스럽게 거할 처소

그리스도의 몸인 교회는 거주지, 문자 그대로 하나님이 임재하신, 지속적으로 임재하는 장소이다. 그는 우리의 한가운데에 서 계시며 우리와 교제하며, 우리가 봉사하며 하모니를 이룰 때 영광을 나타내신다.

우리를 포함하여, 순회사역을 하는 사역단체에서 놀랍게 영광이 나타나는 현상들을 보면서, 우리가 지역 교회 밖에서 그의 임재의 표적들을 찾아야 한다고 생각할지 모른다. 그러나 하나님은 그런 영광이 단지 순회사역 단체들에서만 나타나도록 의도하지 않았다. 하나님은 영원한 물이 흐르는 우물을 가지고 있고, 영광과 함께 따뜻한 불이 타오르고, 사람들이 찾아갈 수 있고, 그리스도를 발견할 수 있는 곳을 의도하셨다.

신약에서, 순회사역은 지역 교회에 뿌리를 두고 있었다. 지역교회와 순회사역(mobile ministry)은 관계적으로 서로 강하게 연결이 되어야만 한다. 종종 현 교회의 문화에서, 순회사역은 공급하는 것에 비해 불균형적으로 더 많은 것을 지역교회에서 받는다고 여겨진다. 이상적으로 지역교회는 순회사역을 창출하고, 순회사역은 지역교회를 세워야한다. 둘은 간절하게 공생하는 것이어야 하고, 기생하거나 경쟁해서는 안 된다. 그것에서 부족한 어떤 것도 그리스도의 몸이 아니다. 성령님은 혼란을 주도하지 않으신다. "하나님은 무질서의 하나님이 아니시요 오직 화평의 하나님이시니라 모든 성도가 교회에서 함과 같이"(고전 14:33).

십자가는 필수적으로 두 개가 있어야 한다. 수직으로 된 막대는 인간과 하나님과의 관계이고 수평으로 된 막대는 인간과 다른 사람들과의 관계이다. 다른 하나 없이는 또 다른 하나를 충분히 경험할 수 없다. 어느 관계든 항상 값을 치룰 것을 요구한다. 자아를 희생해야만 한다. 이것이 그리스도의 부르심을 짊어진다는 의미이다. "이에 예수께서 제자들에게 이르시되 누구든지 나를 따라오려거든 자기를 부인하고 자기 십자가를 지고 나를 따를 것이니라"(마 16:24). 뿌리를 내리고 땅에 든든히 서고, 살아있고 사랑하고, 성령의 충만함 가운데 예배하고 봉사하는 교회는 이 땅에서 하나님이 주로 활동하는 무대이다. 거기서 우리는 영광의 교차로로 간다. 그곳에서 하나님과 인간이 깃발을 가진 군대로서 함께 기능하고 전진하는 한 가족을 만든다.

> 항상 우리를 그리스도 안에서 이기게 하시고 우리로 말미암아 각처에서 그리스도를 아는 냄새를 나타내시는 하나님께 감사하노라(고후 2:14)

교통함(Communion)은 공동을 위한 연합(unity)을 의미한다. 질서 없는 공동체는 혼돈이다. 공동체 없이는 연합할 수 없다. 연합 없이는 공동체를 가질 수 없다. 예수님이 말씀하셨다. "너희가 서로 사랑하면 이로써 모든 사람이 너희가 내 제자인 줄 알리라"(요 13:35). 연합은 공동체로부터 온다. 세상에 대한 우리의 간증은 서로를 사랑하는 것이다. 그리스도를 사랑하고 또 죄인들을 사랑할 뿐만 아니라 공동체 안에서 십자가의 실제적인 본질인 사랑을 하나님의 다른 자녀들에게 행해야 되는 것이다. 십자가는 모든 것을 변형시킨다. 그것은 영광이 내려오는 것을 경축하는 공동체를 창출한다!

몇 년 전, 우리는 컨퍼런스와 주일 예배를 드리곤 했던 거대한 천막에서 약 천 명 가량이 모인 가운데 컨퍼런스를 했다. 내(마헤쉬)가 막 단상에 올랐을 때 주님이 내게 한 노래를 주셨다. 나는 고린도후서 3장 17절 말씀, "주는 영이시니 주의 영이 계신 곳에는 자유가 있느니라"(고후 3:17)를 근거로 노래를 부르기 시작했다. 주님의 임재가 노래하고 있는 교회 회중 위에 있었고, 나는 곡조를 취하여 따라 부르기 시작했다. 잠시 후에 나는 사람들의 소란스러운 소리를 들었고 소용돌이치듯 밝게 반짝거리는 물결이 군중 속으로 내려오는 것을 보았다. 사람들은 놀라움과 경외함으로 천장을 바라보았다. 라이트에서 비추는 강한 빛들 때문에 나는 무엇이 일어나고 있는지를 볼 수가 없었다. 그러나 무엇인가가 일어나고 있었다.

나는 단상에서 내려와서는 금 조각들이 소용돌이치는 구름을 보았다. 밝게 빛나는 부스러기들은 영광의 공기 안에서 춤을 추면서, 천막의 윗부분을 완전히 채웠다. 영광스런 구름은 천막 지붕을 뚫고 나갔고, 천막 위로 운행하는 것이 보였을 뿐 아니라 심지어 안에서도 볼 수 있었다. 우리는 우리의 왕을 경배하며, 경외와 놀라움으로 서 있었다. 우리가 연합하여 "주의 영이 계신 곳에는 자유함이 있다"란 찬양을, 우리 안에 내주하시는 성령님께 드리기 시작했을 때, 그분은 임재로 나타나는 현상과 함께 우리를 방문하셨던 것이다.

교회의 머리로서, 예수님은 그의 신부를 질서 있고 아름답게 만들기 위해, 음악의 거장인 성령님을 보내신다. 당신이 그의 심포니에 참여할 시간이다. 이 하늘의 악단에서 당신의 자리를 찾아야 할 시간이다. 우리는 영광의 구름을 따른다. 그는 영원한 안식처로 이동하시고 우리는 그의 집으로 향한다.

자아는 적게, 그러나 충만하게

당신이 맺고 있는 관계와 자연적인 환경이 바뀐다 해도, 당신은 항상 당신이 태어난 가족의 한 구성원이다. 고대 이스라엘에서는, 하나님은 가족을 세대(household)라고 불렀다. 한 세대는 열다섯 명처럼 작을 수도 있고, 또는 아브라함의 경우처럼(창 14:14 참조) 삼사백 명만큼 많을 수도 있다. 그러나 모든 가족은 한 아버지를 가지고 있다.

현 시대의 교회에서, 우리 한 세대를 한 사람, 한 부부, 또는 한 부모와 자녀 등으로 구성된다고 생각한다. 그리고 우리는 각 세대를 세대가 가지고 있는 정체성과 분리된 개체로서 생각하는 경향이 있다. 하나님의 정의는 다르다. 그는 그의 몸인 교회를 구원받은, 그리고 개인의 정체성을 위한, 또는 자기 보양만을 위한 영적은사로 무장시킨 흩어진 개인들로 보지 않는다. 그것은 하나님의 본성과 존재에 상반된다.

우리는 하나님과 그를 아는 사람들의 공동체로 초대된다. 우리는 예수님의 피를 통하여 그리스도와 언약을 체결했다. 우리가 가져온 선물은 우리 자신들이다. "그러므로 형제들아 내가 하나님의 모든 자비하심으로 너희를 권하노니 너희 몸을 하나님이 기뻐하시는 거룩한 산 제물로 드리라 이는 너희가 드릴 영적 예배니라"(롬 12:1).

누구도 자기 혼자를 위하여 사는 자가 없다(롬 14:7 참조). 피 언약의 계시를 보면, 개인적 구원은 세대 전체의 믿음과 직접적으로 연결이 된다. 첫 번째 유월절에서, 하나님은 이스라엘을 노예로부터 구원하되 집 단위로 구원하셨다. 여리고에서, 그는 라합의 집을 구원했다. 고넬료가 복음을 믿었을 때, 그의 온 집은 구원 받았다. 하나님은 세대 단위로 일하신다.

공동체의 상실은 죄의 영향이다. 죄는 하나님과의 연합을 깨뜨리고 우리는 아담과 이브가 태초에 했던 것처럼 그의 기쁨의 정원 밖에 있는 우리 자신을 발견한다. 그러나 우리가 교회에서 함께 모일 때 그리고 우리의 십자가를 질 때 참된 교제를 나눈다. 공동체는 상호협력을 통해 자유를 공급한다. 기독교인의 자유는 자아의 횡포로부터 자유이다. 하나님의 집에서 우리는 개인 이익을 뛰어넘는 삶을 산다. 서로 나누고 그리스도의 멤버들로서 함께 기뻐하고 슬퍼하면서, 우리는 다른 사람을 위하여 산다. 지속적이고, 영원하며, 믿는 관계들 속에서, 우리는 하나님이 우리 주위에 주신 사람들 속에 숨겨진 거룩한 보물을 발견한다. 곧, 믿는 사람들 속에 감춰진 그리스도를 발견한다.

공동체의 삶은 풍성한 삶이다. 함께 연합하는 사람들은 마음으로부터 서로에게 조화로운 말들을 한다. 마음의 이슈들은 생명의 이슈들이다. 당신의 심장은 당신의 몸에 있는 삶의 원천이다. 그러나 당신의 허파는 협력해야 한다. 당신의 피와 호흡은 함께 얽혀서 당신의 나머지 다른 기관들에 공급한다. 만약 심장 또는 허파가 다른 일을 하려고 결정한다면, 당신의 전체 몸은 위험에 처해진다. 궁극적으로 당신의 생명은 멈출 것이다.

풍성한 삶은 떨어져서 사는 삶이 아니다. "무리에게서 스스로 갈라지는 자는 자기 소욕을 따르는 자라 온갖 참 지혜를 배척하느니라"(잠 18:1). 만일 우리가 항상 뒤로 물러나, 영적인 연결로부터 새로운 연결로 옮겨 다니면, 그것은 아마도 자기 이익을 추구한다는 지표가 될 것이다. 우리는 우리 자신을 추구함으로 더 자기만족을 추구할 수 있다. 그러나 그것은 우리 몸의 구원하는 방식이 전혀 아니다. 풍성한 삶을 살고 풍성한 삶을 소유한다는 것은 자기 자신을 덜 추구하고, 다른 사람들을 더 추구하고, 그리스도를 더 추구하고, 성령을 더, 하나님을 더, 영광을 더 추구할 때만 의미가 있다.

우리에게 있는 하나님의 생명은 예수님의 피와 성령의 삶 사이에서 조화를 이루는 것에 달려 있다. 당신이 하나님의 영광을 보기를 원한다면 그분의 피를 알라. 피를 통하여 그분과 연합하면 당신은 성령의 영광을 경험할 것이다. 당신이 그의 영광에 들어가면, 그분의 피가 길을 만든다.

따라서 구원을 받은 공동체 안에서, 우리의 즐거움이 충만하게 된다. 십자가의 그늘 아래 모이는 하나님의 적은 무리는 언덕 위에서 도시를 비추는 등불이다. 그 빛이 지치고 목마른 나그네와 구원이 필요한 사람들을 인도한다. 그 빛의 인도를 따라 그들이 도시의 성문으로 들어갈 때, 그들은 집으로, 영광의 아버지께로 들어가는 것이다.

9장

이스라엘, 나의 영광

9장_ISRAEL, MY GLORY

이스라엘, 나의 영광

그는 우리를 자유롭게 하였고 생명을,
하늘의 집을 주셨다.
그 불타는 시험을 견딘 자들에게,
영광과 기쁨과 함께, 소망은 새롭게 갱신되었다.
그 위대한 장정 속에서, 능력과 선하심의 속력으로,
아들은 빠른 승리를 거두셨다.
그때 그는 많은 사람들과 함께,
광활한 영혼의 군대들과 함께, 하나님의 나라,
유일하신 하나님이 통치하시는 하나님 나라로 나아갔다.
하늘에서 오래 기다렸던 천사들과 모든 성도들에게는
그들의 통치자가, 전능하신 하나님이,
그의 나라로 돌아오셨을 때, 한없이 기뻤다.[1]

† † †

그는 나를 떠나지 않을 것이다. 이것을 나는 안다. 어떻게 나의 육신의 몸이 그것을 부인할 수 있을까? 옛 의회(Council of old, 창조 전 아버지, 아들, 성령이 인간의 구원 계획을 잡기 위한 의회를 의미함-역자 주)에서, 하나님은 아들들을 값으로 다시 사고, 무덤으로부터 그들을, 즉 나의 영광인 이스라엘을 일으킬 것이 결정되었다. 이것 때문에 내가 왔다. 내 등에 벗겨진 살을 할퀴는 십자가의 뾰족한 모서리를 넘어서, 쇼크와 심한 채찍질을 통과하여 이제 나는 간다. 쟁기모양의 뾰족한 못이 박힌 채찍에 맞는 고통을 넘어서, 손과 발, 뼈들 깊숙이까지 찌르는 못들을 넘어서, 또 욕설을 퍼붓는 제사장들의 소리를 잠재우던 로마병사의 망치 소리를 넘어서, 그리고 그들의 눈먼 것을 넘어서, 베일이 나에게 덮인 것처럼 그들 위에 빠르게 덮여졌고, 그리고 한동안 그들은 그들을 구원한 사람이 나였다는 것을 깨달을 수가 없었다. 나의 친구인 아브라함에게 약속한 것을 지킨 것은 나였다.

들으라 이스라엘! 너희의 아들을 품으라. 많은 사람을 위한 나의 아들을 품으라.

시끄러운 소리 속에서, 불쌍한 어머니는 마치 나와 함께 죽는 것처럼 나를 보았고, 나를 여호와(I Am)로 알던 남은 자들(remnant)만이 내 곁에 있었다. 어둠이 일어나고 지옥의 세력들은 벌려진 입과 굶주린 눈을 가지고 나를 둘러쌌다. 지구의 중력도, 질량도 나를 끌어당기지 못했다. 나의 몸은 마치 배처럼 마지막 시간을 향하여 가라앉고 있었고, 죄는 나의 화물칸에 있었다. 나는 그 죄들을 내 밑에 실었다. 사랑의 선물로서 나의 몸은, 제단과 같은 골고다에 매달린 채 달렸다. 나는 그의 기쁘신 뜻을 이루었다. 나는 화목제물이었다. 제물은, 나의 아버지가 나에게 숨을 불어 넣는 동안, 저녁 향료의 향기로운 냄새로 피어올랐다.

성령은 눈물을 흘렸다. 그리고 나는 군인들에게 넘겨졌다. 사형이 선고되자 군인들의 망치들이 못을 하나씩 하나씩 박았다. 완전한 분의 판결, 생명을 위한 죽음, 하나님의 집을 위한 어린 양, 공의는 만족되었다. 그의 나라를 위한 속죄염소가 죽임을 당했다.

> 오 나의 하나님! 이제 나는 버려졌습니다, 홀로 깊은 해협 속에 남겨졌습니다! 물들이 나를 둘러 덮고, 그리고 나의 몸은 어느 누구도 구출할 수 없는 깊은 바닥으로 내려갑니다. 나의 하나님, 나의 하나님! 어찌하여 나를 버리셨나이까?

폭풍이 세차게 몰아치는 동안, 정적인 무게, 즉 죄와 배반, 무지, 그리고 죽음의 무게가 내 위에 올려졌다. 갈릴리 호수를 건널 때도 나는 그 폭풍을 피하지 않았다. 인간의 처음부터 정해진 시간까지 모든 아들들의 잘못은 내가 그 도시에 들어갈 때 나에게 부어졌다. 나의 몸은 도시의 성전이었지만, 이제 그 성전은 무너졌다. 그들은 반역자의 죽음으로 몰아 유대인의 왕이 될 나에게 죽음의 선고를 내렸다. 한낮에 어둠이 짙게 드리워졌다. 나는 그들의 빛이 될 것이다. 폭풍이 지나갔을 때, 나는 회복되어 일어났다.

이스라엘, 나의 첫사랑, 그때는 나를 몰랐지만, 나는 먼지에 엎어지면서도 끝을 향해 걸어가려고 씨름했다. 내가 짊어진 것은 '너'였다. 사람들이 쓴 포도주를 내게 주었으나 나는 거절했다. 진홍색 피를 머금은 눈을 통해 나는 나의 사람들을 바라보았다. 비록 군중들은 거절했지만, 나는 그들을 사랑했고, 그들은 나를 향해 팔을 뻗었다. 요한이 눈물을 흘렸다. 마리아는 비탄에 울부짖으며 풀썩 엎어졌다. 베드로는 큰 침묵으로 따랐다. 나를 구할 사람이 하나도 없었다. 나는 천사들을 불러 모으지 않았다.

> 나는 나의 아버지의 뜻을 행하러 왔다. 나의 마지막 숨과 함께 나의 삶을 드릴 때 그는 다윗의 저녁 기도를 들을 것이다. 그리고 끝이다! 나의 영혼을 받으소서. 나의 아버지! 당신의 손에 많은 아들들을 위한 이 큰 아들을 맡기나이다.

여전히 저항하고 있는 두 사람 사이에 동물의 시체와 같이 매달린 나를 그들이 어떻게 떠났는지는 기억나지 않는다. 사람들이 거기에 매달았을 때, 으르렁거리는 사자가 그 먹이를 배고파 찾듯이, 죽음이 주위를 돌고 있었다. 나는 이제 몸에서 자유하였으나 끝나지 않았다. 저 멀리 아래로, 모두 자물쇠에 잠기고 빗장으로 잠긴 지옥의 문들 뒤로, 옛 사람들이 사슬에 매여 기다렸다. 비둘기들과 같은 눈으로 기대하며, 그들이 갇혀있는 문들을 보고 있었다. 아브라함, 모세, 여호수아, 다윗, 그리고 그들의 아들들과 딸들이 함께 그 가장자리에 서 있었다.

그들은 멀리서 바라보지만 나인 것을 금방 알았다. 양각나팔에서 부는 것과 같은 소리가 울려 퍼졌다. 그들이 일어나는 소리는 바람 앞의 갈대처럼 문들을 흔들었다. 그 양각나팔 소리는 오래전에 언약을 체결했던 장소인 모리아 산과 홍해로부터, 그리고 여리고에 있는 평지로부터 불어왔다. 기쁨이 그 깊은 감옥의 문들을 눌렀다. 지옥은 우리를 분리시킬 수 없었다. 소망은 이제 보는 것이 되었고 사람들이 홍수와 같이 풀어져 나왔다. 그리고 갇힌 자들과 나, 우리 모두는 함께 행군해 나갔다. 나의 간절히 원하던 그리고 그들이 오랫동안 기다려왔던 강하신 오른팔이 마침내 온 것이다. 믿음 안에서 죽은 모든 사람들을 위하여 오리라고 약속한 것은 모두가 완전한 진리다. 이스라엘, 나의 영광, 너를 위하여 내가 왔다.

오 문들아, 너희 머리를 들지어다, 영원한 문들아 들릴지어다! 그가 오신다! 우리의 영광의 왕이 피로 흠뻑 젖은 전쟁의 옷을 입고 오신다! 그의 언약이 기억되었다. 많은 물들이 사랑의 불을 끌 수가 없다. 심지어 홍수도 그것을 삼킬 수가 없다. 사랑은 죽음보다 강하고, 그리고 나는 질투하는 하나님이다. 무덤도 나를 가둘 수 없다.

그때 내가 손에 들고 있던 것은 심판의 못들이 아니었다. 잠긴 빗장들이 아니었다. 나는 열쇠들을 들고 있었다. 나는 그의 목을 움켜잡았다. 마지막 헐떡거리며 죽을 자는 그이다. 마지막 웃음은 내게 속한 것이다. 나는 지옥의 빗장이 부러졌을 때 사망의 눈을 보았고 웃었다. 사망은 소용돌이치는 마그마와 같이 폭발하면서 몸서리치듯 떨었다. 그러고는 그들을 내놓았다. 그들은 마침내 자유다. 그들의 패배가 나의 승리라면, 죽은 자들이 생명으로 돌아간다면 그들의 구원은 무엇인가?

이집트에서 나올 때보다도 더 강력한, 바빌론으로부터 나올 때보다 더 영광스러운, 독수리의 날개로 나는 그들을 약속의 땅으로 이끌었다. 그들의 땅은 값을 주고 샀고, 잔액은 지불되었기에 화려함으로 행진하는 승리의 행렬이다. 더 이상 기다릴 필요가 없다. 더 이상 간절히 기대할 필요도 없다. 더 이상 우는 일도 없다. 더 이상 한숨짓는 일도 없다! 나의 팔에서 그들은 날아다녔고, 우리 왕들은 함께, 우리 형제들은 함께 위로 높이 솟아 날아올랐고, 모두가 황홀한 가운데 아버지가 있는 곳으로 돌아왔다. 내가 그의 음성을 들었을 때 영원부터 영원까지 우리는 일어났다. 그의 품안으로 나아갈 때, 내 안에 불어넣었던 영은 다시 천국의 숨이 되었다.

일어나세요. 나의 사랑하는 분, 나의 완전한 분이여, 그리고 나오세요. 겨울은 지나갔습니다. 비는 이제 가고, 그리고 사랑의 시간인 우리의 봄이 마침내 왔습니다. 일어나세요!

그리고 나는 일어났다. 무덤은 반짝이고 있다. 나는 빛나는 옷을 입었다. 돌은 굴러 옮겨지고 천사들은 모두 시중들었다. 거기서부터 영원으로 나는 돌아왔고 나의 기업으로 보좌를 취하였다. 본래 나의 의자, 나는 그 보좌에 앉았다. 내 곁에는, 나의 오른 편에는, 나의 영광, 이스라엘이 앉았다.

† † †

'예루살렘'에 대하여는 성경에 적어도 칠백 번이나 언급되어 있다. 이러한 사실은, 유대인들이 과거와 현재의 모든 위협들에도 불구하고 한 민족으로서 지속적으로 존속되어 왔다는 사실과 함께, 이스라엘 국가와 그 수도 예루살렘에 대한 약속은 항상 '예'로서 성취되었음을 보여준다. 영광의 하나님은 예루살렘을 사랑하신다.

선지자들을 통하여, 하나님은 약속하셨다. "내가 불로 둘러싼 성곽

이 되며 그 가운데에서 영광이 되리라"(슥 2:5). 이사야를 통하여 또한 선포하였다. "내 이름을 위하여 내가 노하기를 더디할 것이며 내 영광을 위하여 내가 참고 너를 멸절하지 아니하리라…내 영광을 다른 자에게 주지 아니하리라"(사 48:9, 11). 그는 자신을 이스라엘의 영광이라고 불렀다. "이스라엘의 지존자[Glory of Israel]는 거짓이나 변개함이 없으시니 그는 사람이 아니시므로 결코 변개하지 않으심이니이다 하니"(삼상 15:29).

영광은 하나님을 찾는 자들에 의해 발견되고 마음에 기쁨을 가져온다(대상 16:10 참조). 하나님의 마음에 합한 사람 다윗은 영광을 이해하고 있었던 것 같다. 시편 오십 편에서 그는 영광을 찬양하였다. 영광은 하나님 자신, 선하심, 능력을 계시하는 것으로 언급되었다. 그리고 그는 주님을 다윗의 영광과 힘이라고 말했다(시 3:3; 89:17-18 참조). 주님은 온 땅의 문들이 경의를 표해야 하는 영광의 왕이다(시 24편 참조). 에스겔은 바빌론에 포로로 잡혀 있는 동안 영광을 보았다. 거기서부터 영광이 시작되어 본향 예루살렘으로 행진을 하였다. 그것은 하나님이 아브라함에게 약속하신 땅으로 이스라엘 백성이 돌아갈 것을 미리 보여 주신 것이다(겔 1:11 참조). 그 땅과 백성들이 하나님의 영광으로 불리운다(합 2:16 참조). 하나님의 영광은 이스라엘의 중심이다. 영광의 하나님은 유대인들을 '나의 백성'으로 부르셨다. 그것은 바로에게, "나의 백성을 가게 하라"(출 5:1)고 말한 날부터 그렇게 불렀다.

6일 전쟁의 기적들

주님이 우리에게 철야기도(Watch of the Lord)를 시작하라고 말씀하신 해에, 우리 둘은 이스라엘을 방문했다. 우리는 어느 농장에 머물게 되었고, 거기서 1967년 6일 전쟁 동안 이스라엘 군 현역으로 근무했던 은퇴한 장교를 만나서 이야기를 나눴다.

그는 시내 산의 접경지역에서 사병으로 있었던 경험을 우리에게 들려주었다. 수적으로 훨씬 많은 이집트 군대의 침공으로, 그와 동료 병사들은 수적으로 능가하는 이집트 군대에 몇 분도 안 되어 항복하게 될 것이라 여겼다. 그러나 전쟁이 일어난 지 이틀째에 이집트 군 탱크 대장이 간단하게 그들의 작은 군대에 항복하는 것을 보고 놀랐다. 그들은 당황하였다. 왜 이집트 탱크단이 숫적으로 적은 이스라엘 탱크들에 항복하였을까?

심문 중, 그 이집트 군대 대장은 그들의 탱크들이 진격하던 모래언덕의 한가운데에서 칼을 뽑아들고 있는 큰 사람을 보았다고 보고했다. 너무 두려워서, 그 장군은 이스라엘 군대에 항복했던 것이다. 이것은 우리가 읽고 또는 들었던 초월적인 하나님의 간섭에 대한 많은 이야기들 중의 하나에 불과하다. 이 전쟁은 유대인의 관할 하에 예루살렘이 다시 환수되고 재통일하는 것으로 끝났다.

게르솜 샬로만(Gershom Shaloman)의 간증 또한 놀랍다. 그는 그런 기적들 중 하나의 수혜자였고, 그의 이야기는 방송매체를 통해 널리 알려졌다. 임무 수행 중에 그의 군복이 탱크에 걸려서, 그는 질질 끌려가다가 운행하던 자동차에 의해 밟혔다. 그 결과로 심각한 척추 부상을 입었다. 시리아 군대가 그가 부상으로 누워있던 곳을 점령했을 때, 그들은 부상당한 병사들을 모두 총으로 쏘기 시작했다. 그가 다음 대상이었다. 그때 갑자기 모든 시리아 병사들이 무기들을 떨어뜨리고 도망하였다. 후에 그 시리아 병사들은 유엔에 보고하기를 수천의 천사들이 그 부상당한 병사를 둘러싸고 있는 것을 보았다고 하였다. 그것이 그들이 두려움 가운데 도망하였던 이유였다.

이스라엘 방어군은 전략적으로 중요한 도시인 세겜(Shechem, 현재의 Nablus로 알려짐)을 공격하여 점령하려고 할 때, 피비린내 나는 싸움과 손실이 있을 것으로 예상하였다. 요르단 군대는 그 도시에 이르는 입구에 포병부대와 탱크들로 진지를 구축했고, 그래서 이스라엘 방어군은 덜 무장된 도시로 들어가는 길목지점에서 우회하여 그들과 싸울 것을 결정하였다. 공격을 주도한 우리 바나리(Uri Banari) 장군은 다음과 같이 일어난 일을 설명하고 있다.

> 세겜으로 들어오는 입구에 수천 명의 아랍인들이 서서, 흰 손수건들을 흔들며 박수를 쳤다. 어이가 없어, 우리는 손을 흔들며 미소로 응답했다. 그러나 그 도시를 들어가서는 정말 놀랐다. 우리가 그 도시로 진입했을 때 어떤 무질서도 없었고, 패닉상태도 아니었다. 지역방어군이 총을 들고 질서를 지키도록 서 있었고, 무리들은 환호성을 지르고 있었다. 그 이유는 우리를 이라크로부터 온 증원부대로 착각했기에, 전 도시는 두 손 들어 환영하였다는 것이다. 이스라엘 군대가 도시 안으로 들어가

고 요르단 지역방어군을 무장해제 시키고 나서야 그 도시는 실수를 깨달았다. 도시에 들어온 군대는 이라크 군대가 아니라, 이스라엘 군대였다. 그러나 너무 늦었다. 그리고 이스라엘 군대는 그 도시를 점령할 수 있었다.²

다른 기적적인 전투의 영광스러운 결과로, 서쪽 벽(Western Wall, 혹은 통곡의 벽이라 불린다-역자 주)이 이스라엘에게 회복되었다. 이곳은 성전이 있던 곳, 쉐키나 영광이 희생제물을 드린 것에 대한 반응으로 수천 년 전에 일찍이 임하였던 곳이었다.

> 솔로몬이 기도를 마치매 불이 하늘에서부터 내려와서 그 번제물과 제물들을 사르고 여호와의 영광이 그 성전에 가득하니 여호와의 영광이 여호와의 전에 가득하므로 제사장들이 여호와의 전으로 능히 들어가지 못하였고(대하 7:1-2)

과거와 현재, 그리고 성경의 여러 구절에서 확증하는 증거로부터, 우리는 영광의 하나님은 전쟁으로 찢겨진 땅에서 전투에 임하고 있는 특정 민족에게 관심을 두고 있다는 결론을 내려야만 한다. 우리가 영광 중에 그와 함께 거하기를 원하면, 그에게 중요한 것들이 우리에게 중요하게 되어야만 한다. "주 여호와께서 이와 같이 이르시되 이것이 곧 예루살렘이라 내가 그를 이방인 가운데에 두어 나라들이 둘러 있게 하였거늘"(겔 5:5).

아들을 이스라엘과 예루살렘에 보내어 태어나게 하고 거기서 죽게 하였을 때 하나님은 그곳을 높였다. 이것은 그의 관심이 단지 역사에 머문다는 것을 의미하는 것은 아니다. 사실은, 이 작은 지리학적인 장소에 머무는 그의 초점은 오늘날 오히려 더 강하다.

이스라엘-세상의 중심

이스라엘은 모든 다른 나라를 위한 나침반이다. 이스라엘의 부르심은 아브라함에게 하신 하나님의 영원한 약속에 따라 정해진 것이다. 모든 다른 나라의 운명은 이스라엘과의 관계에 의해 결정된다. 이 운명의 중심은 예루살렘으로, 세계의 중심, 하나님이 '나의 땅'이라고 부르는 지구상의 한 장소이자 수도이다.

성경의 많은 중요한 계시들이 예루살렘에서 시작되거나 끝난다. 첫 가족이 인류 역사 속으로 그들의 여행을 시작했을 때, 그들은 예루살렘을 향하여 서쪽으로 향했다. 하나님은 아담과 이브에게, 가인에게, 에녹과 노아에게 말씀하셨다. 그런 후 하나님은 아브람에게 말씀하셨다. "너의 아비 집을 떠나라 그리고 내가 너에게 보여줄 나라로 가라"(창 12:1 참조). 아브람은 순종했고, 하나님이 말씀하셨다. "내가 이 땅을 너와 네 후손들에게 영원토록 줄 것이다"(창 12:7 참조). 하나님은 지구상에 그의 개인적인 유산의 구획을 설정한 것이다.

한 번에 한 걸음씩, 하나님은 아브람과 사래를 그들의 가족들이 번성할 장소로 인도하셨다. 하나님은 아브람을 그의 친구라고 불렀다. 그러고는 그에게 말씀하셨다. "너의 후손은 바다의 모래와 같을 것이고 너의 씨를 통하여 이 땅의 모든 가족들이 축복을 받을 것이다"(창 22:17-18 참조). 하나님이 아브람과 사래를 다루었을 때, 그들이 변화되었다. 그 변화는 하나님이 그들 각자의 이름, '열국의 아버지'와 '어머니'란 이름을 주었을 때 확인되었다.

예루살렘 통곡의 벽 뒤로 이전에 성전이 있던 장소 정상에 큰 바위가 위치하고 있다. 그 바위 주위에 세워진 것은 바위의 돔(Dome of the Rock)이라고 불리는 이슬람 사원이다. 그 황금 돔의 내부에는 "하나님은 아들이 없다. 하나님은 동료들도 없고 또 그들을 필요로 하지도 않는다"란 문구가 있다. 이것들은 코란에서 온 말들이다. 그 이슬람 사원이 건축되어 있는 바위 주위는 하나님이 아브라함을 시험하셨던 장소로 아브라함이 믿음을 간직하고 있던 곳이다.

> 여호와께서 이르시되 네 아들 네 사랑하는 독자 이삭을 데리고 모리아 땅으로 가서 내가 네게 일러 준 한 산 거기서 그를 번제로 드리라(창 22:2)

그 바위는 이삭을 대신하는 희생제물로서 숫양을 공급하신 바로 그 지점이다. 그곳은 모리아(Moriah), 즉 '보는 산'이라 불리는 산의 정상에 있다.

거기서 아브라함은 그의 텐트를 치고, 왕들을 무찌르고, 멜기세덱에게 십일조를 드렸다. 거기서 야곱이 누워서 꿈을 꾸었다. 그가 깨어났을 때 하나님의 영광을 보았고 이렇게 말했다. "두렵도다. 이곳이여! 이는 하늘의 문이로다!"(창 28:17 참조). 야곱은 영광 중에 빛나는, 천사들이 그 성전으로 오르고 내려오는, 미래의 도시를 보았다. 그는 그곳을 하나님의 집이란 뜻으로 '벧엘'이라 불렀다. 거기서 다윗은 아라우나(Araunah)로부터 그의 타작마당을 샀고, 그곳에서 번제를 드림으로 이스라엘 사람 수천을 죽이던 재앙을 멈추게 했다. 성령이 다윗에게 하나님의 집에 대한 청사진을 주셨을 때, 그곳이 하나님의 집이 지어질 장소가 되었다. 솔로몬의 성전은 완성되었고 그 산에서 희생제물의 피로 거룩하게 되었다. 그곳이 하나님의 영광이 나타난 곳이고, 하나님은 그 자신으로 그 집을 채웠다. 하나님의 영광이 그 성전에 가득하므로, 제사장들과 예배하는 자들이 하나님의 임재의 무게와 경외함으로 인해 모두 엎드려 경배하였다(대하 7:1-3 참조).

성전은 앞으로 올 예루살렘의 모형으로, 하나님의 인격체로, 살아있는 돌로, 그의 광채의 한 부분을 포함하고 있고, 자신을 위하여 지으신 것이다. 유대인에게 하나님이 주셨던 그 성전은 광야의 성막으로부터 영광스럽게 증축된 것이었다. 그것은 쉐키나 영광이 거하는 장소였다. 쉐키나(Shekinah)는 말 그대로 하나님의 임재가 눈에 보이도록 나타나며 하나님을 구하고 찾는 사람들에게 친밀한 교제로 들어가게 한다. 당신이 오늘날 예루살렘을 방문하면, 성전의 고대 유물들은 예수님의 시대와 같이 순례자, 기도, 그리고 상업의 중심지라는 것을 알게 될 것이다. 성벽들에서 성전의 서쪽 벽이 남아있는 코텔(Kotel, 우리에게는 통상 '통곡의 벽'으로 알려진 곳-역자 주)로 내려가면 간판을 보게 되는데, 그

간판은 이렇게 말한다. "하나님의 임재는 결코 떠나지 않았다."

거대한 돌들의 성벽 너머는 하나님이 아브라함, 야곱과 다윗에게 보여주셨던 장소이다. 성전 산 정상에서 어느 방향으로든 향해 보라. 그러면 당신은 인류 역사가 일어난 처음과 끝을 형성한 사건들의 장소들을 보게 될 것이다. 중요한 일들이 여전히 거기서 일어나고 있다. 많은 사람들에게 그곳은 하나님을 발견하는 여정의 처음과 끝이다. 도로를 따라 내려가면 지구상에서의 예수님의 탄생지인 베들레헴이 있다. 베들레헴은 그가 말씀하신 것처럼, '빵의 집'이란 뜻이다. "내가 곧 생명의 떡[bread of life]이니라"(요 6:48).

정상에서는 예수님이 처음부터 마지막까지 피를 흘리신 장소들을 볼 수 있다. 겟세마네 동산, 대제사장 가야바의 집에서 심문을 받은 곳, 로마 병사에 의해 고초를 당한 곳, 도시 밖으로 인도하였던 거리로 내려가는 길. 그 길로 예수님은 십자가를 지고 골고다로, 그를 나무에 달았던, 그리고 모든 사람을 구원하기 위한 피를 흘렸던 장소로 걸어가셨다. 근처에 부자의 무덤이 있는 정원이 있고, 한 오래된 교회 본당이 모리아 산 언덕에 세워져 있다. 전통에 의하면, 그리고 그리스어 역사 문헌에 의하면, 이곳이 나사렛 예수가 처형을 당했던 장소이다. 이곳이 기독교인의 믿음이 시작된 곳이다. 예루살렘은 그가 피를 흘린 도시, 그가 영광을 비추는 도시이다.

그가 다시 오고 있다

제자들이 예루살렘 변두리 언덕 위에 서서 예수님이 하늘로 오르시는 것을 지켜볼 때 천사가 나타나서 말했다.

> 이르되 갈릴리 사람들아 어찌하여 서서 하늘을 쳐다보느냐 너희 가운데서 하늘로 올려지신 이 예수는 하늘로 가심을 본 그대로 오시리라 하였느니라(행 1:11)

셀 수 없는 예언서 말씀들이 뒷받침 하듯이 이 구절로부터 믿는 자들은 예수님이 다시 오실 것과 그것은 예루살렘에서 일어날 것이라는 결론을 내린다. 예루살렘은 이스라엘 국가의 수도일 뿐만 아니라(시 33:12), 예수님이 첫 번째 오신 장소이며, 그의 눈의 눈동자이며, 하나님 나라의 영광을 회복하는 이 땅의 중심부이다.

천사는 하나님으로부터 오는 약속을 천명하고, 하나님의 약속들은 항상 강력하고 일관되어 있다. 이스라엘에 대하여 선조 아브라함에게 주신 하나님의 약속을 생각해 보라. "여호와께서 아브람에게 나타나 이르시되 내가 이 땅을 네 자손에게 주리라 하신지라"(창 12:7). 창세기 13장 15절에는 그 약속을 확장시키며 약속하셨다. "보이는 땅을 내가 너와 네 자손에게 주리니 영원히 이르리라."

이스라엘과 유대인들에게 주신 하나님의 약속은 여전히 견고히 서 있다. 또 하나님은 아모스 선지자를 통하여 말씀하셨다. "내가 그들을 그들의 땅에 심으리니 그들이 내가 준 땅에서 다시 뽑히지 아니하리라 네 하나님 여호와의 말씀이니라"(암 9:15). 하나님은 이 세상에서 이스라엘 부족들을 다시 모으고, 그가 말씀하신 것처럼 지구의 끝에서부터 (슥 8:7-8 참조) 거주하게 하려고 예루살렘으로 그들을 돌아오게 할 것이다. 더욱이, 주님은 유대인과 이방인의 새로운 인류를 만들 것을 의도하셨다.

> 그가 이르시되 네가 나의 종이 되어 야곱의 지파들을 일으키며 이스라엘 중에 보전된 자를 돌아오게 할 것은 매우 쉬운 일이라 내가 또 너를 이방의 빛으로 삼아 나의 구원을 베풀어서 땅 끝까지 이르게 하리라(사 49:6)

우리는 구름들 속에서 권능으로 다시 오실 때 예루살렘에서 우리의 구원주를 만날 것이다. 요한계시록은 새 예루살렘의 절정인 영광에 대하여 묘사하고 있다. 그곳은 어린양이 성전이고, 영광이 그 도시의 빛이다. 이 모든 일들이 일어날 때, 하나님은 대적들에 대한 그의 승리를 선포하는 수단으로서 그의 영광을 보여주시고 있다. 영광은 승리 가운데 행진하고, 항상 하나님의 웅장한 행렬 속에서 앞으로 나아간다. 나라들은 그 영광의 빛 가운데로 다니고 그들의 영광을 새 예루살렘에 계신 주님께 가져올 것이다.

> 성 안에서 내가 성전을 보지 못하였으니 이는 주 하나님 곧 전능하신 이

> 와 및 어린 양이 그 성전이심이라 그 성은 해나 달의 비침이 쓸 데 없으
> 니 이는 하나님의 영광이 비치고 어린 양이 그 등불이 되심이라 만국이
> 그 빛 가운데로 다니고 땅의 왕들이 자기 영광을 가지고 그리로 들어가
> 리라(계 21:22-24)

예수님이 신부를 데리러 다시 올 때 온 세상은 그를 볼 것이다. 그리스도의 신부들이 드러나고, 그들의 결혼 축제는 모든 나라들에게 큰 기쁨이 될 것이다. "우리가 즐거워하고 크게 기뻐하며 그에게 영광을 돌리세 어린 양의 혼인 기약이 이르렀고 그의 아내가 자신을 준비하였으므로"(계 19:7).

우리는 피의 언약으로 들어갔다. 이 영광은 우리와 우리의 자녀들을 위한 것이다. 그의 피는 영광 가운데 그와 친밀한 교제로 우리를 이끈다. 그리스도의 영광은 우리가 즐거워하게 하기 위함이다. 우리가 그의 영광으로 충만하게 될 때, 우리는 설명할 수 없는 기쁨을 경험한다. 거듭난 유대인과 이방인은 아버지와 함께 앉을 것이고 영광 가운데 이 땅을 다스릴 것이다. 그가 오실 때, 예루살렘은 세상의 중심으로 남을 것이다.

예루살렘의 평화를 위해 기도하라

하나님의 변함없는 명령들 중의 하나는 아주 간단한 것이다. "예루

살렘의 평안을 위해 기도하라"(시 122:6). 우리가 예수 그리스도와 함께 일하는 사람이 되면, 그는 우리에게 그것과 관련된 일을 주신다.

> 예루살렘이여 내가 너의 성벽 위에 파수꾼을 세우고 그들로 하여금 주야로 계속 잠잠하지 않게 하였느니라 너희 여호와로 기억하시게 하는 자들아 너희는 쉬지 말며 또 여호와께서 예루살렘을 세워 세상에서 찬송을 받게 하시기까지 그로 쉬지 못하시게 하라(사 62:6-7)

주님은 성벽 위에서 예루살렘을 위하여 기도하는, 그리고 시온을 위하여, 이스라엘을 위하여, 세워질 하나님 나라를 위하여, 그리고 이 땅에 다시 한 번 채워주실 주님의 영광을 위하여 기도하는 파수꾼을 배치한다. 예루살렘의 평안을 위하여 기도하는 사람들은 축복이 그 나라에 임하게 할 뿐 아니라, 자신들도 번영하게 될 것이다. "예루살렘을 사랑하는 자는 형통하리로다"(시 122:6b).

특이한 축복이 유대인들을 축복하는 사람들에게 온다. 하나님은 이스라엘의 조상 아브라함에게 말씀하셨다. "너를 축복하는 자에게는 내가 복을 내리고"(창 12:3). 그의 축복은 다면적이며, 축제에 비교될 수 있다. 추수감사절 식탁에, 당신은 칠면조와 드레싱과 갓 구운 롤빵과 좋은 야채들을 먹는다. 마지막에, 호박파이를 먹는다. 당신이 식탁에 올 때, "나는 단지 호박파이만을 먹으러 왔습니다"라고 말할 수 없다. 아니다. 당신은 전 축제를 즐기기 위해 온 것이다.

동일하게, 우리는 하나님이 우리를 위해 준비해 두신 모든 유익을 배울 필요가 있다. 치유가 그중 하나다. 가족력으로부터 오는 저주를 끊어버리는 것과 마음을 깨끗케 하는 것은 하나님의 영광의 임재와 함께 따라오는 유익이다. 그리고 믿거나 말거나, 그러한 축복들을 여는 열쇠 중 하나는 간단히 말해 예루살렘의 평안을 위하여 기도하는 것과 유대 민족들을 축복하는 것이다.

영광이 우리에게 비칠 때 하나님은 수많은 축복들을 우리에게 주신다. 이 축복들이 또한 다른 사람들에게 그 축복을 전할 수 있게 한다. 얼마 전에, 나(마헤쉬)는 예루살렘에 있는 한 음식점에 있었다. 한 아랍 신사가 나에게 와서 식탁 음식들을 차려주었고 음식을 먹은 후에 정리를 해주었다. 그가 나에게 걸어오더니 말했다, "당신을 만난 적이 있는 것 같습니다. 그렇지 않은가요?"

나는 말했다. "나는 자주 예루살렘에 오지 않습니다, 그러니 당신을 만난 적이 없는 것 같습니다." 그가 말했다. "아 이제 기억납니다–텔레비전."[3] 그 당시, 우리의 텔레비전 프로그램인 더 와치(The Watch)는 한 주에 열두 번씩 아랍 나라들에 아랍어로 스피릿 채널 TV에서 방영되었다.

그의 영어는 서툴렀지만, 나는 그의 말을 이해할 수 있었다. 그가 말했다. "당신은 스피릿 채널에 나옵니다. 나는 매주 당신을 보고 있습니다." 그런 후 말했다. "여기 안에서 [그의 가슴을 만지며], 당신의 모습을 보았습니다." 나는 그가 환상을 보았던 것을 이야기 하고 싶어 한다는 것을 깨달았다. 그가 말했다. "하나님이 나에게 당신은 큰 심장, 순수한 심장, 금으로 된 심장을 가지고 있는 것을 보여주셨습니다. 당신은 큰 산 위에 있었고 예복을 입고 있었습니다. 그리고 당신 주위로 황금 빛이 있었습니다." 그러고는 울기 시작했다.

하나님이 나를 거기로 이끌어 그를 축복하려고 하신 것을 나는 알았다. 그런 후 주님은 나에게 어떤 환상을 주셨고, 그의 가족에 관한 것과, 그들이 뚫고 나아가야 할 특정한 필요에 관한 지식의 말씀을 주셨다. 하나님이 그들에게 그 영역에서 돌파해 나가기를 원하신다고 그에게 말했다. 그는 더욱 더 울었다.

나는 항상 예루살렘에 있으면 기쁘다. 그러나 나는 특별히 예수님이 높이 들려지는 그날을 더욱 기뻐한다. "내가 땅에서 들리면 모든 사람을 내게로 이끌겠노라 하시니"(요 12:32).

제사장 나라

"이 세상에서 어떤 민족이 주의 백성 이스라엘과 같겠습니까? 하나님이 직접 찾아가셔서 이스라엘을 구하여 내시고, 주의 백성으로 삼아서, 주의 명성을 드러내셨습니다"(대상 17:21 표준새번역). 우리 주님은 우리를 구원하시려고 인도네시아, 아르헨티나, 독일 또는 러시아를 방문하신 것이 아니었다. 주님은 그 자신을 위하여 지구상의 한 나라, 이스라엘을 구원하시고, 자신을 위하여 크고 놀라운 행사로 그 이름을 크게 하실 것을 결정하셨다. 그리고, 연장하여, 하나님은 메시아의 이름, 즉 예수님의 이름을 부르는 모든 자들을 구원하시기로 결정하셨다.

성경에는 이스라엘이 이천오백 번이나 나타난다. 계속적으로 이스라엘을 반복하시는 것은 하나님이 이스라엘에게 특별한 지위를 부여하셨다는 것이다. 신약성경에서만, 이스라엘은 일흔아홉 번이 언급되었다. 유대인(Jew)은 여든네 번이나 구약에 언급되고, 백아흔두 번이 신약에서 언급되었다. 반면, 크리스천(Christian)은 단지 세 번 만이 언급되었다. 이런 통계는 무엇인가를 생각하게 한다. 말씀에서 하나님이 강조하는 것이 무엇인지 주의를 기울이고, 자주 반복되는 이름들에 관심을 기울이는 것을 통해, 당신은 약속의 땅에 대한 통찰력을 얻게 될 것이다.

예수는 말씀하셨다. "구원이 유대인에게서 난다"(요 4:22). 예수님 자신이 유대인이었고, 그리고 유대인 없이는 아마도 누가복음과 사도행전을 제외한 다른 모든 성경은 기록되거나 취합되지 않았을 것이기 때문이다. 모든 성경은 유대인에 의해 기록되었다. 유대인이 없이는 성경도 없다. 예수님의 부모, 마리아와 요셉은 유대인이었다. 그러므로 유대인이 없이는 메시아도 없고, 구원자도 없다. 우리의 구원은 유대인인 예수님으로부터 왔다.

우리가 이스라엘의 독특성을 보고 그것을 존중할 때, 하나님은 또 다른 독특한 사람들로서 지정된 우리, 즉 교회에 신선한 기름 부음을 부어주신다. 전에 하나님은 이스라엘에게 율법과 계명들을 주셨고, 모세에게 말씀하셨다. "너희가 내게 대하여 제사장 나라가 되며 거룩한 백성이 되리라"(출 19:6). 이것은 우리에게 또한 적용된다. 이스라엘의 하나님은 당신의 아버지이고 당신을 그의 제사장 나라의 가족에 입양하셨다(롬 9:4-5 참조). 하나님이 우리를 선택하셨다. 성경은 우리가 "택하신 족속이요(a chosen generation), 왕 같은 제사장들이요(a royal priesthood), 거룩한 나라요(a holy nation), 그의 소유가 된 백성(His own special people)"(벧전 2:9)이라고 한다. 당신은 예언적인, 사도적인 무리에 속한다.

아브라함의 축복은 예수 그리스도를 통하여 우리에게 온다. 아브라함의 축복들은 강력하다. 예로, "네가 만지는 것마다 번성할 것이고, 그리고 당신은 꼬리가 되지 않고 머리가 될 것이다"(신 28:9-13 참조). 신약에서 그리스도는 저주에서 우리를 구원해 내셨고, 이는 "그리스도 예수 안에서 아브라함의 복이 이방인에게 미치게 하고 또 우리로 믿음으로 말미암아 성령의 약속을 받게 하려 함이라"라고 말씀하신다(갈 3:14 참조). 궁극적인 축복은 아버지의 약속인, 성령의 내주하심이다.

쉐키나

영광, 능력으로 나타나는 현상, 하나님의 초월적인 임재는 이스라엘의 자녀들에게 나타났고, 그들은 그것을 쉐키나(shekinah)라고 불렀다. 그것은 성령의 임재였다. 사람들이 순종하며 걸을 때, 그 쉐키나는 그들과 함께 머문다. 동일한 방법으로, 성령은 당신을 옷 입히기 원하시고, 당신이 그를 사랑하고 그가 사랑하는 것들을 사랑하는 것처럼 밤낮으로 당신과 함께하고 싶어 하신다.

쉐키나는 유대인과 이방인들 사이의 정치학을 대신한다. 쉐키나는 세상 구원이라는 광대한 계획 가운데 있는 장소를 계시한다. 하나님의 약속들과 심판들은 온 땅 위에 있다(시 105:7 참조).

> 그는 여호와 우리 하나님이시라 그의 법도가 온 땅에 있도다 너희는 그의 언약 곧 천 대에 명령하신 말씀을 영원히 기억할지어다 이것은 아브라함에게 하신 언약이며 이삭에게 하신 맹세이며 이는 야곱에게 세우신 율례 곧 이스라엘에게 하신 영원한 언약이라 이르시기를 내가 가나안 땅을 네게 주어 너희 기업의 지경이 되게 하리라 하셨도다(대상 16:14-18)

하나님은 약속을 하실 때, 반드시 그것을 지키신다. 그의 이름의 영광 때문에 하나님의 명성을 대적하는 것은 위험하다(겔 36:21 참조). 에스겔 36장 24-25절에서 하나님은 이스라엘에게 약속하신다. "내가 너희를 여러 나라 가운데에서 인도하여 내고 여러 민족 가운데에서 모아 데리고 고국 땅에 들어가서 맑은 물을 너희에게 뿌려서 너희로 정결하게 하되 곧 너희 모든 더러운 것에서와 모든 우상 숭배에서 너희를 정결하게 할 것이며," 이것은 말씀과 성령을 가리킨다. 그리고 "또 내 영을 너희 속에 두어 너희로 내 율례를 행하게 하리니 너희가 내 규례를 지켜 행할지라 내가 너희 조상들에게 준 땅에서 너희가 거주하면서 내 백성이 되고 나는 너희 하나님이 되리라"(겔 36:27-28).

이것이 하나님의 약속이다. 하나님은 백성들을 불러 다시 태어나게 하고 성령 안에서 세례를 주기 위해 불렀다. 교회는 이것을 목격하고 박수갈채를 보낸다. "여호와께서 열방을 향하여 기치를 세우시고 이스라엘의 쫓긴 자들을 모으시며 땅 사방에서 유다의 흩어진 자들을 모으시리니"(사 11:12).

우리의 평생 사는 동안, 하나님은 뭔가 놀라운 일들을 준비하시고, 우리는 들어야만 한다. 이스라엘의 자녀들이 그들이 찔렀던 예수를 보기 시작하면, 예수님이 그들에게 나타내실 때가 임박한 것이다. 메시아의 다시 오심은 사탄의 마음에 엄청난 두려움을 줄 것이다. 왜냐하면 사탄은 예수님이 오시면, 모든 것을 영원히 잃어버리게 될 것을 알기 때문이다.

우리가 예루살렘의 평안을 위하여 기도할 때, 하나님은 교회가 유대인들이 시기하게 만들 정도로(롬 11:11 참조), 서로 사랑하는 공동체로 함께 모이기를 원하신다. 또 하나님은 우리가 거룩한 삶을 살고, 우리가 영적인 축복들을 받고, 연합하는 삶을 살고, 사람들에게 영광을 나타내고, 기쁨을 누리기를 원하신다. 하나님은 세상 사람들이 우리의 빛으로, 우리의 광명으로 나아오기를 원하신다. 그것은 곧 그의 쉐키나 영광으로 들어가는 것이다.

이스라엘의 영광

우리는 이 장을 스가랴서의 한 구절로 시작했다. "내가…그 가운데에서 영광이 되리라"(슥 2:5). 본문은 다음과 같이 계속된다.

> 여호와의 말씀에 시온의 딸아 노래하고 기뻐하라 이는 내가 와서 네 가운데에 머물 것임이라 그 날에 많은 나라가 여호와께 속하여 내 백성이 될 것이요 나는 네 가운데에 머물리라 네가 만군의 여호와께서 나를 네게 보내신 줄 알리라(슥 2:10-12)

예루살렘을 둘러싼 영적인 보좌를 위한 싸움은 계속된다. 예루살렘은 우리의 영적 왕국의 중심이다. 하나님은 예루살렘을 "그의 눈의 눈동자"로 불렀다. 그리고 예루살렘을 만지는 자마다 눈을 찌를 것이고 그의 보복을 받을 것이라고 선언하셨다. 결국, 이스라엘을 대적하는 세상 나라들의 도모는 헛되다.

> 어찌하여 이방 나라들이 분노하며 민족들이 헛된 일을 꾸미는가 세상의 군왕들이 나서며 관원들이 서로 꾀하여 여호와와 그의 기름 부음 받은 자를 대적하며 우리가 그들의 맨 것을 끊고 그의 결박을 벗어 버리자 하는도다 하늘에 계신 이가 웃으심이여 주께서 그들을 비웃으시리로다 그 때에 분을 발하며 진노하사 그들을 놀라게 하여 이르시기를 내가 나의 왕을 내 거룩한 산 시온에 세웠다 하시리로다(시 2:1-6)

이와 같은 본문은 정치적이고 세상적인 갈등과 중첩된 영적 전쟁을 분명히 보여주고 있다. 우리는 적이 있다. 그러나 우리는 이 땅 위에 마귀에 의해 세워진 견고한 진들과, 지배, 그리고 왕들을 부서뜨리는, 영적이고 강력한 무기들을 가지고 있다.

> 우리가 육신으로 행하나 육신에 따라 싸우지 아니하노니 우리의 싸우는 무기는 육신에 속한 것이 아니요 오직 어떤 견고한 진도 무너뜨리는 하나님의 능력이라 모든 이론을 무너뜨리며 하나님 아는 것을 대적하여 높아진 것을 다 무너뜨리고 모든 생각을 사로잡아 그리스도에게 복종하게 하니(고후 10:3-5)

사탄은 속이는 자의 괴수로 할 수만 있으면 많은 사람들의 마음을 사로잡고 대적하는 영을 부어주고 있다. 마지막 전쟁은 정점을 향해 달려가고, 우리는 그 전쟁의 중요한 한 부분을 차지한다. 정치적 교정(politically correct, 미국 정부의 믿음을 바탕으로 한 정책에서 정치적 주도의 정책으로 전환되어 온 비기독교적인 움직임-역자 주)에 대해서는 잊어버리라. 성경적 교정(scripturally correct)이 되도록 결심하라. 우리와 주님과의 관계 때문에, 하나님의 눈이 포크로 찔리게 되면, 우리도 고통을 느낀다. 예수님의 신부로서, 우리는 세상에서 역사하는 사악한 적그리스도의 영을 볼 때 대적한다. 사람들이 적그리스도의 영과 평화를 하려고 할 때 정치적인 "평화 협상들"(peace talks, 가령 미국 주도의 예루살렘과 팔레스타인 지역의 분쟁을 종식하기 위한 평화 협상들-역자 주)은 결코 이루어지지 않을 것이다.

모든 믿는 자들은 이 거대한 영적 싸움에서 주님 편에 서도록 부르심을 받았다. 우리는 예루살렘과 하나님의 백성들인 이스라엘을 수호하는 파수꾼이다. 교회는 이스라엘이라는 나무에 접붙임을 받았기 때문에 계속되는 싸움에서 기득권을 동일하게 가지고 있다. 유대인이 우리에게 접붙임을 받은 것이 아니다. 우리가 그들에게 접붙임을 받은 것이다(롬 11장 참조).

우리는 이 이슈들에 대해 잠자고 있을 수 없다. 우리 각자는 하나님의 제사장으로서, 권능 있는 영적 대사로서, 그것들에 맞서고 붙잡아야 할 책임이 있다. 이 전쟁에서 예수와 함께 서는 것이 중요하다. 그는 혼동하지 않고, 또한 우리도 혼란스러울 필요가 없다.

기도 가운데 날마다 성벽들을 향해 집결하고 전쟁을 치를 준비를 하자. 예루살렘의 평안을 위해, 그리고 우리나라의 지도자들에게 지혜를 주시고 성경적인 생각 구조를 가지도록 기도하자.

예루살렘을 위한 기도

오! 주님, 우리는 예루살렘의 평안을 위해 기도합니다. 당신의 제사장들과 왕들로서, 오! 주님, 이 땅에 보내신 당신의 대사들로서, 당신의 거룩한 아들 예수의 이름으로, 우리는 권세의 지팡이를 예루살렘과 당신의 백성, 이스라엘을 향하여 뻗칩니다. 여호와 샬롬, 평강의 왕이여, 친히 그들 가운데 서시고 당신의 평화를 주소서. 아버지, 이스라엘 지도자들의 마음을 위하여 기도합니다. 그들에게 당신으로부터 오는 지혜와 분별력, 용기, 그리고 이 시대를 선명하게 이해할 수 있는 능력을 주소서. 오! 주님, 이사야 61장의 기름 부음이 당신의 백성들의 지도자들에게 임하게 하소서. 세상이 이스라엘을 보고 또한 그들을 대적하는 나라들을 볼 때, 우리는 기도합니다. "당신의 뜻이 하늘에서 이룬 것 같이 이 땅에서도 이루어지이다." 주님, 나라가 당신에게 있습니다. 권세가 당신에게 있습니다. 또한 모든 부와, 영광, 존경, 축복, 능력, 그리고 다스림이 당신에게 있습니다.

아버지, 당신의 뜻을 대적하는 자들과 이스라엘 백성을 해치려 하는 모든 자들이 오늘날 혼동되도록 기도합니다. 그들이 회개하지 않으면 그들의 사악함이 그들 자신의 머리에 돌아가게 하소서.

위로자 성령님, 웨딩드레스의 베일처럼 예루살렘 위에 임하소서. 예루살렘의 문들과 관문들 위에 임하소서. 그 거리들과 비즈니스에 임하소서. 가정들과 이웃들에 임하소서. 남자와 여자 그리고 그들의 자녀들에게 임하소서. 오, 하나님, 전쟁에서, 특별히 지난 오십 년 동안의 전쟁에서 사랑하는 자들을 잃은 모든 가족들의 마음속에 임하소서. 나라들이 예루살렘을 둘로 나누려 하고 당신의 보좌가 있는 곳에 그들의 보좌를 세우려 할 때, 예루살렘 거리에서 흘린 모든 피를 기억하소서. 이스라엘의 위로자로 오시고 위대한 변론자로서 오시기를 기도합니다.

우리의 기도를 들으소서. 오! 주님, 당신의 영광을 보내소서. 예수 그리스도, 기름 부음 받은 분(메시아 또는 그리스도의 단어의 뜻은 기름 부음의 의미를 가진다-역자 주) 전능하신 주의 이름으로 기도합니다. 아멘.

10장

다가올 영광

10장_THE COMING GLORY

다가올 영광

사랑하는 사람아, 내가 이제 너에게 명령한다.
네가 보는 이것을 사람들에게 말하여라.
전능하신 하나님이 모든 인류의 드러난 죄들을 위하여,
그리고 옛적 아담의 범죄 때문에,
전능하신 하나님이 수난을 당하신
영광의 십자가인 것을 발견하라.
그는 거기서 죽음을 맛보았으나,
그러나 하나님은 다시 그의 위대한 능력으로,
사람들에게 구원자로서 그를 다시 일으키셨다.[1]

†††

"이 저주받은 갈릴리 사람들! 정직하지 못한 자들! 이단들!" 작은 키에 어두운 형상이 조랑말에 바짝 엎드려 타고 있는 그의 모습으로 보아, 보통 사람들을 두렵게 할 특명을 가지고 급하게 달리고 있는 것이 분명했다.

"우리의 종교를 훔치고 히브리인들의 많은 피를 가지고 산 우리의 유업을 조롱거리가 되게 하고 있다"고 말하면서 침을 뱉었다. "내가 가서는 그들의 피의 마지막 한 방울의 한 방울까지도 흘리게 할 것이다! 하나님이 나의 증인이시다! 눈에는 눈이다."[2] 확고한 축복의 확신 속에 그는 두 손을 하늘로 높이 들었다. 비뚤어진 마음을 가지고 있는 이 구부정한 사람은 자신이 화살과 같이 곧바로 날아간다고 확신했다. 번개처럼 쏜살같이, 가는 곳마다 죽음을 부르며, 그들의 순수한 종교로부터 부패한 것을 분쇄하려고 열심히 달리고 있었다. 그러나 가족으로부터 유전으로 받은 것 이외에, 한때 예언서 해석에 관한 이야기로 시작하였다가 싸움으로 번져 그만 부러져 버린 코만큼 그의 의도는 굽어 있었다.

이 굽은 사람은 그의 반짝이는 눈 위에 비늘이 덮여 있었다. 그러나 그는 바르게 보고 있다고 스스로 생각했다. 그는 앞에 놓여 있는 길을 보면서 그 나사렛 사람을 생각했다. 그의 살은 그가 입은 바리새인의 옷 밑에서 가시와 같이 따끔거렸다. 그것이 태양의 열기 때문인가 또는 그 갈릴리인에 대한 생각 때문인가? 그는 분간할 수 없었다.

그 열심 있는 사람은 저주의 말을 했다. "그 자는 벌을 두 배는 더 받아야 마땅하다!"

그 말을 입에서 내뱉자, 지난 번 나사렛 이단의 하나였던 한 젊은 사람에게 돌을 던져 죽였던 장면들이 눈앞에서 플래시처럼 지나갔다. 스데반이라고 불리던 그 사람에게는 무언가가 있었다-그의 용모, 그의 평안, 그의 용서함-그것들은 그 굽은 사람이 그날 단 한 개의 돌도 들지 못하게 만들었다. 그것이 그를 부끄럽게 했었다.

"적어도 나는 다른 사람들이 그 의로운 일을 끝낼 때까지 그들의 옷을 보관하고 있지 않았던가!" 그는 다시 초점을 맞추면서 자신을 위로했다. 그는 그의 성경을 자유자재로 인용하였고, 여러 언어로도 읽을 수 있었다. 그는 동일한 구절에 대한 유명한 사람들의 주석들과 각각의 관점들을 정확하게 재생할 수 있었다. 그는 마지막 세세한 부분에 이르기까지 모든 율법의 제한들을 열거할 수 있었다. 그는 율법의 세세한 부분을 지키며, 밖에 나가기 전에 매일 아침마다 바닥에 꿇어 엎드려 기도하였다. 그는 봉급에서 일센트의 반의반까지 십일조를 드렸다. 그리고 텐트 만드는 일을 통해 자급자족하였다.

그는 율법에 관한 한 완전했다. 히브리인 중의 히브리인이었다. 아브라함은 그보다 더 훌륭한 아들을 가지지 못할 것이다!

이것들이 그의 대머리에서 소용돌이쳐 나오는 자기 자신을 합리화하는 생각의 강물이었다. 한낮의 강한 빛을 피하기 위해 그는 걸치고 있는 탈리트를 앞으로 향하도록 해서 얼굴을 가리며 북쪽 다마스(Damascus)로 향하고 있었다. 그의 일은 그 나사렛 사람과 그 제자들에 대한 기억들을 지워버리고, 히브리 역사에서 더러움을 제거하면서 그 나사렛 사람의 추종자들을 속출해 내는 것이었다.

"내가 참으로 좋은 기회를 놓쳤구나! 그렇지 않았으면 그 사람을 찾아내어 법정에 넘겨준 것은 나였을 텐데! 그를 죽일 증거를 처음으로 여호와께 입증할 수 있었을 텐데!"

이 모든 일을 정말로 중요한 사람들을 대신하여 일하고 있는 것이다. 대제사장들은 친히 이 미션을 위하여 그를 임명하였다. 그는 왁스로 단단히 봉한 봉투에 성전의 인장을 찍은 그들의 지시가 들어있는 작은 주머니를 꼭 껴안았다.

"북쪽에서 우리에게 문제를 주고 있는 저 기독교인들을 샅샅이 색출해 내라! 율법을 따라 이단들을 처벌하는 규정대로 남김 없이 정확하게 집행하라."

"너는 나 외는 다른 신들을 네게 두지 말라!" 그는 이 계명의 의미를 되새겼다. 그의 눈은 그와 함께하는 동료에게 향하였다. 이번에 그는 수하에 사람들을 데리고 갔다. 자기만족의 웃음이 그의 입술에 피어났다. 그는 세상에서 출세하고 있었다.

의로운 사람은 의로운 사람들과 어울린다. 그는 잘난 체하며 생각했다. 하나님, 나를 여자로 만들지 않아서 감사합니다!

그의 불타는 심장은 용기를 얻었다. 도시가 보이기 시작하자 그는 작은 당나귀의 옆구리를 그의 발뒤꿈치로 찔렀다.

"달려라! 쏜살같이 달려라! 도시에 도달하기도 전에 해가 지겠다! 이렇게 느려서는 거룩한 예배를 두 번이나 더 드리고도 남겠다!"

그때 이 일이 벌어졌다.

번개보다도 더 밝은,

수천 개의 화살보다 더 날카로운,

태양의 밝음을 가리고도 남을 더 밝은 섬광이 번쩍였다.

당나귀는 펄쩍뛰었고, 히힝거리며 울부짖고 쏜살같이 달아났다. 그 굽은 사람을 길바닥에, 제사장의 위임장이 들어있는 주머니는 찢어지고, 먼지 바닥에 얼굴을 처박은 것은 그 당나귀가 아니었다. 그것은 강한 빛이었다.

"사울아!"

눈이 보이지 않아 손으로 더듬으면서, 칼칼한 목의 먼지를 억제하면서 그는 무릎을 꿇었다. 그는 오로지 그의 부하들이 도망하는 샌들 발자국 소리만을 들을 뿐이었다.

"사울아!"

여기서 누가 그를 알까? 누가 그의 이름을 아람어로 부를까?

"네가 어찌하여 나를 박해하느냐?"

발로 일어서려고 노력했으나 일어날 수가 없었다. 눈을 가리고 있는 필름막을 비벼도, 여전히 볼 수가 없었다.

"왜 나를 마치 미친 사람처럼 쫓고 있느냐?" 그 빛이 물었다.

그는 마치 불속에서 목욕하는 것 같은 느낌이었다. 그는 연기 냄새를 맡지 못하는 것을 이상하게 생각했다. 확실히, 그의 작은 머리카락들은 완전히 불에 그슬려졌다! 주체할 수 없는 떨림이 그를 사로잡아 그는 기도해야 된다고 강하게 느꼈다.

"주님? 당신은, 당신은 누구십니까?"

"예수. 네가 끊임없이 죽이고 있는 예수다. 일어서라!"

식은땀이 그의 목에 맺혔고 그 음성이 다시 말할 때는 사울의 굽은 등으로 흘러내렸다.

"지금부터는 나를 위해서 일하라!"

사울의 동료들은 살금살금 되돌아 왔다.

"요나스(Jonas)! 데오스(Theos)! 도와줘!" 사울은 보지 못해 휘청거렸다. "내 손을 잡고 나를 이끌어라. 무엇을 보았느냐?"

"단지 섬광같은 밝은 빛만을 보았습니다." 데오스가 말했다.

"그 빛이 우리를 넘어뜨렸습니다." 요나스가 요란스럽게 덧붙였다. "지금은 무엇을 보느냐? 왜 우리가 그 갈릴리인의 음성을 듣고 있느냐?"

"나를 도시로 인도하라." 사울이 대답했다. "곧은 길(Strait)이라 불리는 거리로. 거기서 우리는 우리의 길을 찾을 것이다."

† † †

하나님은 당신과 내 안에 있는 영을 통하여 아들의 영광을 입혀주신다. 영광은 갈보리에서 끊임없이 효과적으로 일어나는 권능과 서로 얽혀진 주님의 임재이다. 십자가는 우리의 자연적인 삶에 초월적인 방식으로 날마다 공급한다. 그리고 또 우리는 부활할 때 그의 영광 안에서 들려질 것이다. 영광은 직접적으로 성령과 연결이 된다. 그의 임재는 예수님의 피 위에 임하고 머문다. 그 피가 우리를 위하여 무엇을 하고 있는지에 익숙하게 되면, 영광은 우리를 둘러쌀 것이다. 당신이 죽을 몸 가운데서 사는 동안은, 예수의 피는 그 권능을 결코 잃어버리지 않을 것이다. 그리고 당신은 그 권능이 필요할 것이다. 영광이 있는 곳에는 십자가의 보혈이 역사하고 있다는 것을 기억하라. 예수의 보혈을 알아가라. 그러면 당신은 그의 영광을 알게 될 것이다. 당신이 만약 영광을 따른다면, 그는 당신을 십자가로 인도할 것이다.

예수의 기도들은 영광으로 가득하다. 십자가는 영광으로 가는 열쇠이다.

> 아들을 영화롭게 하사 아들로 아버지를 영화롭게 하게 하옵소서… 아버지께서 내게 하라고 주신 일을 내가 이루어 아버지를 이 세상에서 영화롭게 하였사오니 아버지여 창세 전에 내가 아버지와 함께 가졌던 영화로써 지금도 아버지와 함께 나를 영화롭게 하옵소서… 내게 주신 영광을 내가 그들에게 주었사오니 이는 우리가 하나가 된 것 같이 그들도 하나가 되게 하려 함이니이다(요 17:1, 4-5, 22)

마지막 아담이 첫 아담을 능가하듯이, 새 창조는 첫 번째 창조의 소망과 기대를 능가한다. 갈보리의 깊은 잠에서, 새 인류의 정수인, 신부는 그의 상처 난 옆구리로부터 나온다(태초에 하나님이 아담의 갈비뼈로부터 이브가 나온 것처럼-역자 주). 그리스도가 부활할 때 우리도 아버지의 영광에 의해 일으킴을 받았다. 아버지의 영광은 이름을 가지고 있다. 그는 성령이다. 십자가 위에서 그리스도는 영을 통하여 자신을 제물로 드리셨다. 거기서 우리의 미래를 창조하시기 위해 예수님의 피와 하나님의 영광이 서로 결합하였다. 죄 없는 육신과 성령은 그리스도가 죽었을 때 역동적이고 영원한 권능의 폭발 속에서 연합되었다. 우리는 의롭게 되었고 예수님 안에서 영광스럽게 되었다.

형언할 수 없는 기쁨과 영광이 충만함

하나님의 영광은 종종 가장 겸손한 자들에게 가장 놀라운 방법으로 나타난다. 그의 영광은 결코 우연하게 주어지는 것이 아니다. 영광에 대한 우리의 반응은 아주 즐거운 기쁨이다!

> 예수를 너희가 보지 못하였으나 사랑하는도다 이제도 보지 못하나 믿고 말할 수 없는 영광스러운 즐거움으로 기뻐하니(벧전 1:8)

우리가 수년 동안 함께 사역했던 영적 멘토 데릭 프린스는 영국 군대의 장교였다. 데릭은 아주 규율이 심한 환경 속에서 자랐고, 기숙사 학교들에 보내졌고, 그리고 캠브리지 대학에서 교육을 받았다. 그가 알았던 기독교인들은 그들 스스로를 "불쌍한 죄인들"로 여겼고 데릭에게는 그것이 바람직하게 보이지 않았다. 2차세계대전 중에 영국 군대에서 복역하는 동안, 대학에서 그의 연구 분야였던 철학을 전공하면서 성경을 읽기 시작했고, 그리고 구원을 받았다. 성경의 저자가 와서 어깨너머로 그를 보았을 때, 데릭은 성령으로 세례를 받았다. 그가 성령으로 충만하게 채워진 그날 밤, 그는 그의 야전 침대를 정리하면서 손과 발을 하늘에 올리고는, 주체할 수 없는 큰 웃음으로 소리쳤다.

수년간 데릭을 섬긴 후, 우리는 로드니 하워드 브라운(Rodney Howard Browne)이라는 남아프리카 사람을 초청하여 집회를 열었던 몇몇 친구들의 교회에 하나님의 새로운 움직임이 일어나고 있다는 말을 들었다. 우리는 온 가족들을 데리고 스스로 확인해 보기 위해 갔다. 이튿날 밤에, 그 설교자가 우리 가족을 향하여 다가올 때 눈이 서로 마주쳤다. 순간, 나(보니)는 의자 밑에서 미끄러져 들어가며 주체할 수 없이 큰 소리로 웃었다. 그것은 이전에는 한 번도 내게 일어나지 않았던 것이다! 이런 신선한 임재를 맛보는 것만으로도 당신은 갑작스런 부어주심으로 놀랄 것이다. 나는 부흥 속에 있었다. 나는 "표현할 수 없는 기쁨과 영광의 충만함"(벧전 1:8 참조) 가운데 있었다.

사도 바울은 기쁨을 열정적으로 전하는 사람의 대표였다. 모든 편지에 그는 승리자의 매우 기쁜 영적상태를 보여주고 있다. 심지어 신체적으로 감옥에 갇혀있을 때조차도, 바울은 부흥 속에 있었다. "주 안에서 항상 기뻐하라 내가 다시 말하노니 기뻐하라"(빌 4:4). 그는 또한 썼다. "근심하는 자 같으나 항상 기뻐하고 가난한 자 같으나 많은 사람을 부요하게 하고 아무 것도 없는 자 같으나 모든 것을 가진 자로다"(고후 6:10). 그리고 "하나님의 나라는 먹는 것과 마시는 것이 아니요 오직 성령 안에 있는 의와 평강과 희락이라"(롬 14:17).

복음 찬송가는 계속된다. 그 노래는 결코 끝나지 않는다. 한 세대에서 다른 세대에 이르기까지 새로운 소절, 새로운 합창은 그리스도의 부르심에 응답하는 사람들에 의해 더해지고 있다. 사도들의 행전은 끝이 없는 이야기를 담고 있다. 사도행전의 마지막 장의 마지막 몇 구절을 보면, 바울은 로마에서 한 집에 구금되어 있다가 잠시 풀려났었고 그런 후 다시 잡혔다. 그러나 하나님의 말씀과 성령은 결코 구속되지 않는다. 그는 항상 그리스도 안에서 자유하였다. 그의 생애를 기록한 마지막 줄은 그의 순교기가 아니라, 복음의 능력 안에 있는 그의 자유를 기록하고 있다.

> 바울이 온 이태를 자기 셋집에 머물면서 자기에게 오는 사람을 다 영접하고 하나님의 나라를 전파하며 주 예수 그리스도에 관한 모든 것을 담대하게 거침없이 가르치더라(행 28:30-31)

모든 세대들은 계속적인 영광의 이야기를 다음 장에 기록해야 한다. 우리의 부르심은 복음 증거를 통해 영광을 얻는 것이다(살후 2:14 참조). 영광은 영원하다(딤전 1:17 참조). 모든 기독교인은 그들을 아는 모든 사람들에게 복음의 메시지를 선포하는 살아있는 편지이다. 이 이야기는 저자이자 영웅인 예수님이 하늘로부터 다시 오실 때 절정을 이룰 것이다.

회복 시간

뒤에서, 주님이 나(보니)에게 말씀하셨다. "네가 나의 음성에 순종하면, 나는 네가 잃어버린 것을 회복할 것이다." 나는 몇 달 전에 약간의 현금을 어디에 두었는지 찾을 수가 없었다. 나는 성경의 비유에 나온 것처럼 마치 동전을 잃어버리고 그것을 찾기 위해 온 집을 뒤졌던 그 여인과 같았다. 나는 구석구석을 살펴보았으나 내 보물을 찾을 수가 없었다. 나는 그 돈이 어떻게 된 것인지 걱정되기 시작했다.

어느 날 밤, 집회를 끝내고 집으로 돌아오는 길에, 주님은 내게 환상을 보여 주셨다. 나는 우리 집을 수리해 주었던 일군에게 말하고 있는 나 자신을 보았다. 나는 이 사람을 위한 특정한 말씀을 들었고 내가 그의 삶 속에 무엇인가를 심어야 하는 것을 보았다. 내가 집에 도착했을 때, 나는 하나님이 잃어버렸던 그 보물에게로 갔다. 다음날 아침 나는 일하는 사람이 그의 도구들을 챙기기 위해 오는 것을 기다렸다. 나는 주님이 그를 만나시려고 하는 것을 알았다. 그러나 그 사람은 오지 않았다. 다른 약속이 있어서 떠나려고 문으로 나가려 할 때 그 사람이 우리 차고 앞으로 걸어왔다. 나는 주님의 말씀을 그에게 들려주었고 하나님의 임재가 임하였다. 그 남자의 심장은 아버지의 뜨거운 사랑으로

녹았다. 그리고 성령이 그의 몸을 뚫고 들어갈 때 신체적으로 심하게 흔들리기 시작했다. 그전에 그는 기독교인으로 성장했으나 주님으로부터 멀리 떠났고 죄책감이 그를 사로잡고 있었지만 우리가 기도할 때, 그는 하늘 아버지의 품안으로 돌아왔다. 나는 그의 '회복'을 위하여 헌금을 심었다. 하나님은 그의 보물을 찾고 있었다. 하나님은 그의 잃어버린 아들을 찾으려고 나를 보냈고 나도 또한 내가 잃었던 나의 보물을 다시 회복하였다!

우리는 영적인 회복 시즌 가운데 있다. 이제 돌아갈 시간이다. 주님이 영광으로 나타나심은 수년 동안 교회에서 잃어버렸던 것이다. "그러므로 이르시기를 잠자는 자여 깨어서 죽은 자들 가운데서 일어나라 그리스도께서 너에게 비추이시리라 하셨느니라"(엡 5:14).

성경에서 묘사하고 있는 '마지막 때'는 이미 우리 주변에 와 있다. 모든 것들이 온통 흔들리고 있다. 영광의 시간들 앞에는 항상 흔들리는 시간들이 먼저 온다. 당신이 다이아몬드를 전시하기를 원하면, 당신은 그것을 가능한 한 가장 어두운 배경 위에 올려놓을 것이다. 그러면 그 위에서 아주 밝게 빛날 것이다. 하나님의 영광이 그의 신부 위에 밝은 빛으로 일어나고 있다. 갑자기, 많은 곳에서 역경의 시간과 더욱 짙어지는 어둠 속에서도 기회의 문들이 기독교인을 위하여 도처에서 열려지고 있다. 믿는 자들은 그들의 이루어지지 않은 꿈들을 실현하기 위한 기회들을 발견하고 있다. 이것은 하늘로부터 정해진 것이다. 이제 당신이 일어나서 밝게 비추어야 할 시간이다!

변하는 가치들

"하나님, 나를 사용해 주세요!" 이런 말이 낯익지 않은가? 우리 삶의 어려운 환경들은 때때로 바로 우리 기도들의 응답이다. 열왕기하 5장에는 하나님의 영광을 어떻게 인식해야 하는지를 보여주는 이야기가 있다.

나아만(Naaman)은 대단한 사람이었다. 시리아 군대 장관으로서 그는 왕에 의해 높임을 받는 사람이었다. 그는 시리아가 이스라엘을 누르는데 큰 공을 세웠다. 그러나 나아만은 문둥병자였다. 그의 모든 인간적인 영향력과 강점들도 질병에는 소용이 없었다. 나아만이 전쟁 중 잡아온 이스라엘의 소녀는 그 집의 노예였다. 긍휼의 마음을 가진 한 노예가 그녀의 주인의 치료를 위한 말을 전달하는 영광의 도구가 되었다.

그 노예 소녀는 말했다. "우리 주인이 사마리아에 계신 선지자 앞에 계셨으면 좋겠나이다 그가 나병을 고치리이다"(왕하 5:3). 그녀를 노예로 만든 바로 그 주인을 위하여 그녀는 하나님의 축복을 전하는 전달자가 되었다.

나아만은 이스라엘에서 잡혀온 소녀가 말했던 것을 왕에게 가서 말했다. 그러자 시리아 왕이 대답했다. "갈지어다. 이제 내가 이스라엘 왕에게 글을 보내리라"(왕하 5:5). 그래서 나아만은 750파운드의 은과 75파운드의 금, 거기에 더하여 가치 있는 축제 의복들을 가지고 갔다. 오늘날의 기준에 의하면 그것은 25억원의 은과 금의 가치이다! 그것은 수많은 종들과, 군대들과, 그리고 이 모든 보물들을 옮길 당나귀의 행렬이었다.

이스라엘 왕은 나아만을 영접했다. 그리고 왕의 편지를 읽었을 때, 말하기를, "내가 사람을 죽이고 살리는 하나님이냐 그가 어찌하여 사람을 내게로 보내 그의 나병을 고치라 하느냐 너희는 깊이 생각하고 저 왕이 틈을 타서 나와 더불어 시비하려 함인 줄 알라"(왕하 5:7). 엘리사가 그것을 듣고 사람을 보냈다. "그 사람을 나에게 보내시오."

그래서 나아만과 그의 일행은 보물들을 가지고 선지자의 집에 도착하였다. 나아만은 중요한 사람을 맞이하는 관습대로 엘리사가 직접 나와 영접하리라 기대했다. 그러나 엘리사는 그를 만나러 나오지 않았다. 대신에 그는 종을 보내 나아만에게 말했다. "너는 가서 요단강에 몸을 일곱 번 씻으라. 네 살이 회복되어 깨끗하리라"(왕하 5:10).

당신이 엘리사의 입장이라면 어떻게 했겠는가? 우리의 문화는, 교회 안에서든 밖에서든, '수퍼스타' 심리가 만연해 있다. 그러나 하나님은 우리의 가치 체계를 바꾸신다. 그는 나아만의 가치 체계를 또한 바꾸려 하는 것이다. 엘리사는 이 위대한 사람을 영접하는 것을 거부했다.

> 나아만이 노하여 물러가며 이르되 내 생각에는 그가 내게로 나와 서서 그의 하나님 여호와의 이름을 부르고 그의 손을 그 부위 위에 흔들어 나병을 고칠까 하였도다 다메섹 강 아바나와 바르발은 이스라엘 모든 강물보다 낫지 아니하냐 내가 거기서 몸을 씻으면 깨끗하게 되지 아니하랴 하고 몸을 돌려 분노하여 떠나니(왕하 5:11-12)

나아만이 계시를 받기 위해서는 스스로 낮아져야만 했다. 장군은 기적을 받을 문턱 위에 서 있었다. 그는 그것을 위해 큰 보물도 기꺼이 드리려고 하였으나, 그의 자존심은 그의 치료를 거의 막을 뻔 했다. 다시 한 번, 제안을 한 것은 그의 종들이었다. "내 아버지여 선지자가 당신에게 큰일을 행하라 말하였다면 행하지 아니하였으리이까? 하물며 당신에게 이르기를 씻어 깨끗하게 하라 함이리이까?"(왕하 5:13).

십자가의 영광은 나아만의 이야기 전체를 통해 확장된다. 그리스도 안에서 위로 올라가는 방법은 내려가는 것이다! 궁극적인 종으로서, 예수님은 말 그대로 자신을 낮추셨고 아버지는 그에게 모든 이름 위에 뛰어난 이름을 주셨다. 주님은 영광으로 가는 길로서 낮은 길을 선택하셨다. 종들은 자신들에게 그리고 다른 사람들에게 기적들이 일어나고 영광이 나타나도록 연결하는 사람들이다. 성령은 전능하신 하나님이다. 그리고 성령은 또한 섬기는 분이다.

나아만은 산에서 강으로 내려갔다. 그는 그의 교만한 옷들을 벗고, 벗은 채로 진흙탕 같은 요단 강둑 위에 낮은 모습으로 섰다. 그의 군인들과 종들은 주인의 상태를 보고는 분명히 질겁했을 것이다. 나아만이 종들의 말을 따라 했을 때 그들은 놀라움으로 그 광경을 지켜보았음에 틀림없다.

요단 강은 죽음을 상징한다. 그 물은 갈보리의 샘에서부터 흘러내려오는 피의 모형이다. 교만은 그것에 반대되는 것이다. 십자가는 교만한 사람이 도움을 요청하는 바로 그 마지막 장소이다. 그 겸손한 흐름이 가장 사악한 얼룩들을 깨끗이 한다. 예수님은 그의 피를 흘릴 때 일곱 번 말씀하셨다. 나아만은 요단 강에서 일곱 번 몸을 담갔다. 십자가는 우리에게 완전한 구원을 제공한다. 나아만은 안과 밖으로 완전히 고쳐졌다. 높은 자나 낮은 자나, 약하거나 강하거나, 십자가의 피로 씻은 모든 사람은 하나님의 영광을 소유하게 될 것이다.

당신은 세 번 몸을 담글지 모른다. 당신은 네 번, 다섯, 또는 여섯 번 담글지 모른다. 당신은 그 산 위에서 나아만이 느낀 것과 같이, 약간 화가 나서 돌아가 버리고 싶은 마음이 들지 모른다. 당신은 이미 큰 값을 치렀을지도 모른다. 하나님은 항상 우리가 기대하는 그 시간 또는 동일한 방법으로 나타나시지 않으신다. 때때로 하나님은 우리의 마음에 도달하기 위해 우리의 머리를 대적하곤 하신다. 그는 단순한 겸손의 행위와 순종의 행위에 반응하신다. 어린아이 같은 믿음은 큰 기적들로 들어가는 관문이다. 예수님이 진흙탕 같은 요단 강에서 세례를 받으신 후, 영광이 내려오신 것을 기억하라. 성령은 그 어린양에게 임하시려고 내려오셨다.

나아만은 그 예언자에게 치료 대가로 금과 은을 주었다. 엘리사는 그것들을 거절했다. 그는 하나님의 가치 체계를 따라서 살았다. 나아만은 여전히 배워야할 것이 있었다. 당신은 이 구원을 돈을 주고 사거나 얻거나 되돌려줄 수 없다. 당신은 단지 자신을 겸손하게 하여 그 구원을 얻을 수 있다.

산 위에서 영광 중에 섰을 때, 나아만은 계시를 얻었다. 그는 그가 치료된 장소의 증거물을 원했다. "당신의 종을 허락하여 한 쌍의 노새가 운반할 만큼의 흙을 가져가게 하소서"(왕하 5:17 참조). 영광의 장소로부터 가져온 몇 킬로그램의 흙이 그에게는 왕들의 보물보다도 더 귀한 의미를 주었다. 하나님의 영광은 나눠질 수 있고, 받을 수 있고, 인식될 수 있고, 그리고 주어질 수 있다. 그것은 피, 어린양의 피, 가장 고귀한 보물로 산 것이다.

나아만은 그의 두 노새들에 흙을 싣고 이방 본국으로 돌아갔다. 그는 이스라엘의 하나님께 예배드릴 제단을 지었다. 그것이 시리아 전쟁 전략에 어떤 영향을 주었을지 생각해 보라. 시리아 군대의 장군이 하나님의 영광에 의해 만져진바 되었을 때, 이전에는 적국이던 이스라엘을 위한 기도의 용사가 되었다!

나아만의 치료는 피상적인 것 이상이었다. 그가 강물로부터 나왔을 때 그의 외면뿐만 아니라 내면까지 변화를 가져왔다. 그가 다시 산으로 돌아갔을 때, 엘리사는 그를 만나러 나왔다. 나아만의 일곱 번의 씻음은 갈보리에 임할 것의 모형이다. 그것은 하나님과 얼굴과 얼굴을 대면하여 만나는 것이다.

영광으로부터 나온 말씀

수년 전, 나(마헤쉬)는 병원 대기실에서 암으로 죽어가고 있는 젊은 소녀를 위해 기도하도록 나를 초청한 사람과 함께 있었다. 내가 말했다. "자, 기다리는 동안, 성령이 오시도록 초청합시다." 대기실에는 열여덟 사람들이 있었는데, 그 사람들은 모두 서로 낯선 사람들이었다.

나는 간단하게 내 동료들 세 사람들만이 들을 수 있도록 말했다, "환영합니다, 성령님." 그 다음에 일어난 것은, 그 대기실에 있던 모든 사람-열여덟 명의 사람과 나의 동료 세 명까지 더하여-이 마룻바닥에 넘어졌다. 하나님의 영광은 짧은 순간에도 이런 일이 일어나도록 행하시기에 충분하다. 우리는 그의 영광을 운반하는 사람들이다. 우리는 기대하지 않았던 일들이 일어나는 것을 기대해야 한다.

"이는 물이 바다를 덮음 같이 여호와의 영광을 인정하는 것이 세상에 가득함이니라"(합 2:14). 하나님의 영광은 당신이 생각하는 것보다도 더 실제적이어서 만져질 정도이다. 영광은 태양처럼 빛난다. 모세가 "당신의 영광을 보여주소서" 했을 때, 그는 "나는 당신을 더 원합니다. 하나님"이라고 말한 것이다. 모세는 시내 산에서 주님의 임재 가운데 무려 한 달을 넘게 있었다. 그것도 충분치가 않았다. 당신이 일단 하나님의 임재를 경험하면 당신은 결코 충분치 않을 것이다. 당신은 지금 그를 환영할 수 있다. 그의 영광은 당신의 마음을 채워줄 것이며 당신이 있는 곳에서 변형을 가져올 것이다. 당신이 영광을 한번 맛보면, 당신은 더 많이 갈급해할 것이다. 영광과 은혜는 당신의 마음이 갈망하는 한 계속 더해질 것이다. 하나님은 우리를 영광으로부터 영광으로 데려가기를 원하신다.

우리의 아기 아론이 이십오 주에 태어났을 때, 그는 일 파운드도 안 되었다. 아론이 플로리다 병원에 입원하고 있을 때, 나(마헤쉬)는 아프리카에서 사역하고 있었다. 이 세상에서 그를 보는 것은 이것이 마지막이라고 생각하면서, 나는 나의 아들에게 작별인사를 하였다. 대양을 건너 자이레(Zaire)의 킨샤사(Kinshasa)에서, 주님은 영광을 나에게 보여주셨다. 어느 뜨거운 오후 나는 기적을 간절히 사모하는 아프리카인들의 군중을 향해 사역하고 있었다. 예배는 끝났고 나는 마이크로부터 한걸음 물러섰을 때 갑자기 분위기가 바뀌었다. 마치 내가 음악에 둘러싸인 것 같았다. 하늘로부터 온 진동이 내 주위를 소용돌이 치고, 나는 주님의 음성을 들었다, "여기에 아들이 오늘 아침에 죽은 사람이 있다. 그를 불러라. 오늘 내가 큰 일을 행할 것이다." 내가 그 말을 전달했을 때, 한 사람이 군중으로부터 달려 나왔다. "나예요! 나예요! 나의 아들이 오늘 아침에 죽었습니다!" 물람바 마니카이(Mulamba Manikai)의 여섯 살 아들이 말라리아로 죽었다. 내가 기도했을 때, 성령이 임하셨고 그의 영광은 도시를 건너 그의 아들 카시니이의 몸이 누워있는 영안실까지 진동하였다. 죽은 몸이 갑자기 두 번 기침을 하더니 일어나 앉았다. 그것이 이야기의 끝이 아니다. 영광은 다시 대양을 건너 돌아왔다. 아프리카 소년을 일으키신 동일한 성령님이 우리의 아들도 고치셨다. 오늘날 아론은 완전히 온전하다. 기적들은 영광으로부터 나온 한 마디의 말로 시작된다.

더 큰 영광

매번 당신이 주님께 반응할 때마다, 영광은 당신의 신성한 은행 통장에 축적된다. 하나님의 임재를 경작하라. 결과적으로 축복들이 넘칠

것이다. 당신 안에 있는 하나님 영광의 임재는 당신 주위에 있는 다른 사람들에게 영향을 주기 시작할 것이다. 당신이 그의 임재를 초청하는 것을 배울 때, 당신은 기적 가운데 걸어가는 것, 이상의 것을 발견할 것이다. 카시니이가 죽음으로부터 부활하였을 때 그것은 기적이었다. 그리고 더 나아가 내 아들 아론의 치료가 더하여졌다. 당신이 더 큰 영광을 향하여 나아갈 때, 여기에 당신이 할 수 있는 몇 가지가 있다.

- **그의 임재와 영광을 더욱 간절히 사모하라:** "너희가 온 마음으로 나를 구하면 나를 찾을 것이요 나를 만나리라"(렘 29:13).
- **그의 기록된 말씀을 지켜 순종하라:** "너희가 나를 사랑하면 나의 계명을 지키리라"(요 14:15). 그의 말씀은 능력으로 충만하다. 그것이 당신을 씻기고, 새롭게 하고 변형시킨다. 하나님과 당신의 관계는 그와 연합할 때 더 발전한다. 말씀은 당신이 그의 영광 안에 거하게 하는 열쇠이다.
- **성령 충만한 지역교회에 연결되라:** 하나님과 조화를 이루기 위해서는 당신은 다른 믿는 자들과 하모니를 이루어야 한다. 솔로로 노래를 부른다면 하모니는 없다.
- **영적권위를 존중하라:** "너희를 인도하는 자들에게 순종하고 복종하라 그들은 너희 영혼을 위하여 경성하기를 자신들이 청산할 자인 것 같이 하느니라"(히 13:17a). 영광의 문화는 존중하는 문화이다. 하나님은 우리가 그와 함께 있도록 창조하였을 뿐 아니라 서로 협력하도록 창조하셨다.

- **성령으로 충만하게 되고 정기적으로 다시 충만하게 되라:** 방언으로 기도하는 것은 당신의 믿음을 증가시키는 길들 중의 하나이다. "사랑하는 자들아 너희는 너희의 지극히 거룩한 믿음 위에 자신을 세우며 성령으로 기도하며"(유 1:20). 당신의 기도 언어는 하늘의 모국어이다. 그것을 영광과 연결하는데 사용하라.

- **성령에 의해 인도되는 것을 배우라:** "무릇 하나님의 영으로 인도함을 받는 사람은 곧 하나님의 아들이라"(롬 8:14). 성령은 하나님의 깊은 것들을 살피신다. 그는 우리를 가르치시고 안내하신다. 그는 우리를 도와주시고, 우리를 위해 중보하시고, 그의 영광의 모습으로 우리를 변형시킨다.

- **십자가를 보라:** "그러나 내게는 우리 주 예수 그리스도의 십자가 외에 결코 자랑할 것이 없으니 그리스도로 말미암아 세상이 나를 대하여 십자가에 못 박히고 내가 또한 세상을 대하여 그러하니라"(갈 6:14). 항상 보혈은 당신을 위해 역사하시고 있다는 것을 알아라. 십자가는 권능으로 가는 길이고 하늘과 조화를 이루며 살아가는 길이다.

- **모든 것에 감사하는 마음을 배우라:** "범사에 감사하라 이것이 그리스도 예수 안에서 너희를 향하신 하나님의 뜻이니라"(살전 5:18). 영광은 찬양 안에서 표현된다(대상 16:28 참조). 영광은 부, 위엄, 존엄과 화려함이다. 영광의 주님을 찬양하는데 시간을 드려라. 그러면 그의 임재를 아는 것이 증가할 것이다.

- **당신의 마음에서 지속적인 멜로디가 계속되도록 하라:** 영안에서 노래하고 당신의 영안에서 하나님의 보좌가 크게 하라. 그는 그의 백성들

의 찬양 속에 거하신다. 예배는 한계가 없는 땅으로 가는 여권이다.

> 술 취하지 말라 이는 방탕한 것이니 오직 성령으로 충만함을 받으라 시와 찬송과 신령한 노래들로 서로 화답하며 너희의 마음으로 주께 노래하며 찬송하며 범사에 우리 주 예수 그리스도의 이름으로 항상 아버지 하나님께 감사하며(엡 5:18-20)

언제나 그리고 모든 상황 가운데서 주님을 신뢰할 것을 결심하라. 그는 온전하게 그리고 평화롭게 만들 것이다. 두려움은 하늘의 진동(vibration)으로 연결되는 것을 깨뜨릴 수 있다. 오늘 예수를 당신의 안정으로 삼으라. "너희는 선을 행하고 아무 두려운 일에도 놀라지 아니하면"(벧전 3:6).

하나님과 함께 음악 만들기

하나님을 만나는 한 번의 경험은 첫 시작에 불과하다. 우리는 그의 영광의 물결과 함께 지속적으로 협력하기를 원한다.

> 우리가 다 수건을 벗은 얼굴로 거울을 보는 것 같이 주의 영광을 보매 그와 같은 형상으로 변화하여 영광에서 영광에 이르니 곧 주의 영으로 말미암음이니라(고후 3:18)

성령님과 함께 조화를 맞추면 맞출수록, 우리의 마음은 더 노래할 것이다. 우리는 하나님의 악기들이다. 우리 각각은 하나님이 지휘하시는 심포니로 초대되었다. 온 세상은 그의 멜로디를 듣기 시작했다. 이것이 그의 나타나는 소리이다. 당신은 함께 어울려 노래할 수 있다. 환경들이 변화되기를 기다리지 말라. 십자가로부터 오는 영광의 진동을 잡음으로서 당신 주위에 변화를 창조하라. 영광 안에는 기쁨이 있다. 영광 안에는 병고침이 있다. 각 상황에 대한 응답들이 있다. 그것은 예수님이다. 그는 성령의 구름 안에서 우리와 함께 있고 구원의 노래를 부른다.

내(마헤쉬)가 등뼈 수술 후 회복 중에 있을 때, 나는 공항에서 휠체어를 사용해야 했다. 나는 짐을 들어줄 친구와 함께 있었다. 그러나 한 공항 직원이 휠체어를 내게 가져와서는 휠체어에 나를 옮겨주었다. 우리는 포틀랜드 공항에 있었고, 한 젊은 여직원이 그 휠체어를 밀고 있었다. 갑자기 그녀가 멈추더니, 울기 시작했다.

"무슨 일입니까?" 내가 물었다.

그녀는 조금 더 가더니, 다시 멈추고는 다시 소리 내어 울기 시작했다. 그녀는 내게 말했다. "당신은 누굽니까? 내 평생에 이같이 하나님의 임재를 강하게 느껴본 적이 없습니다!"

내가 대답했다, "오 그래요, 나는 강의를 하고 있습니다." 나는 무슨 일이 벌어지고 있는지 확인하기 전까지는 내가 강의하는 것이 무엇인지를 그녀에게 말하고 싶지 않았다.

나의 친구가 곁에서 함께 따라 걸으면서, 우리는 좀 더 앞으로 나아갔다. 다시 그 젊은 여직원은 걸음을 멈추고 울기 시작하더니, 말했다. "나는 정말로 내 평생에 이와 같이 하나님을 느껴본 적이 없습니다. 당신은 누굽니까?"

이번에는 내가 말하기를, "예, 우리는 하나님의 종들입니다."

그때 우리는 수화물 찾는 곳에 도착했다. 그녀는 수백 명의 사람들 앞에서 무릎을 꿇고 예수님을 영접했다. 우리는 거의 한마디도 하지 않았다. 하나님의 영광이 그 일이 일어나게 하셨다. 오직 우리가 한 것은 하나님 가까이 머물러 있는 것이었는데, 그것이 그 승무원이 하나님에게 가까이 가도록 한 것이다. 우리는 십자가를 전달하는 사람들이며 그의 영광을 운반하는 사람들이다.

성령은 항상 당신 주위에 있다. 당신이 그의 임재를 조성할 때 당신은 변형의 주체가 될 수 있다. 성령의 멜로디는 당신의 기초적인 삶의 노래가 되어야 한다. 그러면 당신은 하늘과 함께 노래하게 될 것이다. 천사들은 당신을 시중들고 어둠은 도망갈 것이다!

피가 길을 만든다

예수님의 피는 고대 나무로 만든 사형 집행 도구 위에 그려진 그림과 같이 말라있는 이천년 된 그림이 아니다. 피는 여전히 신선하고, 여전히 살아있고, 여전히 임재하며, 여전히 역사하고, 지금도 그리고 나중에도 역사한다. 영광과 십자가는 함께 역사한다. 십자가는 영광을 향하여 가는 길을 만든다. 피는 말하고, 우리를 집으로 부른다.

피를 통하여 우리와 영광과의 관계는 변형을 환영한다. 우리가 그의 죽음을 받았으면 우리는 또한 그의 생명을 받는다. 피가 있는 곳에 성령이 있다. 성령은 빛과 어두운 곳에, 뜨겁고 차가운 곳에 충분히 공급하신다. 모든 상황 가운데 그리스도는 계시며 성령에 의해 당신 안에서 역사하시고 있다. 피는 영광의 구름으로 가는 길을 만든다. 우리를 둘러싼 것이 빛이든 어둠이든 간에, 그는 우리를 성막의 덮개처럼 둘러 덮고 있다. 피는 모든 것을 바꾼다. 누가 감히 이 기적에 저항할 수 있겠는가?

하나님의 영광을 미리 잠깐 맛보는 우리의 경험, 즉 그의 임재를 경험하고, 그의 기적들과 응답된 기도들을 경험하는 것 등, 이 모든 것은 예수 그리스도의 영원한 피 안에서 우리와 함께하시는 성령의 역사이다. 성령은 영광 안에서 우리를 둘러싸기 위해 함께 오시고, 신랑을 위한 신부로 준비시킨다. 성령이 있는 곳에는 영광이 있다. 부활할 때 우리 몸은 그리스도의 영광스러운 변형과 같이 영원한 거주지에 합당하도록 영광스러운 영적인 몸으로 변화된다. 그리스도를 일으키시고 우리 안에서 역사하는 성령은 그와 함께 우리를 영광 가운데 일으키실 것이다. 양자의 영은 그의 영원한 생명의 숨을 우리 죽을 몸에 불어주시고 있다. 그는 우리를 아버지와 얼굴과 얼굴을 대면하는 곳으로 데려가실 것이다.

마지막 심판 날에, 우리는 아버지 앞에서 우리의 모든 죄와 고소하는 자들의 송사를 변론하시는 그리스도와 그의 피의 증거, 그리고 성령을 보게 될 것이다. 우리는 무죄로 의롭다고 선고되고 영원한 사형 선고로부터 풀려난 것을 보게 될 것이다. 우리의 이름들은 어린양의 생명책에 기록되었고 지워지지 않는 것을 볼 것이다. 오, 하나님이 친히 낮아지셔서 고통당하심이여! 오, 그의 사랑! 오, 그의 자비! 오, 그의 능력! 오, 그의 경이로움! 그를 사랑하는 자들에게 나눠주신 영광이 참으로 크다!

어떤 사람들은 평생 동안 종교에 대한 정신적인 동의만을 한 채 살아간다. 그러나 당신은 실체를 가질 수 있다. 당신은 하나님을 알 수 있다. 당신은 그의 피의 권능을 알게 될 것이다. 당신은 친밀하게 성령님과 교제할 수 있다. 섬기는 영은 아버지에 의해 아들의 대사로서 우리 안에 그리고 우리와 함께 거하시기 위해 보내졌다. 이것이 모든 믿는 자들이 유산으로서 받은 영광이다. 우리는 하나님의 아들들로 만들어졌다. 그는 우리 안에 인격적으로 거주하시고, 십자가 때문에 우리 몸 안에 영화롭고 영원한 성전으로 변화될 영적인 성막을 창조하신다.

우리가 육신의 몸에 사는 동안은, 십자가는 영광으로 나아가게 하는 길을 만든다. 우리는 이제 앞으로 올 영광 안에서 서로 교제를 나눈다. 이스라엘을 덮었던 구름은, 증거궤 위에 뿌려진 피 위에 거하시면서 당신을 덮는다.

> 낮에는 구름으로, 밤에는 불빛으로 인도하셨으며 광야에서 반석을 쪼개시고 매우 깊은 곳에서 나오는 물처럼 흡족하게 마시게 하셨으며 또 바위에서 시내를 내사 물이 강 같이 흐르게 하셨으나(시 78:14-16)

우리가 그를 인정하면, 그의 임재를 알게 된다. 우리는 십자가 곁에, 정확하게, 바로 그 십자가의 그늘 아래에 우리가 서 있는 것이 실체임을 깨닫게 된다. 영광스러운 승리의 깃발로서, 불타는 챔피온 트로피로서, 우리 모두가 피난처와 구원을 위해 달려갈 높은 망대로서, 십자가는 우리 위에 높이 올려질 것이다. 십자가가 우리 위에 높이 설 때, 십자가는 우리 평화의 깃발로서, 우리 가족의 이름이 못 박힌 것으로서, 우리의 유산의 표식으로서, 외친다. 골고다 언덕에는, 고통이 변하여 영원한 영광으로 변형된 축복받은 나무가 서 있다! 그곳은 우리가 거룩하게 되는 장소, 우리가 하나님과 연합하는 장소이다. 영화로운 분은 우리를 그분이 계신 곳으로 이끈다. 거기에 가는 모든 사람은 그에게 더욱 이끌린다. 산 중의 산, 가장 높은 언덕 위에서, 영광의 구름은 우리 구주의 상처의 보석 같은 피흘림에 반응한다. 거기서 빛으로 우리를 감싸면서 위로자가 온다. 거기서 우리의 참 자아를 발견한다. 거기서 자유하게 된다.

> 말일에 여호와의 전의 산이 모든 산 꼭대기에 굳게 설 것이요 모든 작은 산 위에 뛰어나리니 만방이 그리로 모여들 것이라 많은 백성이 가며 이르기를 오라 우리가 여호와의 산에 오르며 야곱의 하나님의 전에 이르자 그가 그의 길을 우리에게 가르치실 것이라 우리가 그 길로 행하리라 하리니 이는 율법이 시온에서부터 나올 것이요 여호와의 말씀이 예루살렘에서부터 나올 것임이니라(사 2:2-3)

예스! 예스! 예스

나(마헤쉬)는 최근에 '토론토 블레싱(Toronto Revival)'으로 잘 알려진 에어포트 교회(Airport Church)에 갔었다. 저녁 예배시간에 사역하는 동안, 나는 영광의 멜로디에 음(tune)을 맞추었다. 약 천명의 사람들에게 말씀을 나누기 시작했을 때 아래에 인용한 말씀을 통해 오는 영광으로부터 진동(vibration)이 나오기 시작했다.

> 깊도다 하나님의 지혜와 지식의 풍성함이여, 그의 판단은 헤아리지 못할 것이며 그의 길은 찾지 못할 것이로다 누가 주의 마음을 알았느냐 누가 그의 모사가 되었느냐 누가 주께 먼저 드려서 갚으심을 받겠느냐 이는 만물이 주에게서 나오고 주로 말미암고 주에게로 돌아감이라 그에게 영광이 세세에 있을지어다 아멘 (Always glory! Always praise! Yes. Yes. Yes. 메시지 바이블은 이런 문장으로 하나님을 찬양하며 끝낸다. 메시지 바이블 참고-역자 주) (롬 11:33-36)

이 구절은 영광스러운 문구로 끝난다. 내가 선포했다, "언제나 영광, 언제나 찬양, 예스, 예스, 예스." 회중도 기쁘게 그리고 한 목소리로 그 슬로건을 따라했다.

"언제나 영광, 언제나 찬양, 예스, 예스, 예스."
"언제나 영광, 언제나 찬양, 예스, 예스, 예스."

나는 승리의 기운이 누군가의 사랑하는 사람, 곧 혼수상태에 빠진 사람을 깨어나게 하면서 고치시고 있는 것을 느꼈다.

내가 말했다. "사랑하는 사람이 혼수상태에 있는 사람이 있습니다. 어디 있습니까?"

트라버스 시티(Traverse City)에서 온 에이미(Amy)라 불리는 소녀가 일어나 나왔다.

내가 물었다. "누구를 위해 서 있습니까?"

눈물이 가득 고인 눈과 떨리는 목소리로 그녀가 말했다, "내 친구 요셉(Joseph). 그는 월요일에 차 사고가 났고, 지금 혼수상태입니다."

"그가 몇 살입니까?"

"열일곱입니다."

내가 말했다, "주님이 오늘 밤 요셉을 고치시기 위해 여기에 계십니다." 그리고 나는 우리 집회 중에 있는 동일한 영광의 거품(bubble-영광이 역사하는 공간에서 영광이 보고 만질만한 거대한 공기방울로 형상화함-역자 주)이 병원에 있는 요셉에게 가서 만지도록 기도했다.

다음 날 에이미는 우리에게 말했다, "당신이 어젯밤 10시 21분에 요셉을 위해 기도했고, 10시 32분, 11분 후에, 나는 문자 메시지를 받았습니다. 그것은 요셉이었고, 방금 깨어났다!고 나에게 말했습니다."

하나님의 영광은 시간과 공간의 제약이 없다. 요셉을 만진 동일한 영광이 당신과 나를 통하여 지금 흐르고 있다.

이 땅에서 십자가로, 십자가로부터 무덤으로, 무덤에서 산으로, 그리고 그의 보좌로, 영광의 왕은 그의 처소를 정했다. 죽음을 당하신 어린양은 천사들과 장로들과 불에 둘러싸여 거기에 앉아계신다. 무지개가 그의 보좌를 둘러싸고 있고, 네 생물들이 "거룩하다!"고 외친다. 천둥과 번개와 음성 속에서, 그의 피는 당신을 향하여 말씀하고 있다.

우리가 마침내 그를 얼굴과 얼굴로 마주 대하여 볼 때, 우리는 새로운 여행이 시작될 것이다. 그때까지는, 우리는 계속 믿고, 계속 받아들이고, 계속적으로 우리의 마음을 참 보물에 고정시켜야 한다. 당신의 마음을 갈보리의 왕에게 지속적으로 고정시키면, 당신은 결코 끝나지 않는 영광 이야기에서 주인공이 될 것이다. 꿈꾸는 자는 눈을 떴다. 날마다 그를 인도하였던 비전은 피로 흠뻑 젖은 보석이 박힌 십자가였다. 그래서 우리는 그 십자가로 되돌아간다.

> 지금은 나에게 삶의 소망이 있다.
> 승리의 십자가를 추구하는 소망이 있다.
> 나를 보호한 소망은 십자가로 되돌아간다.
> 그리고 나 자신에게 기대하는 것은,
> 여기 이 땅에서 내가 이전에 보았던,
> 주님이 십자가에 달리던 때의 그 각각의 날들이
> 이제는 이 빌려온 삶으로부터 나를 끌어내어
> 많은 축복이 있는 곳으로 나를 인도하기를 기대한다.[3]

예수 그리스도의 십자가는 영광의 진원지이다. 그것은 영광으로 높이 꼿꼿하게 전시되어 있다. 궁극적으로, 심지어 죽음도 어린양의 얼굴 앞에서 움직인다. 갈보리에서 행하신 그의 영화로운 사역을 인하여 주님을 찬양하라. 예수님을 부활하게 하신 하나님의 권능을 인하여 주님을 찬양하라. 열방가운데서 높아진 것을 인하여 주님께 찬양하라. 물이 바다를 덮음같이 여호와의 영광이 온 땅 위에 가득할 것을 인하여 주님을 찬양하라. 그의 성도들과 천사들, 수다한 믿음의 영웅들과 함께, 우리는 우리가 들을 수 있는 찬양에 참여하고 있다.

"언제나 영광, 언제나 찬양, 예스, 예스, 예스."
"언제나 영광, 언제나 찬양, 예스, 예스, 예스."

미 주 ……

서문
1. 참조, http://encarta.msn.com/dictionary_1861608798/epicenter.html.
2. 《교수대의 꿈》(The Dream of the Rood) 1-4줄에서 인용, 번역 저작권: 1982, Jonathan A. Glenn. 허락 하에 사용함. 고대 영어가 번역된 시 전부를 보기 위해서는 http://www.lightspill.com/poetry/oe/rood.html.을 참조.

1장
1. 《교수대의 꿈》(The Dream of the Rood) 1-4줄에서 인용, 번역 저작권: 1982, Jonathan A. Glenn. 허락 하에 사용함. 고대 영어가 번역된 시 전부를 보기 위해서는 http://www.lightspill.com/poetry/oe/rood.html.을 참조.
2. 이사야 40:3-5.
3. 마태복음 17:5.
4. 요한복음 1:29.
5. Gustav Aulen, ChristusVictor(1930;SPCK,1931), 22-23.
6. Robert W. Jenson, Systematic Theology, Vol. 1:The Triune God(New York, NY: Oxford University Press, 1997), 189.

2장
1. 《교수대의 꿈》(The Dream of the Rood)에서, 14-20, 21-23줄. 번역 저작권, 1982, Jonathan A. Glenn. 허락하여 사용됨.
2. 마태복음 26:12; 마가복음 14:8; 요한복음 12:7.
3. 할랄, 다음을 참조. http://www.studylight.org/lex/heb/view.cgi?number=01984.
4. 벤이 3개월이 되어 병원에 있을 때, 우리는 주님의 영광이 기적적인 방법으로 그를 둘러싸는 것을 보았다. 그러고는 주님은 그를 완전하게 고치셨다. 그의 신장들과 모든 비뇨 시스템을 포함하여. 몇 년 후에, 우리는 출애굽기 23:25-26 말씀 그대로의 살아있는 경험으로 나아가게 되었다. 그 말씀은, "네 하나님 여호와를 섬기라 그리하면 여호와가 너희의 양식과 물에 복을 내리고 너희 중에서 병을 제하리니 네 나라에 낙태하는 자가 없고 임신하지 못하는 자가 없을 것이라 내가 너의 날

수를 채우리라." 하나님은 벤이 다시 죽을 질병에 걸리게 되었을 때 그리고 아무것도 심지어 한 모금의 물도 삼킬 수 없을 때, 그 말씀들로 우리를 인도하셨다. 하나님이 벤을 인도하여 벤이 "하나님이 나의 물과 나의 숨을 축복하고 계시다. 그리고 그는 나로부터 질병을 가지고 가셨다"라고 말하자, 성령이 그에게 오셔서는 그의 피부 색깔을 돌아오게 하셨다. 그 시간에 그는 완전히 고쳐졌다.

5. "kabowd"; http://www.studylight.org/lex/heb/view.cgi?number=03519. 참조.
6. "emanant"; http://machaut.uchicago.edu/?resource=Webster's&word=emanan&use1913=on. 참조.

3장

1. 《교수대의 꿈》(The Dream of the Rood)에서, 29-38줄. 번역 저작권, 1982, Jonathan A. Glenn. 허락하여 사용됨.
2. Augustine of Hippo, The City of God, trans. Marcus Dods, D.D. (New York, NY: Hafner Publishing Company, 1948), 488, 491.

4장

1. 《교수대의 꿈》(The Dream of the Rood)에서, 78-86줄. 번역 저작권, 1982, Jonathan A. Glenn. 허락하여 사용됨.
2. 성 어거스틴은 그의 논문 《삼위일체에 대하여》(On the Trinity)에서 성령을 '사랑의 줄'로 정의하였다. Alister E. McGrath는 다음과 같이 논의하고 있다(Alister E. McGrath, Christian Theology: An Introduction, 4thed.(Malden,MA: Wiley-BlackwellPublishing, Ltd., 2007), 239. 참조). "성령은 아버지와 아들에게 공통적이다. 아버지는 단지 아들의 아버지이고, 그리고 아들은 단지 아버지의 아들이다; 그러나 성령은 사랑의 줄에 함께 묶여있는 아버지와 아들 둘 모두의 영이다."
3. "십자가에 가까이" (Near the Cross), Fanny J. Crosby 와 William H. Doane, 1869. 공개된 가사 인용.

5장

1. 《교수대의 꿈》(The Dream of the Rood)에서, 39-42, 44줄. 번역 저작권, 1982, Jonathan A. Glenn. 허락하여 사용됨.
2. 마태복음 1:23 참조.
3. 누가복음 2:34-35 참조.
4. 마가복음 15:34.
5. 이사야 5:7 참조. 공의(justice)는 히브리어로 mishpat, 그리고 피흘림(bloodshed)은 히브리어로 mispach 이다.
6. Zohar(Splender or Radiance)1:23b.
7. Gadal 참조. http://www.studylight.org/isb/view.cgi?number=001431.

8. David H. Stern, trans.Jewish New Testament(Jerusalem: Jewish New Testament Publications, 1989).
9. Kanaph참조. http://www.studylight.org/isb/view.cgi?number=02830.
10. Chasmal참조. http://www.studylight.org/isb/view.cgi?number=02830.
11. Hattat는 이전에는 "죄의 번제(sin-offering)"로 번역되었으나 이곳에서는 성전과 개개인들의 오염을 제거하는 정결케 하는 번제로 드리는 것으로 이해된다. "화목제(Hattat-offering)의 중심은 성전에서 생긴 오염을 흡수하고 깨끗케 하는 세제로서 그 피의 사용에 있다." 레위기 4장 3절에 대한 주석을 참조, The Five Books of Moses: Genesis, Exodus, Numbers, Deuteronomy, trans. Everett Fox(New York: Schocken, 1995),518.

6장

1. 《교수대의 꿈》(The Dream of the Rood)에서, 57-58, 60-61, 63-69줄, 번역 저작권, 1982, Jonathan A. Glenn. 허락하여 사용됨.
2. Shirley Jackson Case, Origins of Christian Supernaturalism(Chicago,IL: University of Chicago Press, 1946), 1.
3. http://library.timelesstruths.org/music/Come_Thou_Almighty_King/. 참조. 한영 찬송가 대조는 http://www.bible4u.pe.kr/zbxe/?mid=hymn&act=detail&uid=34. 참조.
4. 위와 동일

7장

1. 《교수대의 꿈》(The Dream of the Rood)에서 46-47, 48-49, 51-53, 55-56줄, 번역 저작권, 1982, Jonathan A. Glenn. 허락하여 사용됨.
2. 존 스토트, 《그리스도의 십자가》(IVP, 2007) John R. W. Stott, The Cross of Christ(Downers Grove, IL: InterVarsity Press, 1986), 11.
3. 에버하르트 베트게, 《디트리히 본회퍼-하나님의 사람4》(복있는 사람, 2006) Eberhard Bethge: Dietrich Bonhoeffer: A Biography (Minneapolis, MN: Augsburg Fortress, 2000), 655.
4. Dietrich Bonhoeffer,The Cost of Discipleship, trans. R.H. Fuller (New York, NY: Touchstone, 1995), 88-89.
5. Bonhoeffer, 89-90.
6. Bethge, 927.
7. Bethge, 928.
8. John Eadie, A Commentary on the Text of the Epistle of Paul to the Colossians. 2nded., edited by W.Young(Edinburgh: T&T Clark, 1884), 169.

8장

1. 《교수대의 꿈》(*The Dream of the Rood*), 103-106, 112-114, 117-12줄, 번역 저작권, 1982, Jonathan A. Glenn. 허락하여 사용됨.
2. Dietrich Bonhoeffer, The Cost of Discipleship, trans. R.H. Fuller(New York, NY: Touchstone, 1995), 248.
3. 존 스토트, 《그리스도의 십자가》(IVP, 2007) John R.W. Stott, The Cross of Christ(Downers Grove, IL: InterVarsity, 1986), 255.

9장

1. 《교수대의 꿈》(*The Dream of the Rood*), 147-156줄, 번역 저작권, 1982, Jonathan A. Glenn. 허락하여 사용됨.
2. HaTekufa HaGedola에서 인용, Rabbi Menachem Kasher, "Sichu B' chol Niflaotav" 장, 452페이지, 5761판, Arutz Sheva(Israel National News)에서 올린 것으로 "Miracles in the Six-day War: Eyewitness Accounts: The Conquest of Shechem." http://www.israelnationalnews.com/News/News.aspx/122435 참조.
3. 그 당시, 우리의 텔레비전 프로그램, 더 와치(The Watch)는 한 주에 열두 번씩 아랍 나라들에 아랍어로 스피릿 채널 TV에서 방영되었다.

10장

1. 《교수대의 꿈》(*The Dream of the Rood*), 95-102줄, 번역 저작권, 1982, Jonathan A. Glenn. 허락하여 사용됨.
2. 출 21:24 참조.
3. 《교수대의 꿈》(*The Dream of the Rood*), 126-127, 130-131, 135-139줄, 번역 저작권, 1982, Jonathan A. Glenn. 허락하여 사용됨.